民国军政逸闻

纵横精华第二辑·历史的侧影

主编：刘未鸣

中国文史出版社

《纵横精华》编辑委员会

主　　编：刘未鸣

执行主编：金　硕

编　　委：全秋生　孙　裕
　　　　　李军政　胡福星

目 录

孙中山《建国方略图》考证

陶薄吉　陶璇然

百年前的中国经济发展蓝图

近百年前，孙中山先生曾撰写《建国方略》，其中实业计划的主要内容在《建国方略图》上有直观的反映。笔者就有幸收藏其中一幅。

《建国方略图》当时仅印刷 3000 份，由于长期战乱以及"文革"动乱，目前存世量极其稀少。国内近年来有关《建国方略图》的报道和研究资料表明，在不同地区发现此图仅十余幅，大部分地图保存不好，残缺不全，品相较差。笔者所收藏的这一幅，由于年代久远，地图略有发黄，但整图保存完好，色彩鲜艳，字迹清晰。

地图长 50.5 厘米、高 37 厘米。在地图正面，左上角用繁体字印有"孙中山先生建国方略图"，其中"孙中山先生"为宋体字，"建国方略图"为方形隶书字，字的下方注明比例尺为一千零五十万分之一。中间彩色主图部分为孙中山先生规划的实业计划之宏图伟业，分别以不同颜

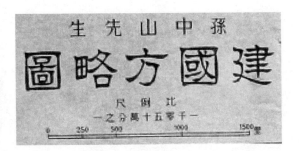

《建国方略图》正面（局部）

色标出几大铁路系统，注明三大港口及其他港口位置。主图左右配有七张附图，其中有"建筑青河口为北方大港计划图"、"建筑乍浦为东方大港计划图"、"改良上海为东方大港计划图"、"改良广州河汉计划图"、"改良广州为南方大港计划图"、"整治扬子江水路计划图"。图中还重点标注出其他主要建设项目，如长江三峡大坝、三条进藏铁路、在北方大规模植树造林防风固沙等。

地图背面是《孙中山先生建国方略撮要》，全文1万余字，用红色宋体字印刷得非常醒目，包括交通之开发、商港之开辟、铁路中心及终点并商港地设新式市街各具公用设备、水力之发展、设冶铁制钢并造士敏士之大工厂以供上列各项之需、矿业之发展、农业之发展、蒙古新疆之灌溉、于中国北部及中部建造森林、移民于东三省蒙古新疆青海西藏等十方面的内容。

《建国方略图》体现了孙中山先生建设现代化中国的美好愿望。近百年前，用地图形式体现国家经济发展规划是一大创举，它有利于当时的人们直观和快速地了解《建国方略》的主要内容。现在，此图对于研究孙中山先生的鸿篇巨制《建国方略》和他的中国现代化建设思想都有重要意义。

《建国方略图》相关史实考证

《建国方略图》背面《撮要》的结尾部分写道：

爰撮其大要，编为是图。俾国民览之，如下一兴奋剂，共同努力，于最短期间促其实现，使全国实业由此发达，国民生计由此充裕，国家基础由此稳固，则先生未竟之志得以完成，将长含笑于地下，而区区编图之意，亦不虚矣！

据此可知，《建国方略图》绘制于孙中山先生逝世（1925 年 3 月 12 日）以后，又从图中将北京称为北平，可知此图绘制出版时间在 1928 年年中之后。国内同一版本地图上曾出现钤印有"中华民国十八年十二月廿日收到"铅印字，据此进一步考证得知，在北京大学图书馆等国内知名图书馆藏有的世界舆地学社民国 18 年 4 月订正本《中华最新形势图》一书中有《孙中山先生建国方略图》，且图的尺寸和内容与笔者的藏品及国内发现的同一版本图相符，据此可判断，此图是民国 18 年 4 月出版的世界舆地学社《中华最新形势图》一书的附图。综合以上种种资料，此幅《建国方略图》编绘时间应该在 1928 年下半年至 1929 年 4 月之间。

地图反面的文字部分最后印有"上虞屠思聪识"。屠思聪（1894—1969），《建国方略图》绘制者，字哲生，浙江上虞人。他出生在一个图书出版商家庭，1920 年上海南洋中学毕业，1922 年在上海创办世界舆地学社，出版了大量中外地图，1929 年赴日考察地图出版和印制技术，引进日本先进印刷设备，建立地图印刷厂。新中国成立后，屠先生参加

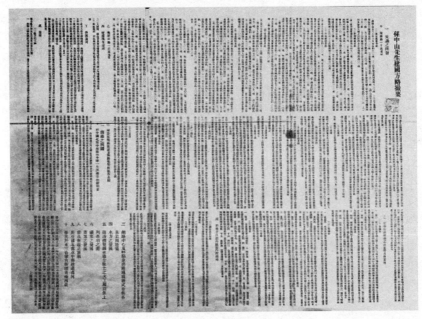

《建国方略图》背面

筹建地图联合出版社并曾任副社长、副总编辑等职，负责领导世界地图
的编绘工作。

2006 年 11 月 12 日，为纪念孙中山先生诞辰 140 周年，国内一些报
刊采访报道笔者收藏《建国方略图》经历后，屠思聪先生的儿子图强
（原名屠宝书）看到有关消息与笔者联系，希望能看看此图，于是笔者
携图前往北京方庄附近的屠先

生家中。在交流中，笔者又了解到屠思聪先生不仅是中国近代舆地
界的先驱，为我国舆地事业发展作出过重要贡献，并且很有民族气节，
当年日本侵华占领上海后，要屠思聪先生主持出版所谓满洲国地图，遭
到坚决拒绝后，日本侵略军将他关押，并非法劫走世界舆地学社的全部
图稿、图版和图书成品，以及包括《建国方略图》在内的许多宝贵
资料。

连战说，"没想到中山先生 90 年前写的这个实业计划中的理想，今天由各位变为现实"

因为收藏有《建国方略图》，每逢国家有重大项目实施或举办与孙中山先生有关的纪念活动时，笔者都会将此图拿出来认真察看。一张图能承载一个大国百年乃至更长时期经济建设的重要历史，不能不使人敬佩。《建国方略图》的丰富内涵吸引笔者进一步学习研究孙中山先生的鸿篇巨著《建国方略》及其成书历史。

1894 年 6 月，孙中山先生写了一封 8000 多字的长信给李鸿章，题为"上李鸿章书"。他在信中提出以西方资产阶级国家为楷模，采用先进科学技术，促进工农业生产发展，使工商业摆脱封建束缚，改革教育制度和选拔人才制度，达到国家独立富强的目的。孙中山希望获得李鸿章的支持，以实现学习西方科学技术、改革时政的主张，但未能获得李鸿章的回应。辛亥革命后，孙中山先生认真研究中国国情和西方强国的优势，于 1917 年至 1920 年期间先后完成了《孙文学说》、《实业计划》、《民权初步》三本伟大著作。其中《孙文学说》又名《知难行易的学说》或《心理建设》，是提高国民素质的具体规划，完成于 1918 年，1919 年 5 月出版；《实业计划》提出了将中国建设成强盛共和国的蓝图，最初是用英文写成的，原名"The International Development of China"，1919 年 2 月完稿，发表于 1919 年 6 月号《远东时报》，后编为《建国方略之二：物质建设》，1921 年 10 月 10 日出版，名为《实业计划》；《民权初步》又名《会议通则》，是关于建设中国民主政治体制的规划，提出了在中国建设民主政治的具体安排，完成于 1917 年。三本著作于 1924 年合著为《建国方略》一书出版。

《建国方略》中的《实业计划》是一部全面规划中国经济现代化的

宏伟纲领，主要由六大计划共 33 个部分组成。在这个庞大的总体规划中，发展交通和通讯是重点，如修建 10 万英里的铁路（约为 16 万多公里；中国现有铁路总里程为 9 万多公里，到第 12 个五年计划末达到 12 万公里），以五大铁路系统把中国的沿海、内地和边疆连接起来；修建遍布全国的公路网，总里程达 100 万英里（约 160 万公里）；在中国北部、东部及南部沿海各修建一个如纽约港的世界水平的大海港。孙中山先生设想的这三大港口今天已变为现实，它们分别处在当今中国的三大经济圈内（即珠三角经济圈、长三角经济圈和环渤海经济圈），证明孙中山先生在百年前敏锐地看到环渤海湾、长三角、珠三角对中国经济发展的重要性。连战先生 2006 年 4 月在参观上海洋山深水港时曾激动地说："没想到中山先生 90 年前写的这个实业计划中的理想，今天由各位变为现实。对此我非常钦佩！"《建国方略》中还首次提出修建长江三峡大坝，"当以水闸堰其水，使舟得以逆流而行，而又可资其水力"。1924 年 8 月 17 日，孙中山先生在广州国立高等师范学校演讲《民生主义》，更明确说明在长江三峡建坝还可发电，"像扬子江上游夔峡的水力，更是很大。有人考察由宜昌到万县一带的水力，可以发生三千余万匹马力的电力，像这样大的电力，比现在各国发生的电力都要大得多，不但是可以供给全国火车、电车和各种工厂之用，并且可以用来制造大宗的肥料。"2010 年长江三峡大坝蓄水至 175 米，发挥了防洪、发电、通航等巨大经济效益。此时我反观孙中山先生的相关论述，更加敬佩他的远见卓识。

袁世凯与小站练兵

———

方兆麟

　　提起小站练兵，熟悉中国近代史的可以说无人不知。小站位于天津津南区，这里不仅以袁世凯曾在此练兵而出名，并且还以盛产驰名中外的小站稻而出名。由于这里水网密集，稻谷飘香，鱼肥蟹美，过去有"小江南"之称。然而，李鸿章督直以前，这里却是不生稼禾的盐碱荒地。

小站之名的来历

　　同治九年（1870 年）天津爆发了震惊中外的"天津教案"（俗称火烧望海楼事件），不久，李鸿章接替了崇厚任直隶总督。李鸿章到天津后，感到天津作为京畿之地，又地处海口，加强防务非常必要。于是于同治十年（1871 年）将驻扎在陕西的淮军盛字军（老盛军）调到青县的马厂驻防。同治十二年（1873 年）为加强近海地区防卫，李鸿章又命盛字军统领周盛传在津南地区的新城修筑炮台。炮台筑毕，为方便马厂与新城炮台之间的联系、往来，盛字军又修筑了一条长约 70 公里的马厂至新城公路。公路沿途每 5 公里设一小站，10 公里设一大站，共设了 15 个驿站。光绪元年（1875 年）周盛传将其盛字军除马队外，其余各营移师至津南新城附近的潘永安坟地小站以北，在这里安营扎寨，先设立了"亲军营"，随后以"亲军营"为中心，按矩形方阵修筑了 18 个营盘。这些营盘与新城炮台遥相呼应，南扼歧口，东控大沽，形成军事要地。潘永安坟地的小站因此也名声鹊起。现在小站已成为天津津南地区三大名镇之一。

盛字军小站初练兵

周盛传的盛字军在小站驻扎时，一方面大量垦荒屯田，另一方面加强训练军队。

周盛传驻扎小站时期，正是李鸿章在天津大兴洋务运动时期，天津机器局在李鸿章的督办下，能生产西式洋枪洋炮和当时世界上最为先进的粟色火药。与此同时，李鸿章还在积极筹办北洋水师，并在大沽建立北洋水师大沽船坞，在天津设立北洋水师营务处。在这种背景下，周盛传的盛字军作为李鸿章的"亲军"，当然更要率先垂范，采用新法训练军队。周盛传在李鸿章的支持下，一改旧式训练方法，购进洋枪，按洋操洋典进行训练，并参照西方训练条例制定了《操枪程式十二条》，对新式洋枪的使用、维护等做了明确规定，使训练趋于一致，受到李鸿章赞许。李鸿章下令将盛字军的训练条例刊发北洋各军统一执行。同时又从淮军现役官弁中选拔七人，随德国教官李劢协赴德学习水陆军械技术，以三年为期，回国后分拨各营教练。

当时盛字军在步兵训练中已由冷兵器时代的大方阵，改为能适应热兵器作战的"散星阵"；马队训练一律仿照西式骑兵阵式操法，依阵图进行训练。在冬训中对"枪炮有准者"发给五品、六品功牌。李鸿章在检阅盛军时，周盛传挑选出精壮兵勇参加"悬靶考试"，对 300 步能五枪全中者赏银 50 两。光绪十年（1884 年）李鸿章请来一批德国教官来中国任教，德国教官李宝在检阅了盛军的训练后颇为满意，认为操法大同小异，稍适变通即可。光绪十一年（1885 年）周盛传病故，由其弟接统盛字军。1894 年中日甲午战争爆发，盛字军奉调丹东，在战争中全军覆没。

清政府为表彰和纪念周盛传开垦小站的功绩，在小站镇会馆村建立了周公祠，现在周公祠已成为天津市重点文物保护单位。

小站练兵的背景

1895 年，中国在中日甲午战争中战败，《马关条约》的签订大大刺激了中国朝野上下，谁也没想到一个泱泱大国会败在一个弹丸之地的蕞尔小国手中，真是奇耻大辱！当时很多以科举求进身的知识分子感到读书已不能救国，因此纷纷投笔从戎，一改重文轻武为弃文经武。朝廷中很多大臣也认为中国战败是军队技术、装备不行，要以西方新式装备武装军队，重新训练军队。于是，清廷急如星火招募兵勇。以曾国藩为首的湘军、以李鸿章为首的淮军和以左宗棠为首的毅军这些清廷曾经的精锐之师在将太平天国和捻军起义镇压下去后，早已步旗兵、绿营的后尘，训练荒废，纪律松弛，吸食鸦片，克扣军饷，饕餮空额，扰民有余等，因此当中日甲午战争爆发时，这些军队在战争中全线瓦解，溃不成军。清政府这才感到再不训练出几支能征善战的新式军队，统治就难以为继。1894 年 11 月，清政府下令成立"督办军务处"，以恭亲王奕䜣为督办，庆亲王奕劻为帮办，翁同龢、李鸿藻、荣禄等人为会办，开始着手编练新军工作。袁世凯的小站练兵就是在这种大背景下产生的。

　　袁世凯是一个靠心计、手段和权术起家的人。当年由于其叔祖袁甲三对后来成为山东提督的淮军名将吴长庆有恩，袁世凯在乡试落第后投奔了吴长庆，随军进驻朝鲜，在那里前后待了 12 年。这期间他参与了镇压"壬午兵变"，帮助朝鲜政府编练了新军，并出兵镇压了亲日的"开化党"等。这 12 年中袁世凯虽有种种劣迹，但也赢得了勇敢、果断、知兵、足智多谋等赞誉，因此提升很快，并受到李鸿章的赏识，李认为袁世凯是"后起之秀"。淮军作为李鸿章的军队，自然受到李鸿章的格外重视，袁世凯正是看准这点，积极投靠李鸿章，两人经常书信往来，袁世凯言必称"李北洋""李中堂"，甚至越级直接向李鸿章请示汇报。

　　中日甲午战争爆发前夕，袁世凯感到中日战争不可避免，而一旦战争爆发，中国难以取胜，于是向李鸿章提出回国养病，并得到批准。但袁回国后只到天津与李鸿章见了一面，就赶往北京打探消息。此后袁世凯感到李鸿章已年过七旬，在将要爆发的中日战争中必将碰得头破血流，这样一来他不得不另找靠山。而此时西安将军荣禄正奉慈禧太后之命来北京参与编练新军事宜，于是袁世凯使出浑身解数向荣禄大献殷勤。荣禄此时也恰巧需要一个懂军事的人才做帮手，两人一拍即合。袁世凯将自己在朝鲜时办理军事、外交的情况以及与李鸿章往返电报等，工整抄写若干份，编辑成小册子分送朝中贵胄；还将别人编译的西方兵书署上自己名字刊行，并送荣禄指教。他还经常给荣禄、李鸿藻等人写信，报告军情，议论战局，受到李鸿藻等人的赏识，就这样，袁世凯成为清政府编练新军的最佳人选。

袁世凯小站大练兵

　　1894 年冬，清政府命广西按察使胡燏棻收编淮军残部，并招募新兵

4750 人在天津小站编练新军。胡将这些人编为 10 个营，命名定武军，编练工作刚开始不久，清政府又命胡去督办津芦铁路，因而编练大员告缺，不得不重新物色人选。"督办军务处"大臣荣禄、李鸿藻、翁同龢联名保举袁世凯担当此任，并说袁朴实勇敢、晓畅戎机、颇有声望等。同年 12 月，清政府颁布上谕，委派袁世凯督练新建陆军。

袁世凯到小站后，成立了新建陆军督练处，将定武军改名为新建陆军，并将兵额招足到 7250 人。分步、炮、工、骑四个兵种，以步兵为主，步兵分编为两翼，左翼辖两营，右翼辖三营，其余炮、工、骑兵各一营。营以下编制为队、哨、棚，相当于现在的连、排、班。

袁世凯深知靠他一个人的力量练兵是远远不行的，就请来老友徐世昌帮忙。当年袁世凯在陈州仰山堂读书时，结识了穷秀才徐世昌，两人结为好友，并拜为把兄弟。后来徐进京赶考，袁世凯还赠送了盘缠。此时徐世昌已飞黄腾达，成为翰林院编修。当袁世凯请徐来小站练兵时，徐立即放弃了翰林院高官来到小站，以报当年袁世凯之恩。同时徐世昌也深知在"整军经武"的形势下，文官前途不大，弃文从武方能腾达。徐世昌来小站后，袁世凯给他封了个"稽查全军参谋军务营务处"头衔，这个古怪的名字是袁自己想出来的，实际上就是参谋长。徐虽为文人，不懂军事，但他足智多谋，在小站练兵中为袁世凯立下了汗马功劳。此外，袁世凯还请来另一位老朋友唐绍仪当军中文案，相当于秘书长兼外交处处长，袁唐是在朝鲜认识的。

既是编练新式军队，就得有懂新军事的人。为此，袁世凯请他的老朋友荫昌为他举荐人才。荫昌曾担任过天津北洋武备学堂总办，该学堂是 1885 年李鸿章在天津创办的，是中国第一所以西式兵法培养陆军军官的学校。荫昌推荐了武备学堂毕业的高才生梁华殿和王士珍二人来小站，可梁到任不久，在一次夜操时失足落水身亡。接着，袁世凯又从武备学堂毕业生中物色到冯国璋和段祺瑞二人。

冯国璋毕业后留校当教习，但他不安于位，投身于聂士成的武卫军，并参加了甲午之战。战争结束后他到驻日公使馆当武官，考察了日本军事，回国后将自己编写的关于日本军制的兵书进呈聂士成阅览。聂士成知袁世凯在小站练兵正急需人才，于是将冯国璋的书转给袁世凯，袁看后大喜，将冯调到小站任督操营务处帮办兼步兵学堂监督。

段祺瑞于武备学堂炮兵班毕业后，被李鸿章派往德国学习军事，回国后到威海卫炮兵学堂任教师。袁世凯将其调到小站任炮兵营管带兼炮兵学堂监督。

王士珍于武备学堂毕业后，到正定主办随营炮队学堂。甲午之战中带学生入朝参战，后在聂士成军中供职。袁将他调小站后任督操营务处帮办兼讲武堂总教习，后提升为工程营统带。

冯国璋、段祺瑞、王士珍三人到小站后成为袁世凯练兵的重要助手，以袁世凯署名的《训练操法详晰图说》一书就出自他们三人之手。这三个人后来被人们称为"北洋三杰"。这个说法的最初来历，据说是一次德国教官在阅操时，看到三人带兵训练时的情景，于是挥鞭一指说："此三人者，堪称北洋军中之杰。"后来人们又以各自性格将这三人形象化地称为"王龙、段虎、冯狗"。

除此三人外，袁世凯又陆续调来一些武备学堂的毕业生，如曹锟、段芝贵、张怀芝、王占元、卢永祥、李纯、陆建章、鲍贵卿等，这些人懂新军事，成为小站练兵的重要骨干。另外，袁世凯还从旧军队中提拔了一些老兵老将到小站练兵，如姜桂题、张勋、倪嗣冲等人。这些人头脑简单、盲目服从，忠诚可靠，对于袁世凯想把北洋新军培养成一支忠于自己的部队来说，这是必不可少的。

小站练兵的特点

袁世凯为编练好新建陆军，确实动了一番脑筋。他深知旧军队的陋习和弊端，因此首先从兵源方面抓起。他在招募新兵时一改旧军队的方式，要求所招的士兵是年龄在 20 岁左右的农民，身体强壮，朴实。老弱病残、吸食鸦片、娇生惯养等人一律不要。他认为：一是当兵要有强健的身体，要能吃苦；二是老实巴交的农民听话好管理。

在练兵思想方面，袁世凯采用德国和日本的军事建制、战术、技术和操典，由洋教官进行训练。训练中结合中国实际，制定了《练兵要则》《营制》《饷章》等。徐世昌还根据西方军事理论先后编写了《新建陆军兵略录存》和《新建陆军操法详晰图说》，让不大识字的士兵一看图就能一目了然，参照图画进行操练。后来在徐世昌主持下，还陆续出版过《战法学》《战略学》《陆战新法》《德国军政要义》《日本陆军大学战术讲义》等军事理论书，掀起了学习研究西方军事理论的热潮。

袁世凯编练新军采用的是西方军队管理方法，制定了很多规章制度。最初是由洋教官提出基本训练 29 条，袁看后认为非常重要，要求官兵必条条留心，不可偷懒。以后在训练中逐步制定完善了各项规章制度，如《操场暂行规定》《出操规则》《打靶法式》《将领督操》《行军暂行章程》等，这与旧军队简单粗暴的管理方式有很大的不同。

在训练方法上，袁世凯要求一是先官后兵，按级施教。他把一些有文化的士官选送到随营学堂进行培训，结业后将这些人分到各营逐级训练。二是先易后难，循序渐进。新兵入伍先进行三个月基本训练，主要是单操、队列和体能，然后再持枪操练；最后是训练实战动作要领。三是先分后合，由简入繁。袁世凯将旧军队"五五"建制改为队、哨、棚三级建制，先以棚为单位训练，然后逐级合练，最后是对抗演习。四是严格要求，赏罚分明。在训练中对吃苦耐劳、纪律严明、动作达标者给予奖赏；对未达标者由督操官留下加操；对训练不力或违犯纪律者严加惩办。

为了显示新军队与旧军队的不同，同时也为了培植个人势力，培养官兵绝对服从的意识，袁世凯一改旧军队吃空额、克扣军饷的劣习。每次发饷他都亲自监督营官，把军饷足额发到士兵手中。他经常深入各营，接近下级军官和士兵，对各级军官和幕僚，甚至棚头，几乎都能叫出名字，并了解他们的性格和优缺点，以便用其所长。他还经常亲临现场观看操练，有一次要阅兵时下起大雨，有人要给他打伞，他坚决不让，说："士兵都在雨中，我怎么不能！"为了激发官兵的训练热情和效忠思想，徐世昌还编写了《劝兵歌》《对兵歌》《行军歌》等，使军队面貌焕然一新。

1896年，督办军务处大臣荣禄到小站检阅了新建陆军后，大加赞扬，回京后在给皇上的上书中说，他认为"近年所见各军，尚无出其右者"。1898年，英国海军司令贝思福到小站参观袁世凯的新建陆军后，给予了极高的评价，对袁世凯也大加称赞。其他朝廷要员在观看了小站部队的操练后，对新建陆军也有很高的评价，说："一举足万足齐发，一举枪则万枪同声。行若奔涛，立如植木……"

作为中国近代史中的一个重要事件，小站练兵的影响，主要表现在两个方面：一是培养了一大批近代新军事人才和将领，加速了旧军队的淘汰，对中国军队的近代化产生了非常重要的影响；二是为北洋军阀政治集团的形成奠定了政治基础，后来的北洋政府历任总统、执政，除黎元洪和张作霖外，都出自小站练兵。北洋政府的国务总理很多人也出自小站练兵，如唐绍仪、赵秉钧、王士珍、靳云鹏等。自袁世凯1912年担任民国大总统以来，至1928年张作霖被炸身亡，北洋军阀集团统治中国的十几年，成为近代中国政坛逞雄争霸最为眼花缭乱的时期。

辛亥革命前的冯国璋

———

冯容 等

　　祖父冯国璋，字华甫，生于 1859 年 1 月 7 日（清咸丰八年十二月四日），1917 年 8 月 1 日在北京怀仁堂就任中华民国代理大总统职务，1919 年 12 月 28 日在北京病逝，享年 60 岁。

　　去年（2009 年）是祖父逝世 90 周年。河北省河间市市委、市政府于 2007 年已将在"文化大革命"期间遭到破坏、位于祖籍河间市西诗经村的祖父国葬墓部分修复重建，并于 2009 年举行公祭。改革开放 30 年来，国家在经济上取得飞速发展的同时，文史领域也呈现出崭新局面，对诸多历史人物与历史问题的研究秉持客观态度，还历史以原貌。这就促使我们萌发了将祖父的一些生前往事写下来的想法。通过追忆家中长辈的亲口描述，除了对有关史料进行一些必要的澄清、更正和补缺外，也可使世人对祖父各个历史时期的政治理念和他本人的人格特点有一个较真切的了解和认识。

　　河北省社会科学院历史研究所研究员刘刚范先生（笔名公孙訇）曾对祖父的一生进行过系统的研究，并著有《冯国璋年谱》一书（以下简称《年谱》）。刘刚范研究员曾对我们说："冯老先生之功绩，主要有三点：一、他是中国现代军事创始人之一，是现代军事理论家、教育家；二、他是民国成立以后维护共和体制、反对帝制，包括反袁称帝和反张勋复辟的重要功臣；三、在总统任内，他反对段祺瑞打内战以武力统一中国，是主张以和平方式统一中国的。"刘先生对祖父的这三点评价是贴切而中肯的。

家境贫寒　辍学从戎

祖父于 1871 年至 1875 年在老家河间毛公书院读书，毕业时考试成绩名列前茅。1881 年入保定莲池学院读书，次年因家贫而辍学，1884 年去天津大沽口投笔从戎。"爷爷从小就爱念书，在毛公书院上学时，成绩就特别地好，后来因为家里穷，上不起学才去当了兵，开始就是当一名伙夫。"这是我们从父亲口中听到的对祖父幼年时家境与经历的最初印象。因为在军中能吃苦耐劳并且有文化，随后被推举进了北洋武备学堂。在学堂放假期间，回河间参加乡试，考中秀才。后又返回武备学堂继续攻读步兵科，1890 年祖父因毕业考试成绩优秀被留在学堂当了教员。

父亲说："爷爷很钦佩聂军门（聂士成将军），后来就投到了他的队伍里。聂将军因战功卓著，曾被清朝赐封为'巴图鲁'。爷爷忠于职守，很受聂军门看重。"在此期间，祖父被认为是"武校文生"，曾随聂将军多次到东北三省边境地区考察并帮助绘制地图和注说，祖父任劳任怨，协助聂将军编著了《东游纪程》，致使清军对辽东地区之地形地物了如指掌，并使聂将军日后在东北地区指挥抗击日军时起了很好的作用，为此祖父亦被聂将军所器重。

朝鲜兵败　小马渡江

1894 年 6 月祖父随聂将军入朝鲜御日，当时的清政府并未看清日本出兵朝鲜的真正目的是为入侵中国做准备，同年 7 月中日甲午战争爆发。由于武器落后，且寡不敌众，加上清军主帅叶志超懦弱无能，尽管聂士成将军身先士卒，祖父亦作战勇猛，淮军在装备先进的日本军队大举进攻前毫无抵抗之力，血战中的聂将军不得不带着祖父和士兵们节节败退。这是被打着跑、跑着打的一场惨烈战争。

据《年谱》记载：当时"冯国璋与其护兵阎升以一匹马强渡过江"。

关于这段历史。我们曾不止一次地听父亲和其他亲人说："有一年爷爷随聂军门去朝鲜打仗。日本人多，兵器又好，清军战败了，爷爷只得跟着往回跑。爷爷和他的卫兵阎升一起往北跑到了鸭绿江边，正愁着没法过河，忽然从小树林里斜着跑过来一匹灰黄色的小高丽马，这可救了两个人的命了。爷爷和阎升拽着马尾巴过了河。这匹马是匹母马，从此成了咱家的功臣，以后就有专人照看起来。小高丽马后来又生下一匹小马。"老马死后这匹小马也受到了特殊关照——我的伯父和兄长们常去看它并倍加呵护。父亲说："马通人性，有一天，照看小马的人来见你三大爹（我们的三伯父冯家遇，字叔安），说小马不好好吃食，好像是病了。三大爹即去看它，拍了拍它说：'这老东西，还没死呐。'看了一会儿就走了。三大爹刚一进屋，看马的人就又来报说：'小马躺下了，什么料也不吃了。'三大爹赶紧说：'知道了。'又赶紧到马棚，蹲在地上拍着小马说：'老家伙，你怎么听不懂玩笑话啊，我跟你说笑话哪。'说着，自己下手用精饲料掺着青草，亲自喂小马。小马吃了几口，忽地一下就站起来了。三大爹又抚慰了几句后才离开，小马才好转起来。"

　　父亲接着说："两个人过了河，又渴又饿又累，走到一个山脚下见到一个小和尚，二人就向小和尚要水要斋饭，小和尚问明爷爷的姓名后说：'施主请随我上山，我家师父叫我在这里等着您呢。'两个人既感谢又奇怪地跟着上了山，住在了庙里。老和尚和爷爷在谈话时说：'将来你贵不可言，以后有事我会去找你……'在庙里休息了几天，谢了老和尚，爷爷就回到了聂军门的部队。"——这应该是 1895 年 10 月的事。

　　20 年后，即民国六年（1917 年）时，祖父已在北京就任大总统职。父亲回忆说："有一天在总统府（现中南海）有人来报：'有一个东北出家人求见'，爷爷一时想不起来，后来来人说起在东三省一个庙里接待过爷爷时才想起来，赶紧说请。爷爷见了老和尚非常高兴，一面款待，一面留宿。老和尚说：'我来找你，是有一件事要托付你，我们东北将要有大难，我把我们寺里的镇寺之宝拿来了，请你收下帮助保管，怕大难来了毁了。我这镇寺之宝是四个玉碗和一个玉瓶。'老和尚说着拿出来给爷爷看。爷爷想了想说：'你的意思我明白，你来趟不容易，但这是你们镇寺之宝我不能全收下，我收下你四个玉碗替你保管，那玉瓶你还是带走，将来咱还有见面的机会。'老和尚住了几天就带着玉瓶走了，此后没有再来。"父亲估计老和尚所说的东北大难可能是指日军阴谋发动侵华战争的事，并说那四个玉碗一直由我们的大姑（冯家逊）保管着。"文化大革命"中，大姑遭受迫害被迫自杀，这四个玉碗从此不知去向。

　　按老一辈的说法，清朝末年时，祖父回到聂士成将军部队，随聂将军扼守摩天岭三个月。在此期间，祖父随聂将军一起对日军打过一次胜仗。记得父亲回忆说："甲午战争虽然是打败了，但也有一次爷爷跟着聂将军以拼死的决心，带着队伍把日军包围住，打了一个胜仗。"当时在摩天岭，聂将军带领的军队是在孤立无援的危难情况下对敌作战。祖父利用所学军事知识，建议聂将军在多处插立清军旗帜，布下兵众将广的疑阵迷惑日军，又在关键处设重兵截击敌人，这是对兵法上的"虚实并举""声东击西"战术的运用，最后等到了援军打败了日寇。这在当时的东北战场上，是唯一的一支战胜日军的队伍。为此聂将军立下了战功，祖父亦功不可没。经过甲午之战，祖父已成为聂将军的心腹爱将。

然而，当时对日作战的失败形势已是不可逆转了。在辽东半岛失守后，清政府被迫签订了丧权辱国的《马关条约》。1895 年 1 月末，祖父随聂将军驻守山海关。这时祖父因对日作战勇敢有功，已从五品提升为聂军军械局督办。

祖父曾两次被派往日本考察军事。第一次是 1895 年 4 月，祖父作为武官随裕庚出使日本考察军事。父亲这样告诉我们："裕庚是爷爷在武备学堂的老师，很器重爷爷。爷爷在日本大开眼界，认识了几位日本的军事人才，向他们学习。还考察了日本的现代军事科学及训练方法和理论。回来后整理出版了好几本兵书。"

作为甲午战争的亲历者，战败的教训使祖父早有改练新军的思想，所以到了日本，他特别注意考察现代军事。日本军队的训练、装备、战术等，都是他考察、学习的目标。我父亲曾经提到："爷爷对裕庚说：'如今是洋枪洋炮时代，大刀长矛怎么和人家打，所以甲午才打败仗。学生以为中国必须练新军，都得变，不变则亡……'裕庚很同意爷爷的想法，说朝廷里现在也有人有这个想法。"第二次，清政府派祖父与朝廷官员铁良、凤山赴日再次考察军事。通过两次考察，祖父在现代军事科学上的认知都有很大提升。

赴日考察后所写的兵书，曾送给聂将军和荫昌（字午楼，当时是武备学堂的总办）。荫昌也是祖父的老师，他非常赏识祖父的才干以及祖父写的几本兵书。

辅佐袁氏　编练新军

1896 年末，清廷决定任用袁世凯去小站督练新军。祖父在武备学堂的老同学王士珍、段祺瑞等都到了小站，这使得祖父非常动心，但又感苦恼。这是因为祖父虽然很想去小站参练新军，但因聂将军对祖父有知遇之恩，尽管聂将军也很明白编练新军的道理，祖父不忍提出离开的要求。我父亲提到："后来还是荫昌大人推荐，袁世凯一再向聂将军要人，聂将军才把爷爷送去了小站。临走时，两人是挥泪而别。"

到了小站，袁世凯亲切礼貌地接待了祖父。有记载说袁世凯视祖父的几册兵书为"鸿宝也"，并说"学界之子无逾公者"。祖父与袁世凯生于同年，并长袁数月（袁生于 1859 年 9 月 16 日，即清咸丰九年八月二十日）。袁世凯擅礼贤下士，不久便对祖父以"四哥"相称，并把新军操练、营务等事完全放手交给了祖父与徐世昌、段祺瑞、王士珍、张勋、段芝贵、阮忠枢等人。祖父在小站很努力，又和王士珍、段祺瑞合编了 23 册新的练兵教科书，这些兵书成为清末我国军事学校编练新军的主要教材。三人在袁世凯手下做出了成绩，连德国教练都表示赞赏，后来这三人被称作"北洋三杰"。

父亲回忆说："在小站，爷爷真是长了中国人的志气。当时是请了几个德国的军官做教练，德国人很傲慢，看不起中国军官。他做得不对，爷爷和他讲理，他想动手，被爷爷的士兵摁住，他还把爷爷告到了朝廷，不过最后还是叫他走人了。"

对此，一些史料中是这样记载的：当时小站练兵请了几个洋人教官，其中有个德国人叫曼德，此人非常傲慢，也是被其他清朝官员惯坏了。一次他喝多了酒，起晚了，耽误了原定的训练计划，当时祖父和士兵们冒着寒风在操场上等，他迟迟不来，祖父就去找他，他不但不认错，还蛮横地要动粗，被士兵摁住，但没有打他。他却恶人先告状，通过德国公使到朝廷去告祖父。当时的袁世凯也很担心，后来祖父建议让英国记者在报上揭露真相，致使舆论大哗，促使朝廷下决心明确外国教练的职责，并解除了与曼德的合约，赶走了这个傲慢的德国人。通过这件事，袁世凯的威望大增，同时也对祖父更加器重。

小站练兵在中国现代军事史上有着极为重要的地位，它不但开创了我国军事现代化的历程，而且培养了一批军事家和政治家。民国初年，包括总统、总理、总长以及众多军事将领，都是从小站练兵场上走出来的，亦即形成了当时以袁世凯为首的"北洋系"。

从小站练兵直至 1909 年袁世凯被隆裕皇太后和摄政王载沣以"患有足疾"为由勒令"开缺回籍养病"暂时赶出政治舞台为止，祖父一直在袁世凯幕下任职，主要为其主持军事教育。1901 年，袁任直隶总督编练常备军，其自任军政司督办，委祖父为教练处总办，并兼"练官营""保定将弁学堂""保定速成武备学堂"总办等职；1903 年袁为清廷练兵处会办大臣，又委祖父出任"军学司正使"等职，祖父在北洋集团中的地位及威望也来源于此。史料上记载祖父"北洋各学堂造就之众至数千人。今之上而统帅，下而校尉，内而部曹，外而幕职，凡北洋出身者，非同学即其门下士也"。

小站练兵以后，袁世凯的地位不断上升，祖父亦随之先后担任了北洋行营将弁学堂督办、练兵处军学司正使、保定北洋陆军师范学堂督办和署正黄旗蒙古副都统兼陆军贵胄学堂总办等要职，同时还受到了清廷多次嘉奖。

对于袁世凯对自己的赏识、提携、重用，祖父多次表示"受恩深重"。袁世凯无论是在清朝末年，还是民国初年，对祖父一向十分倚重，许多重要事情都是依靠祖父为他完成的。

　　我曾听父亲这样讲过："你爷爷在贵胄学堂当总办时，上学的都是蒙古和清朝的贵族，学堂里还附设'王公讲习所'。定期听课的都是王公大臣，涛七爷（载涛，溥仪之叔、摄政王载沣的胞弟）他们也去听过课。有些八旗子弟懒得念书，不好好学，别人不敢管，你爷爷不怕，就拿鞭子抽他们。"这件事给我留下了很深刻的印象。

曹锟其人

郑亚非

一、起　家

曹锟，字仲珊，1862 年（同治元年）农历十月二十一出生于天津大沽的一个贫苦渔民家庭。他排行老三，上有大哥曹镇、大姐曹大姑，后来又相继有了四弟曹锐、五弟曹钧、六妹曹二姑、七弟曹瑛。

曹锟的父亲曹本生，以排船为业（即造木船）。家庭生活十分困窘。但是曹本生为了要强，勒着裤带也愿让孩子们识几个字。因此，曹锟兄弟几人，多在幼时读过几年私塾。

曹锟 16 岁时，因家境贫困，便肩负布匹，四处贩卖。曹自幼性情豪爽、憨厚，爱交朋友，又贪酒好玩，卖布收入除交家中外，其余随手花尽。

1882 年（光绪八年），20 岁的曹锟见卖布终不能成大事，便投淮军当兵。因曹锟身体强健，又粗通文字，入伍不久，便被送到天津北洋武备学堂学习。1890 年（光绪十六年）毕业后，在宋庆的毅军当哨官，

1894 年（光绪二十年）中日甲午战争爆发，曹锟随军去朝鲜。战后，袁世凯在天津小站训练新军，曹锟便投往袁部，参与军训工作，任右翼步兵一营管带。袁对曹锟十分器重，曹对袁更是鞍前马后，极尽效力。曹锟同徐世昌、段祺瑞、段芝贵、张勋、王占元等人均为袁世凯的心腹。不久，袁世凯送曹锟到军官班学习，毕业后，曾任过袁世凯的亲兵管带、北军第一混成协统领等职。

曹锟得知天津宜兴埠曹克忠与袁世凯有世交，便备厚礼以同宗名义前往求见，被曹克忠认为是族孙。并由曹克忠的太太出面向袁世凯托情，于 1907 年初，提拔曹锟为新军第三镇统制，率部驻扎北京城。同年，经东三省总督徐世昌奏调，曹锟率北洋陆军第三镇随行保卫，驻长春。此时，东北正值严冬，天气寒冷异常，许多关内士兵不适应关外气候，耳朵生了冻疮。曹锟命军需处为每个官兵缝制一个皮毛耳套，颇得人心。为此，贝勒郡王衔亲王载洵去东北巡视时，曾传令嘉奖曹锟。

1911 年，武昌起义爆发后，曹锟受袁世凯之命，率第三镇由长春移驻直隶娘子关一带，镇压革命。

1912 年，清王朝退位，辛亥革命的胜利果实被袁世凯窃取，袁被"选"为临时大总统。第三镇改为第三师，曹锟任师长，驻扎南苑，卫戍北京。南京政府派蔡元培、汪精卫、宋教仁、唐绍仪四名专使进京，迎袁南下就职。袁世凯表面应允，暗地却让大儿子袁克定指使曹锟在北京、保定等地纵兵哗变，焚劫三日，以此为借口，拒绝南下。四位专使仓皇离京，曹锟的大名开始为人注意。1913 年 9 月，曹锟任长江上游警备司令，驻兵岳州，监视南方革命力量。1915 年，袁世凯称帝，曹锟上书劝进，被封为一等伯爵。1916 年 9 月，曹锟任直隶督军，驻保定。

二、坐镇保定

自曹锟驻保以来，保定成了直系军阀的大本营。曹锟在北洋军阀中实力最大，地盘又最接近北京。因此他的态度对北京政局直接起着重大的影响。许多省的督军都要看他的眼色行事。当时掌握北京政府的皖系对曹锟顾虑重重。皖系头子段祺瑞的心腹徐树铮就曾想把曹锟挤掉，把曹锟任为"两湖宣抚使"，自己来做直隶督军。由于被曹锟识破，徐的企图未能得逞。1918 年，段祺瑞政府又玩弄了一个骗局，特任曹锟为四川、广东、湖南、江西省经略使。这样大的地方官，在民国成立以来，还是第一次出现。印铸局特地替曹锟铸了一颗银质狮纽大印，重量超过了两斤。这是段祺瑞为了稳定曹锟的一个策略，暗示曹的地位在各路"诸侯"之上，再升一步就是副总统了。其实，段祺瑞生平最重出身门第资格，压根儿看不起布贩子出身的曹锟。可是，段祺瑞万没想到，就从那时起，曹锟就盘算着怎样才能当总统了。

曹锟驻保定不久，就将原清代直隶按察使司狱署改建为宾馆，因慕明代民族英雄戚继光之名，特命名为"光园"。又将关帝庙改建为"曹锟戏院"。拆通西关新开路，扩宽南大街，并决定将府河两岸 600 余亩地建为规模宏大的"曹锟花园"。刚刚经受过大旱灾之苦的劳动人民，听说曹锟要建花园，便纷纷前来报名，为的是讨一口饭吃。曹锟正在兴头上，倒也慷慨，不管老少，只要来了全收。干多干少，照样每天发钱。遇到他高兴时，还每人多发几个铜子。

花园建成了，曹锟对这个花径亭石、苍松翠竹、水榭曲廊、具有江南园林风格的花园很是欣赏，几乎每天早上都要来散散步、打打拳。有时，他也允许普通百姓进园中游览。

一天，曹锟见三夫人陈寒蕊有孕在身了，真是喜出望外，便立刻派人请来保定马号里以算卦为业的司岳三，为陈夫人算算：是生男还是生女，平安不平安。司岳三眯缝着眼睛，摇头晃脑地打量了半天陈夫人，便抱拳作揖，神秘地对曹锟说："大帅，恭喜您，您要双喜临门啦！"曹锟一时不解其意："莫非是双胞胎？"司岳三摇头说不是，然后他又卖了个关子说："双喜，双喜，喜到临头，便知分晓。"曹锟不便再问，疑疑惑惑地送走了司岳三。

陈夫人分娩了，生下一个胖儿子，恰值在湖南前线的吴佩孚攻克岳州。真是"双喜临门"。曹锟前半生无儿，57岁得子，自然是高兴得合不拢嘴。他马上下令光园内外张灯结彩，大加庆贺，各界人士也纷纷致贺礼。为庆贺直军在湖南的胜利，曹锟给儿子起名为"曹得岳"（即曹士岳）。又下令给司岳三盖房挂匾，并委任司岳三以副官之职。从此，陈夫人更加得宠了。

1921年农历十月二十一，是曹锟的60大寿。曹锟在保定光园大做生日。吴佩孚从湖南赶到保定祝寿，并亲自担任总招待员。各省军政要人也纷纷前来奉承巴结，大送寿礼。曹锟还特地请来梅兰芳、余叔岩、杨小楼、程砚秋、尚小云、白牡丹、小翠花等戏剧界名流来保堂会，均以重金相送。演戏七天，犒赏达30万元。曹锟此次大寿，穷奢极欲达到了惊人的程度，超过当时的任何军阀。

曹锟驻保期间，用孔孟之道禁锢学生们的思想，禁止学生们读进步的书籍，不允许学生们和社会上的人接触。"五四"运动以后，保定深受影响，许多学生都增设了新文化课程，进行新文化宣传。曹锟和吴佩孚就以"主张稍新"为名，拘捕进步知识分子，遭到了学生、教师们的强烈反对。

保定东门外有一个老炮队，曹锟每星期都要去检阅一次。这个老炮队常常因为欠发军饷而发生兵变。一次，哗变的炮兵用大炮向市内的督军署方向开炮。曹锟即派人去抓肇事的人，将首级悬挂在城门楼上示众。

三、贿选总统

1920 年直皖战争爆发，皖系失败，曹任直鲁豫巡阅使。1922 年，第一次直奉战争爆发，奉系失败退出关外，曹锟、吴佩孚完全控制了北方政局。曹锟及其左右亲信原想驱逐总统徐世昌，由曹锟取而代之。但吴佩孚却主张召集旧国会，把黎元洪拉出来复位；而后通过国会正式选举，把曹锟推上总统的宝座。急于当总统的曹锟勉强同意这个主张，于 1922 年 6 月拥黎重新上台。

黎元洪虽然复位，但军政大权仍然操于曹、吴之手。曹锟迫不及待地要当总统，便唆使曹锐等人串通众议院议长吴景濂等，收买议员，暗地做"驱黎拥曹"的准备。

黎元洪为巩固总统地位，延长任期，主张先制定宪法后选总统，而曹锟则主张先选总统后制定宪法。自第一次直奉战争以来，吴佩孚在保定发号施令，并不回洛阳。各界人士心目中只知有吴大帅，而不知有曹老帅，曹锟心中很不是滋味。加上身边几个亲信常常乘机离间说：吴佩孚执意不让老帅做总统，是想自己做总统，因此，捧出黎元洪挡老帅的路。时间久了，二人在感情上有了裂痕，曹锟对吴佩孚的态度逐渐冷淡。吴佩孚在保定待不下去了，便返回洛阳，临行通电表示"不干政"和"一切服从曹锟"的态度。从此直系军阀分成了保、洛两派，并在暗中展开激烈的斗争。吴佩孚是曹锟手下的一员得力干将，吴佩孚也自诩为"关云长式的儒将""常胜将军"，曹锟在军事上主要依赖于他，二人历来感情很好，曹锟对吴佩孚可说是言听计从。但在总统当选问题上，曹锟却是半个字也听不进去。

次年，曹锟又在保定光园大做 61 岁生日。一些达官贵人和国会议员都认为总统非曹锟莫属了，所以纷纷前来保定庆贺，仅农历十月二十一这天，由北京开往保定的专车就四列之多。祝寿者共有 700 余人，祝寿议员竟占国会名额的 3/4。就连张作霖的儿子张学良和奉军干将卢永祥的儿子卢小嘉也前来祝寿。然而，吴佩孚却没有来，只是派湖北督军萧耀南作为吴的代表前来祝寿。萧耀南向曹锟解释说：吴巡阅使本来准备亲自前来祝寿，只因老帅正在气头上，怕面子上不好看，所以决定改期再来"补寿"。为了缓和曹、吴的关系，萧耀南还说了些"保洛不可分家"的话。曹锟假装生气地说："保洛是铁一般的关系，如何分得开！子玉（吴佩孚，字子玉）办错了事，我不说话，谁来说话，以后不许任何人再谈保洛两个字！"

曹锟若当总统，曹锟家族自然受益最大，因此，曹锐显得比曹锟更着急。他公开向直系首领们表示："咱们三哥与冯、段都是北洋派的同期前辈，冯、段做过总统和内阁总理，三哥年过六旬，做做总统有何不可？"曹锟也极尽笼络之能事，声称如果奉系不反对自己做总统，可以恢复张作霖的"上将军"名义。

关于总统大选问题，吴佩孚借口"军人不干政"，装出一副职业军人的样子，其实他正打算武力统一全国，并不重视选举总统的问题。因此，"先选举后制宪"的主张占了上风，由曹锐、王毓芝出头，将所有愿意受贿投票的议员一律聘为直鲁豫巡阅使署顾问。自 1923 年 1 月起，按月发给津贴 200 元。农历年关，曹锟送给吴景濂"炭敬" 3 万元、张伯烈 1 万元。张因正副议长待遇悬殊，大为不平，曹锟只得补发了 1000 元。议员们也因为议长 3 万元，议员 200 元，出入过大而吵闹不休。

1923 年 6 月，在曹锟的示意下，直系军阀、政客，通过策动内阁辞职、围困黎元洪等手段，终于把黎元洪逼下台。

　　曹锟急于上台当总统，又担心票数不够，于是同意了吴景濂的用金钱收买议员的办法。可是在北洋军阀中以悭吝著名的曹锟又想当大总统，又不愿自己破钞，因此这笔贿款必须由别人替他来筹办。曹锟的心腹直隶省长王承斌想出一个"捉财神"的办法。派出密员逮捕了制造金丹、白丸的制毒犯百余人，组织特别法庭审理，选择其中无力缴款的"小鱼"数人枪决威吓，其余则令缴纳数千元以至数万元赎款后予以释放。此外，王承斌又以"借军饷"为名，通令直隶所属170个县，分为大、中、小三级，每县筹借1万元到3万元。大小官吏乘机敲诈勒索，闹得怨声载道、鸡犬不宁。

　　曹锟及其心腹筹足贿选经费后，便开始了一系列的贿选活动。在此期间，他们用各种手段阻止国会议员离京，并诱惑已经离京的议员回京。参众两院的议员们为了捞到更多的油水，巧立了各种名目，如：出席费、医药费、车马费等。议员之间常常为了分赃不均，闹得不亦乐乎。

　　这时，保定传下话来，"老帅"一定要在"双十节"坐上总统交椅。

　　北京甘石桥俱乐部是由当时在北京主持大选的山东省省长熊炳琦（原任曹锟的参谋长）为进行大选活动而设立的机关。10月1日，甘石桥俱乐部发出支票573张，每张为5000元，还有1万元及1万元以上的特殊票价，贿赂议员。

　　在直系军阀政客公开贿赂活动的同时，拆台派一方也在六国饭店设立机关，收买不投票的议员，以每位议员8000元的高价收买了40人，但最终因财力不足而失败了。

　　5日上午，"选举"开始。北京军警机关出动了大批人马，布置了严密的警戒线，除议员及法定参观人员外，任何人不能通过。到会人员入场前必须经过搜身，女宾由女侦探担任搜查。并规定入席后不得擅行退位，院内备有丰盛的午餐，摆出一副不选出总统绝不罢休的架子。经过长达六小时的"选举"，曹锟终于以480票当选为总统。

消息传到保定，军政要人及各界名流、乡绅巨贾，争相入府祝贺。一时间，保定街头张灯结彩，鞭炮声声，搭台唱戏，巨幅高悬，好不热闹。巡阅使署布置得更是富丽堂皇，几扇朱红大门油漆得锃亮，周围墙壁粉刷一新。门前特搭一个高七尺、宽丈余的精致大彩台，这是专为举行授受证书仪式时用的。6日这天，曹锟得到各方面贺电千余件之多。曹锟在光园召开会议，决定10日早，乘特别花车入京。一连几天，驻京直系要人纷纷赴保叩贺。在众人云山雾罩的吹捧中，曹锟早已昏昏然了。

10月10日凌晨，保定火车站戒备森严，华灯齐放，亮如白昼，军乐高奏，如同节日。曹锟一行正式出发赴京。

与此同时，北京也是一片节日景象，到处扎有彩牌、彩坛。前门车站内各大门前都搭有大型五彩牌坊，上书"五族共和""普天同庆"等，满扎彩色电灯。车站断绝交通，警戒森严。

10月10日7点5分，高凌蔚、顾维钧、吴毓麟、程克、贺德森、金绍曾、李鼎新、冯玉祥等人到车站迎接。7点35分，军警高鸣预备号，报告曹锟的花车已至西便门。7点45分，列车抵达车站。顿时，军乐齐奏，士兵致执枪礼，前来迎接的军政官员均上车向曹锟致敬。曹锟身穿三色礼服，斜系红色大绶带，胸前满挂勋章，满脸扬扬自得、踌躇满志的神情，频频向人们招手致意，然后在众官员的陪同下，由正阳门进入中南海。

10时，曹锟在怀仁堂举行就职礼，宣誓就职。誓词是："余誓以至诚遵守宪法，执行大总统之职务，谨誓。"词毕，曹锟和议员们一一握手致谢，议员们纷纷鞠躬还礼，有的甚至感激涕零。

曹锟对在贿选中出过力的人念念不忘，一反其悭吝本色。众议员钱崇恺在奉天会馆为其夫人祝寿，曹锟得知后，特送重礼六色，内有寿仪1万元，其余五色多是珍品。此外，赠匾额一方，文曰"级福介社"。其他议员见曹锟如此慷慨，也纷纷巧立名目，举行寿辰、婚礼等各种活动，曹锟均送以重礼。

曹锟此次贿选所有贿款达1356万余元。其中包括补助各政党工费、特别票价、普通票价、宪法会议出席费、常会出席费、特别酬劳费、"冰敬"（夏季津贴）、"炭敬"（冬季津贴）、夫马费等。

曹锟贿选，举国上下反对。上海、杭州等地市民举行反曹示威大游行；各省团体纷纷调查本省参加贿选总统的议员并将名单予以公布；各省联席会议代表也纷纷通电声讨贿选；孙中山下令通缉附逆议员，并电请段祺瑞、张作霖、卢永祥起兵讨伐曹锟。

曹锟这时也尝到了以前历届总统所尝到的各种苦味，如兵不能裁、督不能废、军饷无法应付、财政无以整理等等。他不但不能履行上台前"统一全国"的诺言，就连直系内部也统一不起来。曹锟当上总统后，直系诸将纷纷以功臣自居，要求论功行赏。吴佩孚大权独揽、目中无人。冯玉祥、王承斌、齐燮元结合起来组成了反吴的三角同盟，直系内部矛盾日益暴露出来。从此，直系军阀由鼎盛而日趋衰落，逐步走向瓦解和灭亡。

四、被迫下野

1924年秋，第二次直奉战争爆发，曹锟电召吴佩孚由洛阳来京指挥作战。此时的吴佩孚根本不把张作霖放在眼里，扬言两个月内即可平定奉天。但他做梦也没想到，直系大将冯玉祥在战斗最激烈时，突然拨转马头，反戈一击，率军回师北京，软禁曹锟，一举推翻了直系操纵的北京政府，演成举世闻名的"北京政变"。

冯玉祥派军队入城，他本人则住在北苑。曹锟得知冯玉祥已抵京，便立即派人前往北苑，询问冯玉祥对时局的意见。冯答要求贯彻和平主张，别无他意。曹锟只好召开府院会议，被迫下和平令，令前敌各军自行停战。曹又手书吴佩孚："冯检阅使主张和平，以定大局，兄极赞成，万望以国家人民为重，切勿动兵，以免涂炭生灵，而维大局，共商定安宁办法。"但吴佩孚自以为是，不听曹锟的劝阻，执意攻京，结果被冯玉祥的国民军打败，吴本人也只好乘舰南逃了。

曹锟被冯玉祥囚禁在延庆楼后，他的亲信四处奔走设法使曹恢复自由，曹得知后说："只要赚回面子，我就满意了，反正大总统的命在他们阁员手里拿着，他们瞧着办吧！"

11月1日，冯玉祥令人传语曹锟，限其24小时内辞职，迁出新华宫，保证其生命安全，如不走，即断行最后处置。

11月2日，冯的警备司令鹿钟麟等人入府谒曹，请曹移交总统印玺，曹不禁放声大哭。而后，他表示愿往东交民巷医院养病，并交出大小印玺15枚。

11月3日，曹被迫辞职，宣告引退。

曹锟辞职后，暂居公府原处，所有府内旧有职员及卫兵可随便出入，搬运私有物件出府。卫兵纷纷购置便衣，准备返回原籍。曹锟由于悲伤过度，寝食俱废。警备司令部常常购置各种食品，馈送入府。曹锟的几个太太也纷纷带着吃的用的前去探望，陪着曹锟打麻将、吃饭。后来传言曹锟要逃跑，国民军才对曹锟严加看管起来。

曹锟自1923年10月10日上任以来，只做了一年零二十几天的总统，下场比以前历届总统更惨。他的四弟曹锐吞吃鸦片致死，曹锟的财产受到检查。

从曹锟任直隶督军，直到做民国总统期间，曹氏家族的权势炙手可热。曹锟及几个兄弟巧取豪夺，成为中国北方的百万富翁。

据 1924 年 12 月 3 日《晨报》载："曹锟在保定中交银行存储共计 80 余万元，此系累年直军作战阵亡及受伤各官兵恤金。保定曹氏私置地皮及建筑物，与直军各重要军事建筑物，多是强买民家。京中财产，所有存储银行各款约计现款 900 万元。由曹经手者，留有现款 300 余万元。其余曹四、曹五、曹六在各地方均有财产、房产、田地、企业等。"

曹氏家族为了追求更大的利润，在工商各界有多处投资，较大的企业有：恒源纱厂、同福饼干公司、北方航业公司、利丰大米庄、保定电灯公司、魁星米面庄和三星米庄、泉立成布庄、天津大华火油公司、宝权珠宝店和大信诚五金行、天津蕴宝斋古玩店等，仅当铺就有九家。

12 月 12 日《晨报》又载，曹锟财产托张作霖保护，财产之价值，计有 6000 万元。约等于全国旺年关税的 1/2，或全国旺年盐税的 3/4，或全国一年烟酒收入之两倍……

北京政变以后，冯玉祥和张作霖主宰了北方。他们一边电邀孙中山北上共谈和平大计，一面又推段祺瑞出来组织北京临时政府。由于段政府的包庇，曹锟不仅没有因"贿选窃位，祸国殃民"而受到制裁，还得以避居六国饭店。

1926 年 4 月，吴佩孚在孙传芳、萧耀南等 14 省区的拥护下，自称十四省讨贼联军，从湖北攻入北京。这时，冯玉祥、张作霖矛盾日益激化。冯部国民军将领鹿钟麟不满段、张勾结，又想联合吴佩孚共同抗奉军，因而发动驱段兵变，并把曹锟释放。

冯玉祥的国民军撤出北京后，曹锟当总统的想法又死灰复燃。他通电各省说，冯军已经撤出京畿，北京安静如常。意在希望各地拥护他恢复总统地位，但却得不到一点反应。曹锟这才醒悟过来，是大家都在观望吴佩孚的动态。曹锟便派心腹人去汉口，找吴佩孚征求意见。吴佩孚说："好马不吃回头草""兵不再役"，坚决不同意曹锟复位。曹锟又希望吴佩孚与冯玉祥的国民军合作，也遭到吴的拒绝。曹锟大失所望，只好放弃幻想，忍痛迁出公府，搬到羊市大街去住。同年5月，曹锟向全国通电正式辞职①。

不久，吴佩孚来到保定。曹锟得知后，于6月6日上午10时，乘特别快车由京来保。吴佩孚特地前往高碑店迎接，并在高碑店站台搭起帐篷，供曹锟临时歇憩。下午1时许，曹锟在高碑店下车，吴佩孚立即上前行谒见元首之礼，二人相对无言，感慨万分。3时，二人同车来到保定，保定的大小将领，都去车站迎接。其场面之隆重、热烈，使曹锟感动不已。晚上，曹锟仍在他的光园下榻。第二天，吴佩孚为曹锟举行了一个盛大的欢迎会。吴佩孚、靳云鹗、彭寿莘、蔡成勋、田维勤、王为蔚、王维城、阎治堂等人都参加了宴会。曹锟向大家讲话，要求大家团结一致，共同拥护子玉。他还提到和奉军合作是不能持久的，这不过是个暂时的局面，希望大家能看清这一点。宴会上，曹锟还送给各将领一些礼品。

吴佩孚东山再起后，便与张作霖化敌为友，拜为把兄弟，共同以冯玉祥为敌。不久曹锟又因直鲁两军争夺保定，不能安身去河南投靠吴佩孚，住在开封龙亭（宋朝宫廷旧址）。他每日写写字，与军政各方面仍有书信往来。张作霖常去信，依然称曹为"亲家"②"三哥"。

1927年2月，国民革命军北伐将抵河南，奉系军阀渡河南下阻截，

---

① 这个通电中的辞职宣言是吴佩孚代曹锟拟的，宣言说本人因病辞职。
② 曹锟的女儿曹士英和张作霖的儿子张学思，经张景惠、靳云鹏等人牵线订婚。这一政治包办婚约后来被解除。

吴佩孚自郑州撤退西逃。曹锟只得匆匆离开河南回到天津。

五、晚年生活

曹锟有四位夫人，即郑氏、高氏（结婚不久病故）、陈寒蕊、刘凤玮；两个儿子，即曹士岳、曹士嵩；三个女儿，即曹士英及两个姐姐。

曹锟从河南回到天津后，住在天津市英租界内的十九号路（现河北路三十四中学），和原配夫人郑氏、三夫人陈氏住在一起。这时的曹锟因屡遭挫折，心情郁闷，身体状况越来越坏。曹锟的钱财，多被其兄弟及养子曹少珊①骗取，因此，陈夫人对他颇为冷淡。只有原配夫人郑氏为人厚道老实，对待其他房的儿女们也视为亲生骨肉，从不计较其他。

1928年的一天，曹锟去信给四夫人刘凤玮说："我已年老多病，小庆（曹少珊的乳名）不管我，郑氏不管事，陈本人也不管我。伙食标准一天比一天降低了。"曹锟又说自己可能不久于人世了，万望刘夫人照顾好身边的一儿一女。刘夫人本不想管此事，但见信写得十分悲凉，又加上母亲和姐姐多次劝说，才把曹锟接到泉山里自己的住处，并请中医给他看病。自己也终日在床边守候，精心照料。曹锟的病日益好了起来，心情也有所好转。他常独自回顾自己的一生，感慨万分。有时，听到街上卖鸟的吆喝声，便命家人把卖鸟的叫回家中，把鸟全部买下，然后把鸟笼放在院中央，打开鸟笼，充满爱怜地看着鸟儿们争先恐后地展翅飞向天空，自己则良久地注视着逃生的鸟儿们。

夏夜，曹锟的院子里常常聚集着许多穷邻居，有卖大碗茶的、拉洋车的、卖菜的，大伙坐在小板凳上，喝着茶水，聊着天。曹锟不让家人给

---

① 曹锟未得子之前，曹锐曾把自己的独生子曹士藻过继给曹锟，曹锟字仲珊，曹士藻过继后取字"少珊"。

他摆躺椅，也坐在小板凳上，光着膀子，挥动着大蒲扇，和大伙聊年景、聊行市、聊政局，谈笑风生。此时的曹锟尝到了无官一身轻的快乐。

曹锟每天早上很早就起床，然后到院中练练自己编的一套虎拳，打打坐。吃过早饭后，又练书法。曹锟爱画国画，擅长画梅花、山石、螃蟹、一笔虎等。

曹锟晚年信佛。他常常烧香、念经，偶尔也抽上几口大烟，看看戏，打圈麻将。

齐燮元、高凌蔚、赵玉科、吴秋舫、王壁臣、熊炳琦、杨钦山、杜锡钧、蔡虎臣、宋哲元、肖振英、谭庆林、阎治堂、靳云鹏等人常到曹家做客。吴佩孚因曾经宣布过自己绝不进外国人的租界，所以只是时常派人前来探望。逢年过节，曹锟也派子女去北京探望吴佩孚。

1937 年"七七事变"爆发后，华北沦陷。日本侵略者策划成立"华北自治委员会"，妄图分裂中国。当时一些趋炎附势之徒都纷纷为日本侵略者做事，成了万人唾骂的汉奸卖国贼。

一次，几个日本要人，身着便装，来到天津英租界，欲邀曹锟出山。曹锟怕得罪日本人，想开门召见。但刘夫人堵着门不许曹锟出去，并指桑骂槐，高声叫骂。日本人讨了个没趣，灰溜溜地走了。事后，刘夫人历数日本人在中国东三省犯下的罪行，警告曹锟说："就是每天喝粥，也不许出去给日本人办事。"曹锟点头应允。

日本人在曹锟家碰壁后，并不死心，又派了华北自治时的北京治安督办、曹锟的好友齐燮元来做说客。一天夜晚，齐燮元叩门求见，曹锟的门卫侍从遵照刘夫人的嘱咐，不予开门。气得齐燮元在门外用拐杖敲门，嚷道："你知道我是谁吗？"侍从在门里嘲弄地笑着说："知道，您不是齐三爷吗？可是总统确实有病住院了，夫人和孩子们都睡了。"其实，曹锟就在家中。齐燮元心中明白，很是气恼，从这以后，就再也不登曹家的门了。

刘夫人见晚上常常有日本人的说客来访，便立下一条新规定：晚9点钟锁大门，大门钥匙由刘夫人亲自掌管。

一天，伪河北省省长高凌蔚又奉日本人之命来访。这时曹锟正躺在炕上抽大烟，一见高凌蔚，脸色大变，把烟枪一摔，大声吼道："你给我滚出去！以后不许你登曹家的门！"高凌蔚吓得浑身哆嗦，被几个侍从架了出去。从此，他再也不敢登曹家的门了。

曹锟晚年之所以坚决不为日本人做事，与他的四夫人刘凤玮是分不开的。

刘凤玮，天津郊区人，出身贫寒。她先唱河北梆子，后改唱京戏，专攻老生，艺名"九丝红"，曾轰动过京津等地。曹锟酷爱看戏，不久就看上了刘凤玮，便几次派人说媒。刘凤玮执意不肯嫁与曹锟做小，曹锟则死缠不放。刘凤玮的母亲无法摆脱，便要求下龙凤帖、明媒正娶，曹锟当即答应，次日便送来龙凤帖。就这样，刘凤玮违心地嫁给曹锟，这年她才19岁，而曹锟已经是48岁的人了。

刘凤玮嫁给曹锟后，即告别舞台，不再唱戏了。她虽然在曹锟面前很得宠，但时常因自己的艺术天才被曹锟扼杀而郁郁寡欢，因此她的脾气变得日益暴躁起来。她性情刚烈、好强，与秉性平庸的曹锟不甚合拢。刘凤玮虽没文化，但人很聪明。她思想开明，支持儿女上学读书。她念念不忘自己的出身，时常告诫儿女们要尊重佣人，不许随意支使，更不许呵斥佣人。刘凤玮民族自尊心很强，痛恨日本侵略者。她不仅不让曹锟出山，而且自己也拒绝与和日本人有接触的人来往。

1938年5月15日（农历四月十八），曹锟这位中国近代史上显赫一时的人物，病死在天津泉山里刘夫人寓所，终年七十六岁。

作者附言：本文在编写过程中，曾得到曹士英（曹锟之女，天津政协委员、天津民革委员）、曹士嵩（曹锟之子，香港某公司董事）的热情帮助，仅在此表示谢意。

又，本文已经曹士嵩过目。

身先引退的蔡锷将军

张建安

蔡锷，原名艮寅，字松坡。1882 年 12 月 18 日（清光绪八年十一月初九）生于湖南宝庆（今邵阳市），16 岁时就读长沙时务学堂，师事梁启超、谭嗣同、唐才常等人，接受进步思想的熏陶，忧国忧民。1899 年考入上海南洋公学，不久由梁启超来信相召，并得唐才常资助前往日本，就读于东京成城学校。1903 年 1 月，蔡锷进入东京士官学校习骑兵科，他与同学蒋百里、张孝准一起，被称为"中国士官三杰"。他与黄兴、蓝天蔚发起组织了拒俄义勇队，后改名为军国民教育会，是留学生以学术团体从事革命秘密活动的最早团体之一。1904 年，蔡锷由东京士官学校毕业后回到祖国，开始其戎马生涯。他加入了华兴会的外围组织爱国协会。他先后在江西、湖南任职，1905 年赴广西担任广西新军总参谋官兼总教练官、广西混成协协统等职。1911 年，蔡锷应云南总督李经义聘请，出任云南新军第十九镇第三十七协统领。10 月 10 日，武昌起义爆发，云南同盟会员和革命人士积极响应，连续举行五次秘密会议，发动革命运动。蔡锷参加了后四次会议。在第五次会议上，蔡锷被推举为起义军临时总司令。10 月 30 日（农历九月九日），云南昆明起义爆发。在蔡锷的指挥下，起义军与清军进行了激烈的战斗并最终获得胜利。这便是著名的"重九起义"，此后不久，大理、临安两地新军同时宣布起义，云南全省光复。11 月 1 日，起义军在五华山组织"云南军都督府"，公推年仅 29 岁的蔡锷为云南都督。

数年后，蔡锷因护国而闻名于世。在袁世凯倒行逆施做皇帝的时候，是蔡锷高举反袁大旗，成为推翻袁世凯统治的第一功臣。

然而，就在护国战争刚获胜利的时候，蔡锷很快离开人们的视线，如流星一般消逝于另一个世界。这事实固然与蔡锷的身体状况有关，而我们也不能不注意到，早在战争发动之前，蔡锷已有"身先引退"的决心。

与梁启超的约定

1912 年，袁世凯窃取革命果实成为北京政府大总统后，明令各省设行政公署，以民政长为行政公署长官，由大总统直接任命；未设民政长的省份，由都督兼任民政长。当时的蔡锷虽只有 30 岁，却统领着云南的军队，具备一定的实力。云南军都督府成立云南民政长行政公署，都督蔡锷兼任民政长。此时，蔡锷对袁世凯尚抱有希望，认为他"宏才伟略，众望所归"。而袁世凯则不愿意蔡锷在云南形成独立势力，所以借故将其调到北京。蔡锷欣然接受，同时推荐以前的部属唐继尧继任为云南都督。

到北京后，蔡锷出任参政院参政、海陆军大元帅统率办事处处员、全国经界局督办等职，并被封为将军府昭威将军。袁世凯对蔡锷的军事才华颇为赏识，一度试图任蔡为陆军总长，但很快就拘于北洋派官僚利益而放弃。即便如此，蔡锷所任职务，在南方官员中还是非常显要的。

蔡锷也试图通过袁世凯加强中国实力，建设一支可以保家卫国的军事队伍。他与蒋百里、阎锡山等 11 人组织军事研究会，深入探讨军事学术问题，并将自己在辛亥革命前后草拟的军事计划书副稿交请蒋百里润色，成《军事计划》一书，试图为建军强国提供理论支持。他还不断上书袁世凯，为国防建设和军队建设献计献策。然而，袁世凯正疯狂地从事军事独裁和复辟帝制活动，蔡锷改革军事的计划势必触及他自己的旧势力，所以只是表面应承，而事实上根本不予实施。蔡锷是何等人，很快识破袁世凯的阴谋，预测到袁世凯必将倒行逆施，大不利于中国，所以迅速从原来对袁世凯的热望中摆脱出来，暗中筹划新的计划。他一方面仍以表面样子麻痹袁世凯，另一方面则为反袁暗做准备。他在 1914 年写给友人的一封信中称："吾人今日处兹乱世，认定一事于道德良心均无悖逆，则应放胆做去，无所顾怯。以菩萨心肠行霹雳手段，即所谓既要仁慈又要痛快也。"

随着袁世凯复辟帝制的逆流日益张狂，蔡锷的愤慨之情也越来越激烈，他愤愤地对朋友说："眼看着不久便是盈千累万的人都要颂王莽功德上劝进表了，老袁便安然登上大宝，这叫世界各国看着中国人是什么东西呢？我们自知力量有限，未必抗得过他，但为四万万人争人格起见，非拼着命去干一回不可！"有了这样的决心后，他以母亲不习京中生活为由，派人护送母亲王氏、夫人刘氏及子女返回湖南。

袁世凯对蔡锷也有防备，他派人化装盗匪搜查蔡锷的住宅，事后诡称误会，并杀搜查人员表示歉意。蔡锷则继续装糊涂，为迷惑袁世凯，蔡锷还故意出入于青楼之间，与名妓小凤仙厮混，使袁世凯放松警惕。他又以治疗喉症为名，经日籍医生证明，向袁世凯请假，住在天津日本医师开设的医院中。由此，他经常出入于京津之间，与老师梁启超等人商议讨袁大计，并初步拟定赴云南发动武装起义的战略设想："云南于袁氏下令称帝后即独立，贵州则越一月后响应，广西则越两月后响应，然后以云贵之力下四川，以广西之力下广东，三四个月后，可以会师湖北，底定中原。"

1915 年 11 月 17 日，蔡锷在冷静沉着地安排好一切以后，即刻便要以治病为名东渡日本，然后转道返回云南。行前，他与梁启超告别，互相约定："成功呢，什么地位都不要，回头做我们的学问；失败呢，就死，无论如何不跑租界、不跑外国。"表现出为报效祖国不惜牺牲生命的高尚精神。

举起护国的大旗

1915 年 12 月，袁世凯公然称帝，改称"中华帝国"，以"洪宪"为年号。此时，蔡锷已潜赴云南，并克服种种困难，发动起云南的力量，奋力举起护国的大旗。12 月 23 日，云南督军唐继尧、巡按使任可澄领衔发表通电，要求袁世凯取消帝制，限于 48 小时答复。25 日，蔡锷列名发表通电，宣布云南独立，兴护国军讨伐袁世凯。

1916 年 1 月，蔡锷以"中华民国护国军总司令"的名义发誓告于全国同胞，宣布讨袁救国，并公布《四义》以号召国人：

一、同人职责，唯在讨袁，天助吾民，幸克有济，举凡建设之事，当让贤能，以明初志。个人权利恩怨，悉予铲除。

一、地无分南北，省无分甲乙，同此领土，同是国民，唯当量材程功，通力合作，决不参以地域观念，自启分裂。

一、倒袁救国，心理大同，但能助我张目，便当引为同志，所有从前党派意见，当然融消，绝无偏倚。

一、五大民族，同此共和，袁氏得罪民国，已成五族公敌，万众一心，更无何等种族界限。

文末写"其诸同仇可赋，必有四方豪杰之来，众志成城，不堕二相共和之政"。

袁世凯得到云南举兵消息后，深悔自己竟被蔡锷所惑，马上命令精锐部队入川，围攻护国军。

当时的护国军实力明显处于弱势。不仅兵力弱于敌人，而且饷弹两缺，后方接济时断。蔡锷早将生死置之度外，他忘了自己的重病，没日没夜地耗尽心力指挥作战，鼓舞士气。由于有蔡锷卓越的领导，全军上下一致，奋勇无比。在四川战役中，护国军休整数日后迅速发动反攻，主攻、侧攻、佯攻互相配合，几路部队同时向敌发起进攻，连战皆捷。护国军与号称精锐并多达十倍的北洋军奋战数月，虽没有夺占泸州，却牵制住了敌军主力，阻止了敌军的推进，有力地推动了全国反帝制运动的发展壮大。3月22日，袁世凯被迫宣布取消帝制，但仍窃据总统职务，派人与护国军议和。护国军当时也面临供应不足等种种困难，分析形势后，蔡锷认为当前的主要任务是促使国内各省独立，迫使袁世凯退位。所以他同意暂时停战。

不久，广西、广东、浙江等省先后宣布独立。再往后，蔡锷又在顾全整体局面的情况下，在极艰难的情况下反而派兵支援四川的陈宦，促使四川独立。四川一独立，一个星期后湖南也独立了。又过一个星期，也就是1916年6月6日，袁世凯在众叛亲离下忧惧而死。

身先引退　飘然远翥

革命取得阶段性的胜利，而蔡锷的身体却越来越差了。由于喉病没有得到及时治疗，病势已呈难以遏止的状态。蔡锷本来就打算成功后即引退，以此提倡不计私利之精神，所以，当病情加重后，这种思想就更加强烈。他在回复梁启超的电报中说："锷初意决拟大局略定，即行引退，加一喉病加剧，亟须静养，对于政局意兴索然，殊不欲多所论列。"

给唐继尧的一份电报中称："所谓善后问题者俱易解决，唯关于个人之权利加减问题最易为梗。今侪辈中果有三数人身先引退，飘然远翥，实足对于今日号称伟人志士英雄豪杰一流直接下一针砭，为后来留一榜样，未始非善。"

将全国倒袁护国的精神移作中国民族复兴的基础，这大概是蔡锷此时最愿意看到的。

于是，人们看到，已出任四川督军并且深受国人重视的蔡锷突然放弃了所有的职权，转赴日本治疗。

9月14日，蔡锷住进日本福冈医院。他本来商请蒋百里权任四川督署参谋长兼代督军的，但蒋百里愿以总参议之名陪伴照顾蔡锷，表现出可贵的人间真情。

国事回思唯一哭

蔡锷在日本医院虽得到较好的治疗，但病情之重却使他很快触摸到死神的阴影。他不惧怕死，但时刻惦记着国家的命运。

蔡锷的友人黄兴，是有名的辛亥革命领袖，也是对中国负有大使命的人。蔡锷本以为自己会在黄兴之前病逝，谁知在10月31日的时候，黄兴抢先一步逝世，这给病重的蔡锷带来不尽的伤感。蔡锷带病写祭文、挽联，寄给上海的好友张嘉森，请其就近代为吊唁。挽联为：

以勇健开国，而宁静持身，贯彻实行，是能创作一生者；
曾送我海上，忽哭公天涯，惊起挥泪，难为卧病九州人。

祭文、挽联寄出后，悲痛之情并未减弱，蔡锷又写第二副挽联，这也是他的绝笔：

> 方期公挽我，不期我挽公，国事回思唯一哭；
>
> 未以病为忧，竟以忧成病，大勇哪知世险夷。

11 月 8 日，蔡锷终因喉头结核症不治，与世长辞，年仅 34 岁。临终前，由陪伴身边的好友蒋百里代写遗电如下：

一、愿我人民、政府协力一心，采有希望之积极政策；二、意见多由于争权利，愿为民望者以道德爱国；三、在川阵亡将士及出力人员，恳饬罗、戴两君核实呈请恤奖，以昭激励；四、锷以短命，未克尽力民国，应行薄葬。

蒋百里在遗电后附加按语称："一年以来，公恶衣菲食以戕其身，早作夜息以伤其神，临终之际，犹以未能裹尸为憾，然蔡公身虽未死于疆场，实与阵亡者一例也。"

吴佩孚车覆黄陂

———

程竹怀

　　1926 年 10 月，北伐军攻克武昌前，直系军阀吴佩孚乘火车仓皇逃遁，至黄陂县横店镇因路塞军车颠覆，所率部队溃不成军。现据目睹者及知情人之回忆，将其整理如下。

　　那是 1926 年 9 月 6 日（农历七月三十日），吴佩孚的一列军车满载着军队和物资，从武汉出发，当吴的探路车开到黄陂县滠口镇时，英国人在鸡公山歇暑回汉的专车，已到横店车站，停在一股道。与此同时，横店车站站长接到吴部的急电："吴军从滠口来，将经过横店，由一股道北上，如果一股道有南下的列车，应迅速转到二股道。"但英国人与站长反复纠缠，不肯让出一股道。站长无法应付，只好乘机溜走。这时吴的探路车在不断吼叫着的"嘟——嘟——"的汽笛声中，已从滠口冲到离横店站只有两里左右的张棉湾。眼看火车就要进站了，英国人这才被迫将车从一股道急转到二股道，让吴的探路车通过黄陂县横店站。

　　横店站北面的四里处，有个无名的大山头，中间有一条轨道，坡陡路窄。吴的探路车急驶至此，开始减速前进。但终因探路车负荷轻，车厢少，总算能很顺利地通过了。过了一条险道，然而更险的道还在后头。当探路车开到更加险塞的拐弯处时，车又进一步地减下速来，而后面开来的军车，仍毫无顾忌，风驰电掣般地向前飞驰着。待军车司机发觉自己的车就要撞上前面那辆缓缓前进着的探路车而开始急车刹时，却已经来不及了。只听见"轰"的一声，军车撞到了探路车的车尾上。在前阻后冲的巨大惯性力作用下，后面的军车相继高高地绷起和脱轨，进而在一阵阵震耳欲聋的轰隆声中，一厢接一厢地倒在轨道旁。接着喊爹叫娘的惨叫声、凄凄的哭声、被撞被压后挣扎着的呻吟声、呼救声，以及军号的呜咽声，不绝于耳地响成一片。这次列车颠覆事件，轧死撞死的士兵计有百余人。

当时，肇事司机见事故出现，马上准备跳车逃跑，慌忙中因跳车过急，一头撞在车门上，头部碰开了一道大血口，当即鲜血直流。此时已是晚上八九点钟，为逃生计，司机哪顾得天黑和伤口的剧烈疼痛，只好挣扎着爬起来，趁着夜色，一口气跑到了铁路西大山头附近的魏家湾，低声哀求救命。闻声而来的群众，一见此景，急忙把他扶到屋里，给他敷上香炉灰，包扎了伤口，换上了一套破旧衣服，然后送他往西逃命去了。

吴佩孚乘坐的那列雕龙画凤的专车，正缓缓行进在颠覆的第二列军车之后。当车倒路塞后，他的专车只好停在横店站北边。在气急败坏中，吴佩孚连忙下达火急命令："加紧戒备，迅速捉拿肇事司机，就地枪决！"并火速动员军队和地方迅速清除所倒车辆，继续开车北上。但积塞在山槽中的所倒车辆，一时无法清理。吴佩孚见此情景，急得直跺脚。其时天色已黑，吴佩孚在无可奈何中与其随从商谈片刻后，一面命令军队就地驻守，一面命令警卫火速找来小轿和轿夫。小轿一抬来，吴就连忙钻了进去。在手持大刀长枪的警卫保卫下，由雇来的轿夫杨正友、夏杨启、夏长宽、夏长久等人（几轿夫皆是当地群众，至今均在世上），轮流抬着吴佩孚沿铁路北上而去。一夜心神不宁、烦躁不安的吴佩孚，一路上在轿里唉声叹气不止。直到天亮，轿夫才把吴佩孚送到了孝感火车站，换上了南下的专车。

一代军阀吴佩孚的没落

———

黄国平

　　1926 年北伐战争爆发。北伐军一路以风卷残云之势，迅速向北推进，不日直抵武昌城下。北洋军阀直系吴佩孚的势力遭到沉重打击。

　　9 月 7 日，吴佩孚正在汉口总司令部大院里与将领们紧急商议军机，忽然一颗炮弹从汉阳方向飞来，落进了荷花池。他忙打电话向守卫汉阳的部将刘左龙询问，刘答是误发。但是话音未落，又一颗炮弹飞临。再问，刘左龙不再回答，他早已在北伐军阵前起义。吴佩孚只好北逃。

　　刘左龙的起义，不过是吴佩孚集团内部众叛亲离、分崩离析的一个信号。不久，在内部，吴佩孚的大将靳云鹗乘机逼宫，要吴下野。在外，冯玉祥部经过五原誓师，改称国民革命军，派兵出潼关；张作霖的奉军也在向南推进，趁火打劫；最要命的是，北伐军还在向北猛攻，形势咄咄逼人。

　　吴佩孚处于四面楚歌的境地，他将向何处去呢？

重整旗鼓终成泡影　流亡四川暂且安身

吴佩孚苦思冥想，最后想出一条出路：逃亡四川，投奔杨森。杨森这时已经接受了国民革命军的委命，身为二十军军长，但他接受委命只是权宜之计，想独立为四川之王才是他的真意。因此，在吴佩孚失败之后，杨森很想借这位当年的"孚威上将军"的威望来扩充自己的势力，所以特别给吴发了一封电报，请他到四川暂住，以便再想良策。

吴佩孚正想逃往四川，接到杨森的电报，不禁大为感动，高吟"海内存知己，天涯若比邻"的诗句，经过一番准备，带着眷属和数千卫队，开始向四川进发。

然而，行程并不顺利。

此时正是盛夏季节，红日当头，赤地千里。"孚威上将军"这时已如丧家之犬，一路风声鹤唳，草木皆兵。……

一天，到达一个叫灰店铺的村庄，吴佩孚在午饭后稍作休息，其秘书长张其煌先行，结果遭土匪袭击，张当场毙命。他是吴的得力谋士，此时死去，对吴来说如失股肱，吴见尸后不禁放声大哭。

祸不单行，尽管吴佩孚行前已给襄阳镇守使、原来自己的部下张联陞写了一封信，恳求他"网开一面"，但是张已投降冯玉祥部，为了立功，竟紧追不舍。当吴一行来到汉水竹条铺渡口时，却找不到渡船。前有大江阻隔，后有追兵紧逼，好容易找到几条小船，刚开始渡河，后面枪声大作，张部赶到，结果卫队和物资受到重大损失，幸吴自己已先过河，否则真有被擒之虞。

进入四川境内，完全行进在高山峻岭之中，那里土匪多如牛毛，为了预防不测，他只好派人手持"吴佩孚"大红名片，向盘踞各处的"绿林好汉"借路，直到 7 月 1 日，才到达目的地——杨森的防地奉节。

企图东山再起　计划付之东流

吴佩孚入川之时，蒋介石已经叛变革命，继而汪精卫也叛变。宁汉合流宣告了中国大革命的失败。新的军阀混战已在酝酿之中。

蒋介石对吴佩孚并不放心，因为吴之入川，犹如放虎归山，大有东山再起之可能。因此，杨森刚刚把吴佩孚在白帝城安顿下来，蒋介石就给了他一个下马威。

1927 年 8 月 20 日，中国国民党四川旅沪同志会首先发出讨吴电文："吴逆佩孚，穷兵黩武，罪恶滔天，不唯乱国，亦且祸川。查川中军队同隶青天白日旗帜之下，应即立予拿办，治以乱国之罪，以谢国人。"

不久，成都又举行了四川各界民众讨吴大会，发表讨吴宣言，罗列吴之罪状 13 条。讨吴浪潮在全川形成了很大的声势。

吴佩孚也的确想谋东山再起。

他虽然已开始了流亡生活，身边也只有两千残兵败将，但是一直没有放弃"讨贼联军总司令"的招牌和"孚威上将军"的头衔，还设有行辕，继续保留八大处的设置。

吴佩孚依靠的是杨森。蒋介石也看到，吴佩孚如果没有杨森做后盾是成不了大气候的。于是设下了调虎离山之计，决定把杨森从吴佩孚身边调开。此时，蒋介石正与唐生智大战，就乘机封杨森为西路讨唐军委会主席，命杨部开赴湖北作战。

吴佩孚认为这是一个自己出山的好机会，就唆使杨森将计就计，将部队开至鄂西，暗中与唐生智联系，并进一步联合孙传芳共同与蒋介石决战。

然因事不机密，杨森致孙传芳"拟合力恢复武汉，夹攻长、岳，为我帅一臂之助"的密电落入蒋介石手中，使蒋得知吴佩孚让杨森联合唐生智、孙传芳的计划。

蒋介石立即采取措施。1927 年 12 月 26 日，蒋以南京国民政府的名义，对吴发出通缉令。杨森也因此被解除二十军军长的职务。直到后来蒋桂战争爆发，蒋介石为了利用杨森的力量，才又重新起用他。

四川军阀云集，除杨森外，还有刘湘、刘存厚、邓锡侯、田颂尧等，这些人都曾得到过吴佩孚的好处，交谊至厚。有这些人的保护，蒋介石的通缉令也就成为一张废纸。这些人中，除刘存厚还悬着北洋的五色国旗之外，其他都已换了青天白日旗帜，但吴佩孚知道，他们换旗只是权宜之计，其实各有打算。所以他一直在窥测方向，等待时机，这也是他来四川腹地的初衷。

吴佩孚"府"地每天宾客盈门，表面上谈经作画，却掩盖不了他图谋再起的野心。为了显示自己的抱负，他特别请人把江中的中流砥石打下一块，刻上"孚威上将军印"六个字，每逢给人作画或题写对联，就盖上它，以寓自己是国家的中流砥柱。

1930 年 5 月，蒋（介石）、冯（玉祥）、阎（锡山）中原混战爆发，吴佩孚感到时机已到，迫不及待地于 5 月 6 日发出调停电。

吴佩孚所谓居中调停，不过是和平伪装，实质是企图构成第三势力，独据一方。他居然以"孚威上将军"名义通告各国驻华使节，准备武装进驻武汉，"实行劝解"。

吴佩孚的"调停"计划，四川军阀大多支持，只有刘湘尚在观望。曹锟、阎锡山、冯玉祥也立即声明表示赞同，奉系与桂系军阀也积极响应。一时真有东山再起之势。

吴佩孚一开始行动，就遭到刘湘部的阻拦。其实，刘湘阻吴，也并非真与吴过不去。刘所顾忌的只是吴东下要经过他的防地，刘存厚、杨森部可能随之倾兵而下，必将威胁他的生存；同时他也接到蒋介石阻吴的指示，权衡利害，才不让吴通过。

吴佩孚的东下武汉计划终于破产。他心里又气又恨，无奈自己力不从心，只得在哀叹中暂时收敛自己的野心。

蒋介石频送秋波　吴佩孚另有安排

蒋介石叛变革命后，索性撕下假面具，成为名副其实的新军阀。他一改故态，决定与吴佩孚"修好"，向吴频送秋波，蒋、冯、阎大战后，南京政府与吴不时函电往来，交换对时局的意见。

1931 年春，蒋介石电邀吴佩孚到南京会晤，并声称已在杭州西湖为吴备下行馆。

蒋介石一厢情愿地在打自己的如意算盘，吴佩孚毕竟不是一只死虎，时时都有再起的可能，如果他肯到蒋介石身边，蒋就既可以羁縻他的一言一行，又可以借助他的余威去号令北方军阀。

吴佩孚感到进退维谷：东下之意是他早日向蒋提出的要求，如今蒋已明电同意，自己当然不好推却；但他又深知蒋之为人狡诈，谁能担保蒋之请不会暗藏杀机呢？

就在蒋介石企图笼络吴佩孚的同时，北方也向吴佩孚伸出热情之手：张学良派奉天省省长宋杰生为代表入川向吴征询国是，并愿在经济上资助他；老部下于学忠也从北平写信给吴，建议他北上另谋出路；还有人专程赴川向吴请教，提议旧军阀联合起来，以对付新军阀……

吴佩孚权衡再三，终觉还是北方可靠。

但是，蒋介石是断不会同意吴佩孚去北方的。因为那样一来，吴佩孚就如鱼得水，后患无穷。而吴佩孚更诡计多端，他一再向蒋表示准备东下，"欣然应召前往南京"，准备金蝉脱壳，伺机北上。蒋介石虽未发现吴的企图，但也防了一招，通知刘湘监视吴的行动。

吴佩孚对北上的计划作了周密部署，于 1931 年 5 月 22 日离开驻地下八庙时，发出一纸电文作为烟幕："此次承蒋介公电邀南游，溢精之爱，义当即日敬赴嘉招，借酬雅意。居蜀五载，诸叩庇拂，青城峨眉，又屡经袍泽见邀，乞未一往。各山胜友，两系于怀。际兹首夏清和，便宜寻幽访旧，兼与诸公临歧把别，面申谢悃，随即取道成嘉渝万，转轮东趋……"这正是吴在明修栈道，暗度陈仓，准备通过川北进入甘南，然后决定是否再赴北平。

除了亲信，谁也没有察觉吴佩孚的行动计划。成都和川北军阀，纷纷电请吴佩孚光临，连刘湘也准备吴游峨眉青城之后，通过他的防地东下。

他到处受到礼遇。军阀们欢迎和款待他，各有各的考虑。杨森毕竟是吴佩孚的知己，他看出了蒋介石的用心，劝告吴说："蒋介石阴险万分，口蜜腹剑，不可轻信。"劝他北上；邓锡侯也支持杨的意见，吴佩孚生怕暴露计划，造成不测，只是含糊其词。

蒋介石在南京等待吴佩孚，并一再电催前往，"共商国是"。吴佩孚则不慌不忙，在游览成都等地名胜之后，突然给了南京一个冷不防，神不知鬼不觉地由灌县西行，穿过原始森林的荒凉地带，进入了甘南。这一行动主要是靠邓锡侯的支持，灌县一带是邓的防区，由于他派人一路保护，使吴能顺利实行自己的计划。

当吴佩孚留在重庆的秘书长陈廷杰向刘湘表达吴佩孚不能东下时，刘湘顿时哑口无言，因为他没有完成蒋介石交给他的监视任务，使吴从他鼻子底下溜走了。

标榜抗战重整旗鼓　机不逢时计落空

吴佩孚入甘，是有其深谋远虑的，他计划联络西北地区各派势力，积蓄力量，重整旗鼓。入甘不久，适值"九一八"事变爆发，日军侵占了我东三省，全国抗日民主运动高涨，这给吴佩孚带来了重整旗鼓的希望。他煞有介事地给成都日本领事馆发出通电，指斥日本"前既据我东鲁，今又窃我沈阳，人谋虽巧，公理难容"，要日本"早日撤军，免殆战祸"。川、甘、宁、青、新五省军政头目与之配合，纷纷表示拥护吴来主持内外军事，出山抗日。吴的政务处长刘泗英也四处活动，拉拢各方实力人物……

蒋介石当然不会坐视吴佩孚东山再起，与之抗衡。他向各方施加强大压力，分化瓦解，迫使这次拥吴出山的闹剧很快收场。

吴佩孚并未死心，张学良这时刚刚从关外撤到北平不久。吴与张作霖有八拜之交，与张学良一直以叔侄相称。他满以为，张学良的力量是可以利用的。于是摆出大元帅的架子，想使少帅折服。

1932年初，吴到达北平，当张学良率文武百官在西直门车站热烈欢迎时，吴却故作姿态，未及寒暄，就匆匆驱车到自己的住宅——东城什锦花园。

第二天，在部属相劝之下，吴佩孚到顺承王府见张学良，刚入座，就站起来质问："沈阳事变，你为什么不抵抗？"

"我有命令！"张学良抗声道。

吴说："将在外君命有所不从，这个道理你难道都不懂？"

话不投机半句多，吴坐了一会儿，便告辞而去。

第二天，张学良回拜吴佩孚，吴还是劝张反攻东北，并表示他可以领兵。张学良无可奈何地拿出蒋介石的电令，并有所感慨地说："这一次十九路军在上海单独抗日，居然也打了几个胜仗！"

张学良放弃家乡故土，是慑于蒋介石的命令；而吴佩孚要张反攻，则意在让自己"领兵"。但从张学良的态度上，吴佩孚感到借张学良力量东山再起，已成为不可实现的泡影。

吴佩孚到北平后，张学良曾请示蒋介石对付办法，蒋答以"敬鬼神而远之"，于是张学良除礼节性拜望外，再也不多谈国是，后来拜望也不多了。

从此，吴佩孚只好在什锦花园里，关起门来做大帅。除了对人发发牢骚外，只能做两件事排遣时日：一是明里写诗作画，讲述春秋易礼，以示自己没有政治野心；一是暗里扶乩弄鬼，企图以神道设教勾结旧部，等待时机。

不久，张学良被蒋介石作为东北撤军的替罪羊强迫下野，北平军分会主席由亲日派何应钦替之。而吴佩孚的余部也被遣散，连门卫都换成了国民党特务指挥下的警官。

然而，吴佩孚的狂妄之态却不减当年，每每与人谈话时，总说："别人说无有办法，而我则说吴有办法，我吴佩孚对国是是有办法的。"当问他有何办法时，他竟似痴似狂地说："我的潜在势力大得很呀！我的势力深入华北各地，只要我一声号召，马上就可以大军云集。"人们听了只能一笑而已。谁都明白，吴佩孚已经山穷水尽，何来一兵一卒？

日本人重金收买　吴佩孚举棋不定

"七七事变"以后，日本侵略者在大举进行军事侵略扩张的同时，又采取"以华制华"的政策，鼓吹"大东亚共荣"和"中日提携"，收买一批中国的在野政客和军人，以北平为中心，相继成立了一些傀儡组织。他们也看中了吴佩孚这块旧招牌，企图让吴出来总揽所有傀儡，削弱中国人民的抗日力量。

日本人不惜重金，先由华北伪政权头子王克敏出面，聘请吴为特高顾问，月送车马费5000元，对吴的部下也极力拉拢。吴的秘书长陈廷杰及其他亲信先后都为日军和汉奸所收买。吴虽没正式受顾问之职，但车马费却照收不误，对部下的行动也装聋作哑。接着，日本人又向他提出担负"兴亚"重责的要求。

吴佩孚处于矛盾之中，他知道，如果想东山再起，必须拥有实力，依靠日本人肯定可以组织一股势力，但是，那样一来，一向以儒将自居的他，就会背上一个卖国贼的罪名。

什锦花园内说客盈门，有日本特务，也有汉奸。如吴的亲信齐燮元，这时已投降日本人，他整天围着吴转，并联络各方，造成声势，要吴出山"挽救危局"。王克敏等则送呈一个绥靖委员长的名义，派专人劝吴接受。日本特务大迫通贞、土肥原、川本大作等也先后来做吴的工作……

吴佩孚依旧举棋不定，还在窥测着时局的发展。所以，当王克敏派人去劝吴当绥靖委员长时，吴既不拒绝，也没答应，只是应酬一番。

日本特务大迫通贞劝吴肩负"兴亚"重任，吴却与他扯些宗教上的因果关系，甚至装疯卖傻，说什么自己有避弹的神符，还能掐诀念咒，扔一团麻线上去，就可以把飞机缠下来等等。弄得大迫通贞哭笑不得，只好悻悻而退。

土肥原登场劝驾　日本人当场献丑

随着日本帝国主义侵华战争的加剧，民族矛盾日益尖锐，全中国的抗日浪潮日益高涨。中国共产党倡导的抗日民族统一战线赢得了各阶层的拥护。在全民抗战运动高潮中，日本帝国主义如野牛闯入烈火阵，处于内外交困的境地。

在这种形势下，日本侵略者越来越急迫地需要培植有用的傀儡，因而对吴佩孚的包围也越来越紧。

日军和汉奸费尽心机，看到吴佩孚缺钱花，就今日三千，明日五千，一次次都由吴的老婆张佩兰收下。但一谈起"正事"，却总是不得要领，急得日本特务团团转。

日本间谍头子土肥原亲自出马了。土肥原是有名的中国通，他的毕生事业是在中国制造动乱，从挟溥仪出关成立伪满洲国，到冀察特殊化，无一不是出自他之手。他诡计多端，自吹凡是他所设计的阴谋从来没有失败过，这时已被提拔为日本大本营特务部长。他自信凭他的手段，对付一个在日本控制区内的吴佩孚，是不成问题的。

吴佩孚权衡再三，做汉奸遭到全民的唾弃倒没有什么，只是在日本人的控制之下，休想得到半点独立的余地。这对骄横一世的吴佩孚来说，是不堪设想的。他决定不如和日本人顶一阵，或许可以获得更多的好处。

吴佩孚是个说干就干的旧军阀头子，既然决心已下，谁来游说也就无济于事了。所以土肥原几次见吴，都碰了一鼻子灰，甚至同意日军先撤出北平作为先决条件，也被吴顶了回去。

恼羞成怒的土肥原决定孤注一掷，企图导演一场"既成事实"的闹剧：他采取强硬手段，强迫吴佩孚举行一次中外记者招待会，公开表明对"日中议和"的态度。土肥原满以为，在他手心之中的吴佩孚决不敢太"出格"的。为了万无一失，他还设计了一个偷天换日的办法，把吴逼上梁山。他为吴佩孚拟好了"一切赞成日方主张"的答记者问的稿件，要吴在记者面前宣读一番，如果吴拒绝也无妨，因为吴只会说中国话，而北平的中国记者，土肥原可以绝对控制，外国记者可以发给西文的稿件，不管你吴佩孚说什么，见诸报端的都是土肥原的稿子。

记者招待会定于 1939 年 1 月 30 日在吴宅举行，通知已发给中外记者。

土肥原真不愧为阴谋老手，在记者招待会举行前，又伪造了一封吴佩孚主张"中日议和"的通电，意思和记者招待会稿差不多，于 1 月 22 日在日本及沦陷区的报刊头条上公布，似乎吴已接受日方所说的职位，担起"兴亚"重任，顿时民众舆论大哗。

土肥原自以为得计，却换来一记响亮的耳光。第二天，吴佩孚通过家属向美国合众社记者郑重否认，指出这是日本人的伪造，断言吴并未接受日方所谓重任。合众社当天就发了这条新闻，并抨击"日方故弄玄虚，企图逼吴就范"云云。

记者招待会如期在什锦花园举行。

吴宅周围军警林立，中国记者还得接受伪军警的搜身。尽管如此森严，出席的记者还是盛况空前，多达 130 余人。

土肥原派来的人已将中西文"谈话稿"发给记者人手一份，在吴佩孚的桌上也放了一份中文稿。

吴佩孚开始发表谈话，但始终没有瞟一眼桌子上的"谈话稿"。吴谈了自己对和平的看法之后，提出了包括"日本无条件撤兵"和"中国应保持领土和主权完整"等，作为中日和平的先决条件。

吴佩孚自己请来的翻译人员一字不误地用日语重述了一遍。日本记者大惊失色，其他记者迅速地做着记录，在场的日本监视人员气得脸色发青，但是当着中外记者又不好发作，只得暗自出粗气。

吴佩孚发表完谈话后，对于记者的提问一律笑而不答，以此向记者证明，这次招待会谈话的只有吴一人，那个印发的问答式稿件是假的。

土肥原本想演一出"傀儡登场"的"喜"剧，结果偷鸡不成蚀把米，记者招待会成了吴佩孚发表声明的讲台。土肥原立即采取紧急措施。一方面由特务机关威胁，一律不准发表吴自己的谈话，一面命令新闻、电讯机关扣发各国记者发出的消息。

第二天报上刊出的，仍是土肥原拟的那个稿件。

但土肥原又一次失算了，美国合众社记者还是发出了吴佩孚谈话的真实记录，并把日方威胁报馆和扣留电讯的丑事公诸报端。

土肥原第一次打了败仗，使日本人大丢其脸。后来他灰溜溜地被调走了。

贼心不死川本拜师　未达协议日人失望

日本侵略者并未就此罢休，他们以为吴佩孚吃软不吃硬，于是又派了川本大作来做吴的工作。为了取得吴的好感，川本大作一收少壮派粗野横蛮的故态，自称弟子，拜吴为师，还向吴行了三跪九叩之礼。

川本施展了他的看家本领。除了自己常在吴身边软磨硬泡之外，又买通了吴周围的亲信，连北洋旧人江朝宗也被抬了出来。原已渐渐冷落的吴氏门庭，忽又车水马龙，说客盈门，使吴整天穷于应付。

吴佩孚的老婆也被动员起来，由她出面在吴面前哭穷，伙食标准也故意减下来，意思是吴如不接受日本人的条件，经济便无法维持下去。

吴佩孚在日本特务和汉奸的包围下，欲出不能，欲走无方，只能整日唉声叹气。他已完全陷于困境。

川本又来动员他担负"中国政府"的责任。吴无可奈何地表示："只要日本人把全权交给我，我一定有把握收拾这盘残局。"

川本认为已说动了吴佩孚，欣喜若狂，忙打电报到东京请功。东京当即回电对川本表示嘉奖，并命其速同吴商量就职日期和筹备登台事宜。

川本又失算了。当他拿着东京复电喜气洋洋地找吴商议就职事宜时，吴提出三个先决条件，即：全权交给吴；日军撤出山海关；组建由吴指挥的 30 万军队。

吴佩孚的态度比记者招待会上已退了一步，他的如意算盘是，只要日本答应这些条件，即使落得个汉奸名声，总还可以独立为王，进而还可另作计较。

无奈吴佩孚的要价太高，那样无异证明日本丧失在华北的势力。双方终于无法达成协议。最后川本只好哀叹着说："老师变卦了，这不成了我欺骗天皇了吗？我只有切腹向天皇谢罪……"说完甩袖而去。

为这事，陈廷杰又来做说客，弄得双方伸拳捋袖，几乎动起手来。

患牙病卧床不起，动手术了却一生

日本特务对争取吴佩孚已完全失去信心，钱花了不计其数不说，关键是让日本人丢了脸，日本特务再也不让吴安稳生活下去了。

吴佩孚气急败坏，肝火上攻。事有凑巧，有一天吃饺子，一小块骨渣插进了他的牙缝，晚间牙龈就肿痛起来。

日本医生伊东明知牙有炎症时不能拔牙，却不施麻药硬把吴的牙齿拔下一颗。这一下，使吴半边脸连带喉咙都肿了起来，连话也说不出来了。

请来中医为吴诊断，认为应清火，于是开了包括四两石膏的药剂。如果照服，也许能见效，偏偏周围的人都说不能用，吴自己也不愿服，终于卧床不起。

有个德国牙医，提出要吴到医院动手术，吴素有"不入租界"之愿，而德国医院正在东交民巷，所以拒绝了。

在这种情况下，川本大作和大汉奸齐燮元带着日本牙医登场了。他们清除了吴的所有的亲人，也不管吴妻的强烈反对，终于撬开了吴的牙齿，一把狭长的手术刀伸进了吴的嘴巴。

只听吴佩孚"啊呀"一声，一口血喷了出来，马上断了气。据说日本医生的手术刀并没有指向牙龈，而是刺向吴的喉管。但也有说就是开牙龈而死，其说不一。不过，吴佩孚死于日本医生的手术刀，是毫无疑问的。后来有记者曾访问给吴看过病的德国牙医，询问吴的牙痛是否会致死，德国医生却闭口不谈，原因是他们早已接到日本特务的警告。

一代军阀吴佩孚就这样了却了自己的一生，时间是 1939 年 12 月 4 日下午 3 时 45 分。至此，一场狗咬狗的斗争也就结束了。

张作霖与东北绿林

宁　武

绿林各帮概况

东北三省从清朝末年以来，就以产生土匪著闻。这有它的历史根源。它是甲午、庚子两次战乱的产物，是清朝反动统治黑暗腐败、对人民残酷压迫和剥削，以及日、俄帝国主义对东北侵略和荼毒所造成的结果，并非由于东三省人性喜为匪，更非东北这块土地适于产生土匪。

东三省的土匪多数骑马，所以又叫马胡子。它有反对反动统治的一面，但也有危害社会秩序、破坏生产力的一面。清末东北的绿林，主要形成于甲午、庚子以迄甲辰这 10 年之间。其所盘踞的地区多在辽河下游及辽西各县，也就是甲午、庚子以及甲辰各次战乱的受害严重的地区。由于兵灾之后，地方糜烂，田野荒芜，民不聊生，社会上呈现极度动荡不安的状态，一些游手好闲的青壮年就要铤而走险。同时，战后的一些散兵游勇流散到社会上无所事事，也是产生胡匪的一大来源。于是就有别具野心的不逞之徒利用这种机会，树起绿林的旗号，啸聚徒众，称霸一方，俨然形成了独立王国，为所欲为，莫可谁何。

当年，啸聚辽宁一带的匪众主要分为以下几帮：

第一是趁火打劫，浑水摸鱼的冯麟阁：冯是海城县的衙役出身，为人贪残狠毒，利欲熏心，他看到社会动荡不安，认为有机可乘，就趁火打劫，浑水摸鱼。为了欺骗群众，笼络人心，他打起杀富济贫的幌子，纠合地方上的流氓赌棍、散兵游勇等在盘山县的田庄台、辽中、台安、锦州、彰武一带横行霸道，抢劫淫掠，为害一方。中华人民共和国成立后为我人民政府镇压的大汉奸张海鹏和曾当过绥远都统的汲金纯，都是他得力的助手。他的徒众经常有百八十人出没各地，最多时能啸聚到几千人。

第二是骄横强悍、独树一帜的杜立山：杜是辽中县人，家境贫困，为人豪爽。据说，他有八个老婆，都非常剽悍，杜和他的老婆们都能骑马打枪，百发百中。他在辽中县能纠合徒众千余人，枪马俱全，自立一帮。杜在各匪首中是最年幼的一个，但他的势力最大，声威最盛。伪满有名的汉奸于芷山，原来就是他手下的健将。

第三是具有政治野心的张作霖：张本是宋庆所部毅军的一个骑兵小头目，跟兽医官学了些兽医知识，退伍后回海城县高坎村开了一小兽医庄。他因经常给各匪帮医马疾，因而同各匪帮都有所接触，到后来社会上都说张作霖是匪徒的窝主，所以也就迫使他走上了绿林的道路。当时张的势力同其他各匪帮比较起来，还是很薄弱的，徒众最多不过数百人。但张有几个助手都很强悍，如曾经毒害热河老百姓的热河都统汤玉麟（绰号汤二虎），曾当过察哈尔都统和伪满内阁总理的张景惠和曾做过吉林督军的张作相等。汤玉麟在捕盗营当兵，原是个赌棍出身，用烧红的铁通条烫自己的肋骨，眉头不皱，谈笑自若；张景惠原是个豆腐匠，后拉起一小帮；张作相是泥瓦匠出身，在锦州也拉起一小帮。后来他们都投到张作霖的旗帜之下，入了大帮。张作霖在帮中本来是后起，他的势力所以扩展得那样快，和他手下这三员健将是有直接关系的。

第四是认贼作父、卖国求荣的金万福。金原是小站北洋新军的一个小头目，因不习惯军队的纪律生活，回到家乡海城县后，见到当地土匪势力很大，而且可以为所欲为，于是就纠合一批流氓、恶棍、赌徒等成立匪帮，自己当上了头目。但他因为人少力弱，便拜冯麟阁为老大哥，等于冯麟阁的一个别动队，唯冯之马首是瞻。

第五是混入匪帮进行间谍活动的日本人王小辫子。所谓王小辫子，就是甲午战争时在旅顺口被杀死的日本间谍田老二的同伙"王老板"（日本名字已记不清了），他是甲午战争后日本潜伏下来的特务机关长。另有一个助手叫林大辫子，日本原名叫津久居。他们都是日本现役军官，潜伏在中国进行间谍活动。两人和众匪首拉拢勾结，为各匪帮供应枪械子弹等，自己也成立一小帮，跟着各匪帮活动。

以上这几帮马胡子都是在庚子前后生成和发展起来的。冯麟阁的资格最老，除金万福拜他为老大哥外，杜立山和张作霖都算是他的晚辈。杜立山有个本族叔父名叫杜泮林，是辽中县的一个举人，给众匪首出谋划策，俨然是他们的军师，除因年龄关系，和冯麟阁以弟兄相称外，张作霖、金万福都拜他为义父。各匪帮初起时，抢劫财物，烧杀淫掠，无恶不作。庚子以后，他们的做法有所转变，基本上是各踞一方，各有自己的势力范围，已不以一家一户的抢劫为主，而是与地方富绅、地主勾结，并与官吏互相默契，各在所盘踞的地方实行保险，即保证在所保险的界内不发生绑票抢劫案件，而由界内居民按月摊派一切费用。这样，地方上虽然可以苟安于一时，但是劳动人民的负担就越发沉重了。

日本间谍对胡匪的勾结和利用

甲午战争后，东三省成为帝俄和日本两大侵略势力的角逐场。日本因被帝俄联合法、德两国强迫归还辽东半岛而始终不肯甘心，一直在进行阴谋活动，想实现它的所谓"大陆"政策。因此，日本秘密派遣现役军人潜入东三省及内蒙古等地勾结和组织土匪，并挑拨汉、蒙族之间的关系。王小辫子就是负有勾结和组织土匪任务的一个现役军人。在甲午战争前，他是在旅顺口和山东威海卫一带刺探我国海军情报的大间谍。战后，他又混入东北匪帮之内，极尽拉拢勾结和利用之能事。他的助手林大辫子是日本士官学校学员，辛亥革命前曾自称是关东厅守备队驻瓦房店的一个联队长。王、林两人为勾结和利用土匪所下的功夫很深，所起的作用也很大。王小辫子和冯麟阁、张作霖结为盟兄弟，金万福因与冯的关系也常同王接触，后来成为密友。这几个匪首都称王为大爷，唯杜立山不然。杜与王不相往来，因为杜立山的第三个老婆王氏就是甲午战争时在小平岛杀死日本间谍田老二的那个英雄女子。他在众匪首宴会中见到了王小辫子以后，王氏即将王小辫子的一些情况说给了杜立山，所以杜对王小辫子始终保持着警惕，拒绝和他接近。

杜立山虽是冯麟阁的晚辈，但他与冯的关系比较深，冯对杜也较亲近。杜曾劝冯说："王小辫子是一个日本间谍，他所以要混到我们这里来，是不怀好意的；我们过去不得已走上了土匪的路，这已经是很难看的了，再受日本间谍利用做个卖国贼，那岂不更是留骂名于千古吗？"后来，冯把杜劝他的这番话告诉了金万福。金听到后，一方面在表面上对冯进行敷衍，另一方面对王不但不戒备，反而更加密切了。王听到金的诉说后，更加利用种种手段把金紧紧地笼络在他的手中，使金完全听从他的摆布。金在王的吹拍之下，更加得意忘形地劝冯说："人生在世，总要有个出头露面的日子吧，我们搞这种勾当，到什么时候才算了呢？这能有什么好下场呢？"接着他就把王的情况介绍给冯，说："不错，王确实是个日本人。他因为在军队中犯过错误，不愿回日本，就流落到这里和我们混在一起。我虽然和他认识在后，但是他很相信我，对我无话不说，可说是相印。他过去在陆军中当过将官，有好多同学同事和三井洋行老板有关系，我们和他多接近，不但现在的枪械子弹容易解决，而且将来我们缺钱有钱、缺人有人，哪里有这样好的借重呢？我看我们应该想开一点，日本固然是中国的仇敌，但这和我们个人又有什么相干呢？我们要为自己的前途打算，不要听杜立山这个小子胡说八道。杜立山耳朵软，听老婆的话就信以为真，太没有汉子气了。我们应打定个人的主意，不要三心二意，摇摆不定。"金的这番话虽然打动了冯的利欲念头，但杜立山劝说他的话已先入为主。是留骂名于千古呢，还是贪图快意于一时呢？冯一时难以决断，因此对王小辫子也就采取不即不离、亦即亦离的态度。

后来，杜立山的忠告终究未战胜日本间谍处心积虑的勾引，冯麟阁对王小辫子虽然存有戒心，但仍逃不出王的魔掌。金、冯两个匪首终于在日本的指使下，出动他们的骑匪破坏东清铁路工程，并扬言除非帝俄拿出巨额代价，否则绝不停止扒路活动。帝俄侦知这种情况，派便衣人员设法把冯捕去，押赴西伯利亚下狱，但为时不久，又由王小辫子收买中国通事（即翻译）刁义廷从西伯利亚监狱中把冯营救出来。冯回到奉天，仍旧干他的老勾当。从此以后，冯、金同帝俄结下了深仇，却一头扎进了日本间谍王小辫子的怀抱。

甲辰日俄战争中，日军在辽阳南首山一役遭俄军抗击，屡攻不下，伤亡惨重，结果利用冯麟阁、金万福所部骑匪数千人组成了所谓"忠义军"（当时人称为花膀子队），从辽河以西挺进，抄袭首山的右侧背。

俄军出于不意，放弃首山，向北败退。日军乘胜长驱北上，俄军一败涂地，不可收拾，日俄战争胜负之局，由此也就决定了。冯、金两匪部帮助日本袭击俄军，使首山战役转败为胜，因而决定了整个战局，立下很大的一功，日本天皇奖赏他们两人宝星勋章，并电请清政府将这两个匪首收编重用。不久金、冯两人就被清政府擢用为奉天省巡防营统领和帮统。虽然如此，冯麟阁多少总还知道一点民族气节，以后渐渐地与日本疏远下来，唯有金万福一心甘愿做汉奸，所以他的帮统衙门里用了大量的日本顾问为其出谋划策。金所部巡防营驻在铁岭、开原一带，常在辖区内兴风作浪，敲诈勒索，设赌抽头，在奉天绑票勒赎，不过是由土匪变成了官匪。

张作霖的出头露面和杜立山的被消灭

张作霖对各匪首均采取不即不离的态度。他是个机警过人、别有野心的人物。庚子变乱之后，他看到这样干下去是不会有好结果的，就同张景惠等几个得力伙伴计议说："我们长此在绿林中吃黑饭，前途暗淡，是毫无出路的。我看不如借我们现有的这点实力做本钱，向官家讨价，弃暗投明，总比这样继续干下去有些出路。"当时他的几个伙伴都表示同意，并且说："只要当家的（匪中黑话，即首领之意）有好办法，打定主意，我们无不唯命是听。"张接着说："只要大家愿意，我自有道理。不过在未实现以前，必须严守秘密，如果泄露出去，不但事情要失败，而且更要被绿林朋友耻笑。你们也许听说了吧？盛京将军增祺前些日子已派人去关内接家眷来奉天，这就是我们的大好机会。将来增的眷属从此经过，我们要连人带物都给劫下来，但不准乱动，到时听我的命令行事，违者就要以手枪相见。"

果然，不久增祺的老婆和随护人员乘着十几辆马车行至新立屯附近一条荒僻路径，就被张作霖早已埋伏的匪众截住，将大小官弁所携带的枪械子弹以及数十件箱柜全都劫了下来，连人带物一并押解到新立屯街上。他们把掳来的人员车马都安顿停当，单给增的老婆和她的贴身侍者安置在一座很好的房舍里，并用最好的鸦片烟款待增的老婆和随行人员。这些人看到这帮土匪非常温和，很容易接近，心中有些莫名其妙。张作霖又亲身招待随行的几个重要人员躺在床上吸鸦片烟，还表现出唉声叹气的样子，并说："咳，现在我们的国家如此软弱，受尽了外人的欺凌，真使我有说不出来的伤痛！我们所以当上土匪，也是被逼上了梁山哪！"增太太的随行人员看到张谈吐如此文雅和满腹牢骚的情景，料定其中必有文章，其中一个比较有地位的人搭讪着说："我们很同情你的处境，我想我们将军来到奉天一定会有办法的，你们也一定会有出头露面的那一天。"接着又说："请原谅我不懂规矩，不知道应该怎样称呼，请问您贵姓？"张答说："我就是张作霖。"这几个人一听是张作霖，倒抽一口冷气，一时都很愕然。这些人过去听说张作霖是奉天著名的匪首，生成得身魁力大，面貌凶恶，今天真个见了面，却是这样一个儒雅温和、文质彬彬的二十六七岁的青年，暗中觉得有些诧异。张作霖接着就把自己的身世和为什么会走上绿林这条路的前因后果，很坦率地说出来，言下流露出一股愤懑不平之意，并故意对盛京将军增祺表示怨恨，说增到任不久，不弄清真假虚实，就要严拿法办，使我们有口难辩，不过我们干这个勾当将生命早已置之度外了。那个随员接着说："依我之愚见，长此同官家作对，毕竟是没有好处的。为了个人的前途，我看你们弃暗投明，才是正路。"随后又问张："假如有这样的机会，尊意如何呢？"张回答说："我已说过了，我们是万不得已才当上土匪的，假如能得到机会为国家效命，是正合我们的心愿的。不过听说增将军这个人很固执，我们现在还很难使他改变态度。"张接着又问："你们究竟是哪一部分的？那位太太又是谁？请放心，我们保证不会加害你们。"带头的那个人思索片刻说："待我回禀太太一声，取得她的吩咐再同你谈。"这位随员立即去见增太太，把和张作霖的谈话经过述说一遍。增太太当时考虑，一来为了解除眼前急难，二来为了替增祺去一地方治安的大患，论公论私都应见张一面。她和随行人员商议决定之后，准备与张一见。张入室行了个大礼参拜，低首站立着说："张作霖冒犯夫人，愿听吩咐。"增太太看张对自己很恭敬，也很谦逊，就对他说："我明白告诉你吧，我就是增将军的夫人。我们这次是由京城来到奉天，路过此地。我原在省城时，就听说绿林各帮与增将军为难，特别是你的声名最大。现在路上巧逢，想不到你这样对待我们。适才听到随行人员报告关于你过去的一切和你的愿望，我很同情你。我看你是一个很有为的青年，而且又有这样一部分力量，假如你能很快地改邪归正，弃暗投明，前途一定是不可限量的，我想你一定会愿意这样做吧？只要你能保证我们一行平安到达奉天，我也一定保证向增将军建议收编你们这一部分力量为奉天地方效劳，既有利于地方治安，你们也有了出路。你看这样好吗？"张立即称谢，并说："假使我张作霖能带众弟兄投到增将军麾下，为国家效命，有生之日绝不能忘掉增太太的大恩。"随即辞出与张景惠等说明，并命令匪众把所劫的东西连同枪械子弹照数交还随行人员查点清楚，寸草未动。增太太和随行人员更大受感动，并拿出五锭纹银赏给张的部众。张婉言谢绝说："只要我们有出头露面的一天，那就没齿难忘了。"增太太一行人等随即离开新立屯，平安回到了奉天。

增太太到达奉天后，立即把途中遇险和张作霖诚心弃暗投明的愿望说与增祺，并且把张作霖的实力和他的为人以及她本人对张的看法，详细向丈夫叙说了一遍。增祺听太太和几个亲信随员说了这些情况后，一时大为动容，经过考虑后，决定奏明清廷，并命新民府知府曾子顾把张部众收编为省巡防营。这是清光绪二十八年（1902 年）的事情。从此以后，张作霖和他的三个助手就成为奉天省防军的正式军官了，但仍驻在新民，负责维持这一带地方治安。过了不久，增祺召张作霖到省城晋见，张做贼胆虚，托故让张景惠顶替他去省城，被增的左右识破，禀明了增祺。增知道张作霖有所顾虑，加以原谅，并指示张景惠说："只要你们真能为朝廷效命，我就一定准许你们戴罪立功，决不会欺骗你们的。现在奉天省还有杜立山等几个匪帮为害地方，应密告张作霖相机图之，如能为地方除掉这些巨患，那就是你们的大功，将来一定还要重用你们的。"张景惠受到增的抚慰之后，回到新民如实对张作霖说明。张作霖听到后，又羞愧又感动，同时内心也就打定主意了。

奉天各匪帮中，实力最雄厚的算是杜立山了。他在匪中独树一帜。除对冯麟阁以老前辈相待，特别尊重外，对其余各匪首均不在话下，骄横傲慢，目空一切。杜和金万福不常来往，对于张作霖的投降，认为是没有小子骨头，加以鄙视。而日俄战争后，除冯、金两匪帮助日本攻陷首山有功，经日本建议清廷收编为省防营外，其他零星小帮已大部被张作霖陆续消灭。到了 1907 年（光绪三十三年），只有杜立山一股还为害辽西一带，未被消灭。这时徐世昌已任东三省总督兼练兵大臣，带了一镇（即一师）陆军兵力到奉天，以壮声势，首先严令新民府知府沈金鉴和张作霖二人共同负责，限期剿灭杜立山匪众，逾期不灭，唯他们两人是问。其实张作霖在被收编前就认为杜立山是上眼皮子了，收编后更视其为眼中钉，早已打定主意要消除他，只是苦于难得下手的机会，在未动干戈前，他同沈金鉴计议，秘密布置自己的心腹对杜立山的匪众进行分化，同时以朋友交情劝杜投降为由，诱骗杜立山来新民宴会，以便乘机捕杀。但这一计遭到了杜立山的拒绝，杜仍然很骄横地称："你为官，我为匪，我们已经是走两条道路的人了，当然也就谈不上什么朋友和交情。我们是有骨头的，我们看你升官好了。"张知道杜立山很听他叔叔杜泮林的话，就又以义父子的关系，亲自把杜泮林接到家里，优礼相待。张向杜泮林表示，他常想劝杜立山洗手归正，并说："以立山的才干和力量，何愁不青云直上呢？可是立山始终不肯回头，前几天徐总督带兵到省，特设酒席请他来，再进最后忠告，可惜他反而误会了，不但拒而不来，并且说些闲话。这次请老人家来，就是为了此事，仍想请他舖叙共商进止。现在徐总督带重兵来奉天，决心要消除地方匪患，不像从前自家朋友，彼此可以相安无事心照不宣了。立山不能再继续干下去了，趁徐总督还没有动手的时候，我和沈知府力主招安，他投降是有把握的。老人家如果同意，拟请您亲自出面邀他前来，以免再发生误会。"杜泮林听了这番话，认为张作霖很够朋友，是完全出于诚心善意，慨然应允，并亲笔写信给杜立山，要他马上前来，杜立山见到叔父的手谕，也就毫不迟疑地来新民府赴约。他恃有实力，骄傲自满，加之又有自己的叔父从中为力，根本没有考虑张作霖别有歹意，因而毫无戒备。但张作霖暗中早已布置好了，当杜立山到后，表面上特别欢迎，并对杜泮林尽量恭维，使杜立山无所疑虑，坠入了他的天罗地网而插翅难逃了。待时机一到，张作霖一个暗号，里外同时动手，当场把杜立山捕捉起来，外边也把他带来的十几名砥柱缴械捆绑了，随即经派来的警务处人员监视就地将杜处决。到此时杜泮林如梦方醒，才知道是中了张作霖的诡计。杜指责张作霖卖友求荣，无信无义，要和他拼命，张作霖很镇定地说："杜立山凶横残暴，恶贯满盈，我奉总督之命为地方除害，这正是大仁大义。事前所以不同老人家说，是怕事机不密，就要大动干戈。这样一来所全者大，所伤者小，老人家为了侄儿，情固有所难堪，如从大义灭亲的道理看去，也就可以心安理得了，这次兵不血刃而为地方除一巨患，完全是老人家的力量，我张作霖决不能贪天之功为己功，一定要报请徐总督从优奖叙。"杜泮林气稍平和，回答张作霖说："我没料到你会这样欺骗我。我已老了，苟全性命，不求显达，所最痛心者，由于我诱骗了我的侄儿，侄儿虽不是亲手所害，却死于我手。"言下又老泪纵横，泣不可仰。张作霖赶忙上前极力安慰，并保证对老人家晚年生活负其全责。杜泮林见事已至此，无可奈何，勉抑悲怀，对张说："算了吧，为奉天除害，你是做对了。死者不可复生，还有什么话可说呢？只希望你对他的身后加以照顾，对于他的部众有所安抚。你赶紧向总督报功去吧，前途远大，好自为之！"张又安慰杜泮林一番，答应对杜立山的家属一定要尽到朋友之情。杜立山的匪众因已做了分化工作，除少数抗拒的已予剿灭或逃散外，其大部分均愿降服，报准收编。张作霖因这次剿灭杜立山有功，被升任为奉天省巡防营前路统领，张景惠任他的帮统，张作相、汤玉麟都做了他的管带。抄获杜立山的赃物，只白银一项就有数百缸，均上缴省防军营务处，枪械子弹、马匹留营使用，免予上缴。徐世昌另外还赏张作霖白银一万两。从此，奉天省的大帮土匪都已消灭，张作霖的实力益强，后来就成为割据东三省的大军阀了。

张作霖的陵墓元帅林

张魁堂

元帅林是张作霖的陵墓，坐落在抚顺大伙房水库浑河入口处北岸，依山临水，风景秀丽。山脚下是三座山门，神道是石级，石级尽头有文武翁仲，上面是享堂，后面是宝顶墓室，前有碑林，两边有石兽、浮雕，二层平台四周饰以铜栏杆。墓道直对享堂，墓室穹顶是星辰图，正中是棺床。陵墓体制似清陵，规模略小。元帅林是什么时候修建，又是怎样修建的呢？ 93 岁的肖庆祥老人如数家珍似的叙述了这段历史。

肖庆祥原是沈海铁路营盘站副站长。当年为修元帅林，特意在营盘站东四里处建了一个小站——元帅林站，肖庆祥便被调去当了站长。从修建开始到"九一八事变"工程处解散，肖一直在那个小站工作。

据肖庆祥回忆，提议修元帅林是民国十七年（1928 年）的事。张家祖坟在新民县四台子，张作霖死后，灵柩暂厝在沈阳东关竹林寺，本应择期归葬故里。但奉天省长莫德惠和其他官员、士绅等认为，张作霖任过安国军大元帅，是北京政府的元首，应另立陵墓，不入祖茔。此议一定，便立即着人踏勘坟址，最后找到萨尔浒古战场附近的铁壁山下。

铁壁山对面有一30多户人家的小屯叫水老鸹窝，小屯倚一小山包，负责勘址的周先生一看便说这小山包好，又用罗盘仔细量了量，地址便选定了。

为修元帅林，专门成立了大元帅葬仪工程处，由郑子臣任处长。郑50多岁，是张作霖初建炮兵时的炮二营营长，也是张作霖的姻亲。修建经费由三省分担，初定80万块现大洋，奉省出40万块，吉、黑两省各出20万块。后追加40万块，仍按比例由三省分摊。

工程处下设总务、经费、材料三个科。第一件事是买下水老鸹窝屯和小山包，结果按每垧（15亩）100块现大洋的价格成交。二是从上海请来殷志豪任总工程师，负责工程设计并监督施工。三是确定由抚顺金华公司承包修建工程。工程于1928年冬开始筹建。最初，工地和新建的小站都叫元帅陵，后来人们说，陵是皇帝的墓，于张作霖不合适，于是改称元帅林。水老鸹窝也改叫水龙卧了。

前面说过，元帅林是按清陵体制设计的，但也有些改动。如上山的石级，照例应为108级，但元帅林却是120级；半山上用两根三角锥标而不用华表。建陵的木材选自吉林黄松甸；汉白玉石采自房山；翁仲、石兽、浮雕是从北平的贝子、贝勒的花园、陵墓买来的，用时剥一层皮，整旧如新；花岗岩石料则是就地取材。

施工的高潮期是在1929年和1930年，这期间每天都有五六百人在工地干活，其中有木匠、石匠各100多人。元帅林小站也显得格外繁忙，各地运来的建筑材料都要在此处卸车，东三省的高级官员也频频来此视察，张学良也来过几次，来得最多的是张作霖的五姨太。元帅林是新建小站，只有两股铁道，没有票房，上下车不方便。肖庆祥为此找郑子臣商量，想修个票房，郑子臣同意了。结果由殷工程师设计，用元帅林工程的工料，修了一个二等票房。票房用琉璃瓦覆顶，挺漂亮的；还设有贵宾室，配有沙发和各种摆设。"九一八事变"后，票房毁于战火，至今不存。

1931 年，元帅林基本完工，可以迁葬了。但当时主事的人认为死者不能再受颠簸，所以移灵不能用火车，只能用人抬。当时从沈阳到元帅林只有土路，没有公路，为移灵，先得修公路。公路刚修到抚顺，"九一八事变"爆发，葬仪工程处也解散了，元帅林就一直空着。

当年的伪满洲国为拉拢张学良，声言愿将张作霖灵柩归葬于元帅林，张学良的答复是："这事得由我自己来办。"但事与愿违，张学良将军自 1931 年离开沈阳后就没有回过东北，他为其父移厝的愿望也就一直没有实现。

黑龙江督军吴俊升

———

万国安

　　民国初年，东北的大小军阀大多是绿林出身，而黑龙江的吴俊升大帅却是从二等兵起家的。他虽然一个大字不识，可是上前线打起仗来却机智勇猛，生活上的逸闻趣事在乡间流传的也不少。我和吴是小同乡，同是辽宁省昌图县北面的兴隆泉村人，我父亲和他很说得来。那时他还在李地主家当小猪倌，后来吴当了大帅，他们就很难见面了。我父亲经常跟我说起吴俊升的一些事情。

　　吴俊升的父亲是个赶大车的，在兴隆泉村李大财主家当赶车的大把式。那年三九天，夜间往县城粮栈送粮，道路冻得又硬又滑。半路经过个大斜坡，辕马突然打了个滑溜，两千多斤重的粮车失控，赶车的大把式跌倒轮下，一命呜呼。李财主又把死者十多岁的儿子叫到家，当了小猪倌，一干就是五六年。穷孩子营养不良，生了一副笨拙相，加之说话有点唔唔啦啦，长工们便叫他"吴大舌头"。这个外号，就是他后来当了大帅，乡里人仍然还是这么叫，好像一叫大舌头，又令人想起当年的岁月，显得亲热嘛！

拜把子还得找保人

又过了几年，吴大舌头已经 20 岁出头了。兴隆泉村北面的鹭林镇成立一个保安小队，要征集 30 名年轻人当队兵。县府规定，镇周围的大财主家每家出一个人，还要捐出一匹马和一条步枪，任何人不得违抗。李老财主就把猪倌吴大舌头武装起来，亲自送到镇公所新成立的保安小队。队部文书说："大舌头这名字不体面。"当时就给起了个大号叫"吴俊升"。

小镇很热闹，有杂货店、小饭馆，还有澡堂子，比村里自然气派。大舌头穿上了黄布军装，又有了正式的名字，说话虽然还是唔唔噜噜，可是人显得懂事多了。凡队里去四乡送文件办事什么的，无论刮风、下雨、下雪，他从不躲滑装孬。同伍老大哥哪位轮值，因为赌钱分不开身，叫声"俊升兄弟，代我跑一趟吧"，他也总是有求必应，高高兴兴地甘愿替人家跑腿儿。无论到哪个村，他对老乡们都很客气，大伯大叔、大妈大婶叫得可甜了；派到谁家吃饭，也从不仗着穿老虎皮（军衣），要好的吃。

没多久，吴俊升的好名声就传到小队部，可是小队长偏不喜欢他。这位小队长是个老兵油子，谁会拍他马屁，打牌时多给他几张好牌，叫他多和几把，他就认为是好弟兄。而吴俊升入伍前是猪倌，不会这一套，所以就不招小队长待见。可是小队长也不敢过分嘀咕他，因为他是大财主李东家送来的。

有一天，队里文书向小队长出主意："弟兄们在一起风风雨雨两年多了，大家还算是有缘分。我想咱们来个桃园三结义，将来哪位弟兄时来运转，高官得坐，骏马得骑，对弟兄们都是个照顾啊！全队都算上，也叫吴俊升当个小兄弟，队长你说中吧？"小队长一听叫大舌头也算一份，冷笑着说："吴俊升参加也中，得让他找个保人！"

以后会明白的

两年后，东北扩充骑兵队伍，黑龙江全省保安队统一编制为骑兵第二旅，三个团为一个旅，每团四个连，全旅官兵约 1200 名。吴俊升他们团驻在辽北洮南县，那时蒙古经常成群结队、兵匪不分地侵扰辽西地区，弄得老百姓人心惶惶。

吴俊升经过几年的行伍锻炼，当上了少尉排长，成了一名精干的年轻军官，论枪法、骑术都是优等，就是个头小些，只有 1.6 米多点。步行在人群里，他是个矮子，可坐在马背上，一点儿也没显低：腿短上身长！

他们这个团负责辽西区的治安，不到一年，和蒙匪厮杀上百次。吴俊升每次总是身先士卒，不怕危险不怕死，蒙匪的套马竿子几次套上他的脑袋，都被他用大战刀砍断，反手倒把敌人的脑袋瓜给搬了家，每次战役他都能砍掉十几个人头。不久，他升为少校连长，蒙匪军也知道这个矮个子不好惹。

那时，东三省最高统帅是绿林出身的张作霖。他听到了关于吴俊升的种种传说，加之吴确实作战有功，蒙匪一听他的大名都望风而逃，于是张作霖便越级晋升吴俊升为骑兵第二旅旅长，旅部也迁到洮南。

又过了半年，张作霖任命吴俊升为奉军第二十九师师长，还特意把吴召到奉天（沈阳）拜了把子。张作霖的这一举动，惊动了他的那些出生入死的铁哥们儿，有人特意跑到沈阳，当面问张这是为什么。张作霖并不解释，只是说："以后你们会明白的。"

智灭"天下第一团"

吴师长真是官运亨通。没过多久，张作霖又把他提升为黑龙江省督军兼省长，仍当第二十九师师长，把队伍带到黑龙江。张作霖还通告所属，吴督军也是大帅称号。

那时黑龙江省地广人稀，中东铁路横贯全省，沿铁路线几乎成了土匪世界。最大的匪帮以"天下好"和军师爷"万灵子"为首领，有骑匪号称千人。当地驻军大多是投诚改编人员，与土匪暗中勾结，常利用剿匪交火之机假装败阵，特意将枪支子弹留给土匪。而后官军再来个反冲锋，揣上土匪留下的钞票，打着得胜鼓回营了事。

黑龙江省的治安一塌糊涂。吴大帅到任之初，"天下好"竟敢把自己"天下第一团"的大旗插在庆城县县政府。县政府成了土匪的司令部，也是老百姓赎"肉票"的市场。

"天下好"占领庆城后，他的军师爷"万灵子"出主意，说吴大帅在找机会招兵买马，扩大实力，将来要和张大帅比个高低，不如趁此请他收编我们，弄个名正言顺。

吴大帅正领兵向庆城前进，半路上遇一个老农递上"天下好"请求收编的文书。于是副官飞奔庆城去传达大帅的命令：一是准予收编，任命"天下好"当新编第四团上校团长，"万灵子"为中校团附，并兼团军需官；二是立即退出县政府，请回县长照常办公，释放所有绑来的"肉票"，不得勒索钱财。随后，副官拿出两套军官制服给两名匪首穿上，肩头的金星闪闪发光。于是，县长重返县政府，被绑来的"肉票"也被家人接回去了。新编第四团团部和各连都住到学校和大车店里，就等着从省城送来军衣了。

那几天县政府天天杀猪宰羊，顿顿老白干，看谁喝得多，副官也一个劲地传达好消息："军服马上就运到了。只要听吴大帅的话，将来人马多了，当官是容易的，听说还要给弟兄们发一回饷，有家的还可以请假回去看看老婆孩子。"弄得这七八百人大多都晕晕乎乎的，只少数人鬼心眼儿多，觉着不对头，悄悄地溜出庆城县。因怕"天下好"的匪兵骚扰，老百姓大多都关门闭户，商店开门营业的也没几家，人们都在嘀咕：吴大帅真的叫他们一帮土匪摇身一变当官军？

一天半夜时分，突然枪声四起，阵阵鬼哭狼嚎充斥县城，一夜工夫，"天下第一团"落了个血染庆城的下场。大家恍然大悟，原来如此。

血染庆城后，吴俊升回到省城第二天，就下令为灭匪死亡官兵开追悼大会。在帅府大院内，士农工商学和军警数百人，每人左臂上都套着一个黑布箍，会场充满了悲伤的气氛。吴俊升亲自读祭文，满场鸦雀无声，可只见他手捧祭文就是不张嘴，脸憋得通红，脑门上满是汗珠。在场的人正在纳闷儿，吴俊升突然放声大哭起来，嘴里还唔唔地说着："他妈拉巴子，我的好弟兄叫土匪打死了十几个，唔唔……"参谋长猛然心里明白了，赶快高声发着口令："散会！散会！"

会散了，几位长官陪着吴俊升回到师部，纷纷安慰说："大帅，不要太伤心了，打仗能不死人吗？"不等大家说完，吴"扑哧"笑了，紧接着张开大嘴说："唔唔，纸上的字，我一个都不认识。他妈拉巴子，憋得实在没法子，只好哭吧，不然怎么下台啊？"

"不同生而同死"

张作霖、吴俊升虽系拜把子兄弟，但两位老哥们也曾闹过矛盾，且几乎发生流血事件。那是1922年奉直两军第一次在京津地区交战，直军吴佩孚战胜了奉军。张作霖带着残军败将退回沈阳，坐镇大后方的盟弟吴俊升赶忙郊迎。张作霖在回沈阳途中接到密告说，吴俊升曾和吴佩孚派来的特使商谈，并阴谋在沈阳造反。张大帅一听怒火三丈，见面即将吴大舌头软禁在大帅府审问。吴得知原委后面不改色，说："唔唔，那些王八羔子来收买我，许给我黄金万两，并封我为东北三省的大都督。我一听气炸了肺，立即派人把他们押解出关。"张作霖一听，气消了许多，问："你怎么不把他们崩了？"吴赶忙回答："说书讲古的不是常说，两军打仗不斩来使吗？真要把他们枪毙，吴佩孚那杂种会笑我们是胆小鬼。"张作霖慢慢想通了，不管怎么说，自从和吴大舌头拜了把兄弟，他坐镇黑龙江几年的工夫，省内的土匪便扫荡光了，再说凭他那点儿本事也不敢造反。

吴俊升捏着一把汗回到黑龙江。1924 年，奉直第二次大战打响了，吴马上带着全家老小赶赴沈阳张大帅府，以全家做人质请战上前方。张作霖一边笑一边命令说："你还坐镇沈阳，如果吴佩孚再派奸细来，把他们关在监狱里，等我回来发落！"

奉直二次大战，直军吴佩孚栽了跟头，张作霖乘胜占领了北京城，自封为安国军总司令。

1928 年，国民党政府军进攻势猛，张作霖作战失利，于 6 月仓皇北逃，吴俊升也在皇姑屯登上专列。哪知在距车站不远处，为夺满蒙权益而怨恨张作霖的日本关东军埋下了炸弹。一枚炸弹开花，两位大帅落了个不同生而同死，一命呜呼！

旧军阀吴俊升逸事

李　宁

　　奉系军阀的主要头目之一吴俊升，字兴权，1863 年农历八月二十九出生于辽宁昌图府兴隆沟屯。这位绰号"吴大舌头"（小时冻伤了嘴，落下后遗症，吐字发音不太清楚）的民国前期的风云人物 17 岁从军，先后做过伙夫、马夫、奉天后路巡防队统领、候补总兵、旅长，守备司令官，师长，黑龙江督军兼省长等职，到 1928 年 6 月 4 日 5 时 30 分与张作霖一起被日本人炸死在沈阳皇姑屯，军旅生涯为 48 年。

　　吴俊升外表粗鲁，文化程度不高，然而他在作战中却堪称是奉系武将出类拔萃的人物。有关吴俊升大字不识的传闻很多，其中的一个故事讲吴俊升率部打了个胜仗，可是手下干将死了好几个。追悼会上，吴俊升拿起悼文来半天不出声，最后却哭着说话了："……跟我一起过来的弟兄，怎么一个个都死了呢？"主祭人见此连忙宣布追悼会结束。事后大家劝他不必过于悲伤，谁知吴俊升却乐了："那纸上的字我一个也不认识，不哭怎地？"

　　吴俊升文化程度不高，识字不多，但不至于大字不识，只不过悼文上全是文言句子，他肯定念不下来。吴俊升虽是一介武夫，但官居要职后毕竟要同上层人物打交道，所以在 40 岁之后开始读《三字经》，广为搜集字画，喜欢画虎，还学会写草书"虎"字。虎画得不好，可"虎"字他却写得别具一格，并常常以此馈赠。

读《三字经》、画画、写字，时间长了也能权作斯文，增加一些修养。近来民间发现一个墨盒，充分证明吴俊升并非目不识丁之辈。这方刻铜墨盒，铭刻隶书："东壁图书府，西园翰墨林；诵诗闻国政，讲易见天心"五言诗一首，上款楷书"兴帅督军兼省长雅玩"，下款楷书"马龙潭谨赠"。五言诗前两句典出唐人张说《恩制赐食于丽正殿书院宴赋得林字》诗、晋人张景阳"游思竹素园，寄辞翰墨林"句，赞颂"兴帅"（"兴帅"即吴俊升，因其字兴权，人称兴帅）藏书丰而群贤会聚；后两句则赞颂"兴帅"心存高远，谋划修治，举措惊人。短短一首五言诗，典出唐、晋名家之言和《左传》《孟子》《吕氏春秋》，烘托出两个勇武将军的儒雅风度，可谓用心机巧。马龙潭，清末为清军总兵，民国期间在奉系军中授少将衔，1922 年任奉天省省长。此人能文能武，写得一手好字，民间流传有不少他书以赠人的隶、楷、行、草各种书体条幅。马与吴私交很好，很了解这位"兴帅"的爱好，所以才送此墨盒。

在吴俊升的私人行政开支中，有一笔数目不大的兴学费。在洮南一带，确有一些子弟是靠吴的兴学费读书的，甚至还有靠吴的资助留学国外的，"辽源、昌图兴权小学，皆出私产巨万无吝容"。

1924 年 3 月，已是黑龙江督军兼省长的吴俊升由辽宁返回黑龙江路过辽源省亲，对各校学生每人赏奉洋 800 元以助学生笔墨之需。另出款10000 元捐助各校建筑经费的不足，热心教育可见一斑。1926 年 4 月，因奉天贫儿学校经费艰难，吴俊升特出私资捐助该校奉洋 200 元。吴俊升一生中也不乏扶贫赈灾之举。一次返辽途中，沿途见众多灾民无力春耕，当即慨捐奉洋 3000 元，辅助受灾百姓耕种，以度灾荒。回去后吴俊升还不放心，又劝导所属人员一律踊跃捐助。适逢辽源水灾严重，辽河连日水势暴涨，县公署、审判厅、商会、电局各机关均一片汪洋。吴俊升亲赴各栈店，查看难民情形，然后自己当场捐赈灾款 5000 元，过后再捐 5000 元，先后计 10000 元。又命各粥厂日炒盐豆若干，每至放粥之际按人分给。1924 年，黑龙江木兰县因匪患滋扰，播种失时，各乡多半无粮。吴俊升考虑要是不救济恐生意外，因此筹谷 400 石运到哈尔滨，再转水路运送木兰县以便救济。

有时遇到童叟、妇孺、病残者，吴俊升也能随时周济。如 1926 年 3 月，他在奉天小河沿柳堤试马，遇到一个妇女携带一对儿女行乞，问明原委后，给了 10 元大洋票一张。此类事相继二三起。后来有一 30 岁左右男乞丐听说众人都得了钱，也来到吴的面前乞要。吴俊升一看就知道这是个吗啡鬼，于是出言训斥道："你小子年轻轻地不学好，非得要扎吗啡，滚出去！"

吴俊升不爱烟酒鸦片，却偏好良马、猴子、女人。他在洮南和齐齐哈尔郊外养了 3000 多匹良马，在督军署后院马厩里也养着 200 多匹。督军属后院，大多为马厩、猴舍而占，大小珍猴成群结队，设专人喂养，费用惊人，全由公家开销。吴俊升只要不外出打仗，每日清晨必到马厩、猴舍巡视一番，只要一见到猴子和马，就兴高采烈，眉飞色舞。吴俊升有好几房姨太供寻欢作乐，他对自己的嗜好从不隐讳，说这是"自古名将爱良马，从来美人属英雄"。这也是吴俊升不好的一面。

沈鸿烈在青岛

张志明

　　"九一八事变"后，人数庞大装备精良的东北军奉行蒋介石政府的不抵抗政策，未放一枪即放弃了东北三省，退入关内。东北陆军驻扎在河北，以沈鸿烈为司令的东北海军也惶惶不可终日，他找到张学良，请示东北海军日后的前途。在张的引荐下，沈鸿烈怀着惴惴不安的心情，拜见了蒋介石。据传，根据沈鸿烈的指示，东北海军的舰艇在张学良宣布"改旗易帜，服从三民主义"之后，仍然拒绝悬挂国民党党旗。然而，蒋对沈劝慰有加，任命沈为青岛市市长，东北海军全部开到青岛，以当地税收作为东北海军的经费，并提请国民党中央委员会补选沈鸿烈为国民党中央委员。1931 年 12 月，沈鸿烈被南京政府正式任命为青岛市市长。

建立南京政府的模范市

　　沈鸿烈于当年 12 月 16 日就职视事，并当即宣布了十大施政纲领：

整顿吏治，修明内政；厉行自治，充实民力；禁绝恶习，改良风俗；建设乡村，施惠贫民；普及教育，以求实用；提倡国货，优遇劳工；发展区务，繁荣市场；整顿军警，巩固治安；慎重邦交，保护外侨；力图建设，输入文明。

沈鸿烈在青岛期间，搞了一个市政会议制度。每周举行两次，市长、秘书长、各局局长、市属各处所的负责人等均须出席会议。据中华人民共和国成立前在青岛从事新闻工作的松青回忆：该会议的内容"一般是讨论贯彻施政方针；决议提请审议事项；审议财政预决算及经费开支；协调各部门的关系。但也议些小事，如小学教师生孩子发补助等，无所不议"。

经过沈鸿烈几年的苦心经营，到"七七事变"前夕，青岛在民政、教育、财政、农林等方面均取得了相当的发展。南京政府曾赞誉青岛为模范市。原国民党青岛市市长、后定居加拿大的李先良回忆：青岛市各平民住所，多者 700 户，少者 300 户，莫不规模整齐，并在各所内适中地区，分别兴建公共清洁卫生设备，内部有闾邻办公室、居民会议室。各平民住所附近，均辟有马路，有水电管道，并有小学、市场等。查英美各国，在第二次世界大战后才有供给低收入阶层之标准房屋建设，而沈氏却较英美早 30 年而有此平民住所之建立，洵属先进之创举。

青岛风光优美，沈鸿烈十分注重开发它的旅游资源，并借国民政府政要到青岛旅游之机，拉关系，联络感情。宋美龄到青岛避暑的时候，曾经称赞沈的西餐厨师技艺高超。待宋美龄返回南京后，沈鸿烈马上写了一封亲笔信，令该厨师立刻乘飞机到蒋委员长官邸报到。上海青帮大亨杜月笙率领上海工商界代表团到青岛参观游览，沈鸿烈热情招待，并亲自陪同游览。杜月笙感动之余，出资在青岛崂山的山崖上修建了一座亭子，专门取名为"斐然亭"。这个名字语意双关，原出自"斐然成章"的古语，而沈鸿烈字成章，杜借这个名字表示对沈在青岛政绩斐然的敬佩。

特别值得一提的是，沈对教育的重视。在他任内，青岛市政府每年均拨出专款用于教育事业的发展。他将重点放在兴办小学普及国民教育上，并创办李村师范学校培养师资，而且每年举办小学教师暑期学校，提高在职教师的教学水平。农村的学校少，儿童就学非常困难，沈鸿烈责成青岛教育局制订了一个乡村教育计划，要求各乡区办事处普遍建设小学。使得每个大村都拥有一所建制齐全的完全小学，在每一个小村都建有分校，儿童可以就近入学，免去了远道奔波。学校建设采取官民合作的方式，即政府出钱，群众出工。学校建好后，即派人到各村调查学龄儿童，实行强迫教育，对不让孩子上学的家长处以 1 ~ 10 元的罚款。

为了加强学生的国防观念，沈还要求对中等以上学校的学生实行军训制度。为发展青岛的中小学教育，在张伯苓的支持下聘请南开中学教务主任雷法章出任青岛教育局局长。张伯苓对其予以高度赞许：当今之世，像沈鸿烈这样为国为民的市长，能有几人！雷法章到青岛后，沈鸿烈给予他的工作大力支持，并不时地鼓励他发扬南开精神，放手工作。

1935 年 1 月，沈鸿烈主持修订了《青岛市施行都市计划方案》。沈按照当时青岛人口大约 20 万人增加 5 倍，即 100 万人设计了这个方案，将青岛市区划分为行政、港埠、住宅、商业、工业等五大区域，大力发展交通，改建青岛火车站，修筑通向市外的四条交通干线，大面积绿化等。为了争取经费，沈多次向南京政府行政院请求拨款，最终经行政院批准，将青岛的国民政府直属税收机关所收税款每月拨出 5 万元，用于青岛市政建设。但是由于日本在华北侵略的加剧，该计划没有得以全面实行。

举办第十七届华北运动会

沈鸿烈极力提倡发展体育事业，以甩掉压在中国人头上的"东亚病夫"的帽子。他认为中国武术无须设备，无论时间、地点、人数都可以练习，是一项既经济又实用的体育运动。在他的主持下，青岛国术馆公开考试，凡是取得国术教员合格证者，都可以设立练习所，招生教练。在此推动之下，国术练习所很快遍布青岛市郊。在日本纱厂做工的工人组织了纱厂练习所，许多学习国术的青年热血沸腾，爱国热情空前高涨。1936 年 7 月，青岛市政府组织了国术救国队。在日后的抗日战争中发挥了巨大的作用。

为了进一步提高国人的身体素质与体育锻炼意识，在沈鸿烈的争取之下，1932 年华北体育联合会决定，第十七届华北运动会在青岛举行。他首先拨款 20 万元兴建体育场。体育场蓝图系按照当时美国洛杉矶体育场大致绘制，长 340 米，宽 230 米，共有 15 级看台，可容纳 1.5 万人。台下有 140 多间休息室，供运动员休息，可以说是当时国内一流的体育场。为了给外地前来青岛的运动员和观众提供方便，沈还组织人编制了第十七届华北运动会手册，从食宿安排、通行路线、备用车辆到游览观光风景名胜等，均有详细说明。1933 年 7 月 12 日至 15 日，运动会在青岛如期举行，取得了很好的收益。沈鸿烈在《体育场记》中意气风发地讲道："我士庶均得于此分曹角艺，已立立人，他时群英蔚起，一矫畴昔懦蘖积习，行见国家桢干之材，不可胜用，泱泱乎表海雄风，何难复振。"

张学良抱住沈鸿烈失声痛哭

"西安事变"爆发后，张扬和南京方面都希望沈鸿烈表态。沈处在两难境地，一方面自己深受张氏父子器重，理当在这个重要当口坚定地站在张学良一边；但同时蒋介石又是国民政府名义上的领袖，深受儒家伦理教育的沈氏自然不愿意背上弑主叛逆的罪名，经过多方权衡，他决定两不得罪。首先致电何应钦、孔祥熙，敦促他们妥善解决事变，积极营救蒋介石。而后致电张学良。据沈的秘书谢祥云回忆，沈致张的电文大致如下："鸿烈受张氏知遇，已历两世，感恩图报，时系吾衷，平日言行，无不出自忠诚。顷读通电，惊悉西京兵谏，骊宫幽蒋，殊失将道。在此内忧外患日急，千钧一发之时，委座一身，国家安危所系，……"并要求张必须保证委座安全，以免亲痛仇快等。

在中共的努力下，"西安事变"得以和平解决。蒋回到南京后，多方收集各地方大员的态度，沈氏的做法，令蒋颇为赞许。

1937 年春节，蒋介石回溪口老家过年，将张学良也带在了身边。蒋介石专门电请沈鸿烈到溪口，给张做"思想工作"。

1963 年，沈鸿烈因心脏病住进了台北的荣民总医院。张学良偕赵四小姐前往探望。张走后，沈鸿烈向陪侍在旁的女婿宫守义谈起了当年的情景，"'西安事变'后，汉公（引者注：张学良字汉卿，这是沈对张的尊称）陪同蒋委员长回到南京又偕往溪口，我在青岛接奉蒋委员长电召以汉公心情颇为激动，嘱我前往溪口顺予劝慰。当我到达溪口官邸庭院时，见显要多人连同汉公均在庭院散步，我还没来得及和大家一一打招呼，汉公见到我就一把拉住进入他住所的房舍，他自己关上门窗之后即抱住我放声痛哭。虽经我竭力劝慰，历时一个小时仍不能止声，当时我很不安，因为我是奉召前来，在尚未谒见蒋委员长之前，两人先关起门窗一两小时之久，论公论私均属欠妥。后来谒见蒋委员长时承告：'听说你和汉卿见过面了，他心情太激动，希望你在此多留几天，好好安慰安慰他'。于是由原定 2 日的行程竟延长至 11 日之久。……我在东北服务时，张氏父子对我太厚。每当我遇事有所请示时，汉公几仅穿内衣延见。见面时，我还未开口，他一定先说：'老沈！老沈！你不要骂我，你知道我是没有办法。'因当时汉公身染恶习随时均须注射，仅穿内衣求其捷便也。"

"我同日本人、俄国人打过多次交道，从未屈服过"

1932年"一·二八事变"后不久，青岛《国民日报》发表了《闲话皇帝》一文。驻青岛的日本海军借此大做文章，派兵登陆，武装示威。并鼓动市内的日本浪人和特务冲击国民党青岛市党部，其中浑水摸鱼者趁机盗抢财物。沈鸿烈命令所属武装积极备战，向日本领事进行交涉，并请求英法美等各国领事从中调停，才得以平息了这一事件。当时日本在青岛约有5万侨民，经营有9个纱厂，一共拥有45万纱锭。日侨还开办有其他工厂和商业。由《闲话皇帝》引发的风波平息后，沈获悉，在青岛的日本商人都非常害怕闹事，他们长期在中国经商，绝大部分财产都在这里，一旦发生武装冲突或者战争爆发，首当其冲的是他们的生命和财产。沈鸿烈因此制定了一条对日交涉的原则：备战交涉，大事不让，小事不争。日本人投鼠忌器，对他也没有办法。沈鸿烈也常常以此为荣，"我同日本人、俄国人打过多次交道，从未屈服过"。

"七七事变"爆发后，沈鸿烈被任命为青岛海陆军总指挥，隶属第五战区。1937年8月14日，淞沪抗战刚刚打响，日本即借口其一海军士兵在青岛市德县路被杀，派出大批飞机、舰艇和海军陆战队，云集青岛海面，打算武装占领青岛。同时，日本驻青岛总领事大鹰面见沈鸿烈提出严重抗议。沈鸿烈一面在外交上虚与周旋，一面下令驻青岛海陆军全面戒备，做最坏的打算。此外，沈鸿烈先后会见列强驻在青岛的外交使节以及各国新闻记者，慷慨激昂地表示：作为地方官守土有责，一旦日军强行登陆，我全体军民誓与周旋，土地为中国所有，而工商财产多为日本所有，万一不幸，只有同归于尽。明确表示宁为玉碎，不为瓦全。日本记者将沈的讲话予以公开发表，一时间日本朝野竟不敢轻举妄动。8月31日，大鹰再次面见沈鸿烈，口气大为缓和，提出三日内与中国方面商定日本侨民的撤退办法。另外日本海军司令下村也借与沈氏有同窗之谊先后两次前来造访，要求他尽可能地保护在青日侨生命财产安全。沈鸿烈也借此机会整军备战，给资遣散了市政府的部分工作人员，要求普通市民尽量离开市区，一律疏散到乡下。

在这种情况下，日军被迫同意了沈鸿烈提出的一周内撤退全部侨民5万余人的意见。日本方面动员了相当数量的船只来运送侨民，但是仍嫌运量不足。据记载，每个侨民上船的时候，只允许携带一箱一囊。他们在青岛的大量固定资产均被迫抛弃。9月4日上午10时，日侨领袖率领百余人在日本总领事馆举行下旗归国仪式。至此，青岛日侨5万余人全部撤离。

火烧日本纱厂

"七七事变"后不久，蒋介石曾密电沈鸿烈，要求他在必要的时候将日本纱厂全部破坏。日本纱厂绵延于青岛市四方、沧口一带，长达近20里。不但厂房坚固，而且还配备有完善的灭火设施。用简单的纵火方式恐怕很难给予毁灭性的破坏。

沈鸿烈早在1936年夏天就秘密在全国各地物色爆破专家。他特地派人将国民党二十九军教育处中校工兵教官马锡年请到青岛，组织了一个对爆破人员的培训班。为保密起见，这个培训班对外称为保安干部训练所，下设通讯、工兵两个班。沈亲自兼任所长。经过与有关人员共同协商，沈鸿烈拟定了三种破坏方法：用人力破坏日商纱厂的纺织机器；

放火烧毁库房；用高爆炸药炸毁机器锅炉。

1937年9月，沈鸿烈正式任命马锡年为通讯爆破大队长随时待命。随着战事日紧，12月7日沈鸿烈接到了国民党中央要求青岛市政府全面摧毁日本纱厂的正式命令。18日，沈下达命令：当晚8时整，开始引爆点火；爆破后，由各指挥官负责验收；如果不能达到预期破坏目的，各指挥官即以头授予；对表准备执行任务。1937年12月18日晚8点整，从四方、沧口到青岛市内，连绵20多里，火光冲天，硝烟弥漫，爆炸声不断，日本人的纱厂顷刻间灰飞烟灭。其他日本在青岛的工厂如啤酒厂、铃木丝厂、丰田油坊和太阳橡胶厂等均被同时彻底摧毁。

当晚沈即电告蒋介石，详细汇报了爆破日本工厂的经过以及准备率部前往鲁南的计划。次日，蒋介石复电称：彻底爆破日本工厂，殊堪嘉许，今后行止可自行酌情决定等等。

沈接到蒋介石的电令后，即下令将装满砂石的镇海、永翔、楚豫、同安、江利等五艘军舰和青岛港务局所属的飞鲸、金星、土星等五艘小火轮，开到各港口的主要航道上，放水入舱，沉到海底。同时切断海底电缆，并在各主要航道布下水雷。永翔舰因沉得不彻底，桅杆还留在水面上。日军占领青岛后，即将其打捞上来，成为日后汪伪海军基地司令的旗舰。

1937年12月31日晚，沈鸿烈登车前往徐州，离开了他执政六年的青岛。

寿懿：东北第一家族的实际持家人

窦应泰

近年来，一些文艺作品在描写 1928 年张作霖"皇姑屯遇难"事件时，都把张殁后沈阳张氏大帅府"秘不发丧"的主持者冠以于凤至女士。笔者为廓清史实，曾经多次走访当年的知情者，终于认定当年张作霖遇害身亡，沈城一片恐慌之时，真正主持张氏帅府"秘不发丧"的人并不是于凤至，而是张作霖的五夫人寿懿。

寿懿的家世及与张作霖的结缘

寿懿，又名王雅君，生于 1890 年。其母王松岩年轻时曾入奉天戏班，因唱作俱佳，色艺双全，深得黑龙江将军寿山（姓袁，名寿山，字眉峰。汉军正白旗人，明末兵部尚书袁崇焕的后裔）垂青，不久即纳为外室。一年后寿懿出生。

寿懿从小心性聪明，不仅学得一手好字，且读《四书》和《五经》等亦有过目成诵之才华。寿山对之格外喜欢，望其学业有成，成为大家闺秀。但是好景不长，寿懿三岁时，寿山将军在抵抗沙俄侵略者的战争中不幸殉职。作为外室的王松岩从此无所依靠，只好重操梨园卖唱之业，生活一度十分艰难。王松岩虽然是个卖艺的女子，但很有志气，有多人企图娶她为妾，可她频频婉拒，不肯轻从。

1905 年（光绪三十一年），奉天省城始有女子学堂。当时寿懿已 15岁，其母开明，决计节衣缩食也要让她进学堂。寿懿深知寡母的良苦用心，所以学习十分刻苦，在奉天女子学堂里很快就成为佼佼者。

1906 年，张作霖 31 岁，已受抚于新民府任马步五营统带。是年 10月，奉天巡防营营务处总办张锡銮举行各巡防营统带的军事秋操，张作霖奉命前来奉天。其时奉天女子学堂恰好举行结业典礼，张作霖随同张锡銮等一齐应邀出席该女子学堂的结业典礼。就在这次典礼上，坐在主席台上、戎装佩剑的新民府五营统带张作霖，忽然被一位登台致辞的风姿翩翩的女学生所吸引，她就是寿懿。

张作霖虽已娶有几位年轻的姨太太，可自从见了这位女学生以后，一度食不甘味。为了了却心愿，张作霖特别拜托朋友阎泽溥从中作伐。1907 年冬天，张作霖如愿以偿，用最排场的仪式，将风华正茂的奉天女学生寿懿接到新民府，成为自己的第五位夫人。

在东征剿匪时崭露头角

寿懿初到新民张家，即由于能说会道和处事精明，深得张作霖的青睐。

从小就受到黑龙江将军寿山指教的寿懿，与张作霖的前几位妻子不同，不仅见多识广，而且识文断字。那时的张作霖因为公务需要，极希望有能说会道的夫人出面替他应酬局面，所以久而久之，寿懿便成为张几位夫人中最得宠的一位。特别是张作霖官居奉天省巡防营前路巡防统领要职以后，官场的应酬与日俱增，五夫人寿懿越发是不离张作霖左右的重要人物。

1908 年，北洋大臣徐世昌督奉，由于他厌恶张作霖的出身，所以派张作霖率其所部由故乡辽西去陌生的松辽平原剿匪。寿夫人遂与其他几位夫人一道，随同张作霖风尘仆仆远行。

寿懿的精明之处就在于能够取悦张作霖。那时她虽与其他几位随军夫人一样，对荒无人烟的环境充满了厌恶和不适，可是表面上却表现得泰然自若。当张作霖的军队由古镇郑家屯追匪至洮南时，大队人马经过长途跋涉士气低落，萎靡不振，这位寿夫人居然在阵前发表鼓动人心的讲话，使那些士兵们精神顿时大振。每当张作霖挥兵与敌匪交战后，寿夫人也都要出面劳军，有时还会向那些为张作霖冲锋陷阵的士兵们颁发奖赏。一时间，寿夫人在军中威望陡起，士兵皆称赞寿夫人的恩德。张作霖闻知寿夫人众口皆碑，人人称道，心里越发喜爱。

张作霖所部越战越勇，兵力也由三个骑兵营增加到五个营。到了1909 年的秋天，张作霖终于在索伦山一带大败陶克陶胡匪部，将其逐出边境，凯旋而归。

寿夫人和女眷们长期随军，鞍马劳顿，张作霖命他的亲信、巡防营文案总理陶丽卿先护送她们返回洮南住地，不料在向洮南进发的路上，由于陶照顾得不周到，经常没有好的居所，有时还不能吃上好的饮食，引发了一场冲突。一次傍晚宿营时，寿夫人当众斥责陶丽卿不该让女眷们寝食难安，并借此抖一下夫人的威风。不料陶丽卿却是一个吃软不吃硬的耿直性子，见小小年纪的寿懿居然胆敢当众斥责他，顿时勃然动怒。他根本不计后果，当场就随手操起一只盛满了开水的碗，叫骂着向寿夫人头上抛去，将开水泼了寿懿满脸满身。

张作霖数日后赶回洮南，听到这件事情心里自是不快。寿夫人又当着张作霖的面寻死觅活，非要讨个说法。张作霖左右为难，既怜惜爱妾，同时也不敢轻易得罪与他出生入死的陶丽卿。因为如果张作霖真的为得宠的寿夫人向陶丽卿问罪，那么必会伤了其他一同患难的弟兄。恰在此时，陶丽卿亦因在一怒之下伤了五夫人寿氏而心里不安，他找到张作霖请求说："我在这里没法干下去了，由你处置我好了！"张作霖顺势说："你把我张作霖当成什么人了？她年轻，闹就闹吧。没有什么关系，我们的大业比什么都要紧，自然还是友情为重。既然你为这件事情不愿意在这里干了，那你就不妨到张景惠的第二营先干着吧，将来有机会再回我这里干！"

张作霖一方面又委婉安慰寿懿说："虽然陶丽卿这次打了你，可是我却不能因此撤了他的职，你想想，如果我真的把他撤了，那么将来还有谁敢跟着我干呢？"

寿夫人见张作霖不能为她转回面子，心里尽管有气，可是她深知张作霖这样做是为日后的大业着想。也就是从那时起，寿夫人对张作霖这个草莽出身的统领更加敬畏，甘心情愿为张的大业而竭尽全力。为了讨得张作霖的欢心，一年后她甚至主动向张作霖建议派陶丽卿到奉天讲武堂第一期去上学受训，张作霖没有想到寿懿虽系女流，居然不记旧仇，心怀开阔，以他的大业为重，所以越发倚重，后来甚至将所有的内务都交与寿懿代管。

东北政坛上的"外交夫人"

1918 年 9 月，张作霖升任东三省巡阅使，外交活动顿时增多，寿夫人越加崭露头角。

按照当时的礼节，每当张作霖接见各国驻东北的外交使节时，必须有夫人在场。这样的场合张作霖的其他夫人均难以登场，非从小就出生在寿山将军家庭、且又在奉天女子学堂毕业的寿懿夫人莫属。寿懿能说会道，善于逢场作戏，在外交场合张作霖遇到难题时，其也能以灵活的手法左右逢源，将许多尴尬的外交僵局化险为夷。到了 1924 年两次奉直战后，张作霖进入北京与冯玉祥、卢永祥等人推举段祺瑞为"中华民国临时总执政"，控制北洋政府的时期，寿夫人的外交应酬活动更加多了起来。

张作霖虽然在军事上有众所公认的才能，然而他毕竟出身于绿林草莽，对于外交上的礼仪难以应酬。而寿夫人在这方面的应变能力则是一般女子所不具备的，也是张作霖所最为欣赏的。到了 1927 年，张作霖出任中华民国陆海军大元帅时，寿夫人更是张作霖身边必不可少的贤内助和外交助手。

寿夫人在张作霖成为"东北王"，立足关东，问鼎中原和华北时期，也成为官场上的活跃人物。她很善于利用张作霖的关系发展自己的关系，寿夫人在沈阳和天津都有自己的朋友、亲戚，形成了一个很大的人际关系圈子。寿夫人与张氏其他几位夫人不同，她目光深远，既想到眼前也想到张作霖的死后，所以特别注意在张威震关东的鼎盛时期扩充自己的影响。

张作霖的几位夫人都有自己的私房钱，但那些出身于农村的夫人们大多用这些钱购买金银首饰或者贴补家属，还有人购买私产，如房子等。唯有寿夫人与众不同，她为了扩展自己的德望，出资在沈阳和新民等地大办福利慈善事业，还用自己的私房钱在各地大肆修筑庙庵和慈善堂等，目的在于让更多的民众感其恩惠。每遇奉天或者新民、辽阳、铁岭等地的慈善事业典礼，寿夫人都要亲自参加典礼，有时还要亲笔题写一方金匾献上。所献金匾大多写上"积善余庆""孝思不匮"或"明德维馨"等象征着她关切民众、热爱乡梓的词句，下面每每属上"张寿懿敬献"。

由于寿夫人很注重办民众所称道的慈善事业，她在东北民间的威望自然要比张氏府中其他夫人都高。由此，张作霖经常收到来自民间的各种颂扬寿夫人的贺幛与劝进书，有的商务会和慈善机构甚至请求张作霖和东三省巡阅使署，选拔寿懿夫人进入官场，并给予她正式的官职。张作霖收到这些劝进书后中下怀，他也希望能给聪明能干的五夫人以一个正式的官衔名分，以便让她名正言顺地跻身奉系官场，替自己处理公务。然而张作霖终于没敢顺应这种"民意"，因为他深知那样做会遭到一些士绅的反感，同时在帅府内部也会引起其他夫人的妒忌。所以，尽管精明能干的寿夫人为他的外交内政作出了许多贡献，她本人也有谋求一个正式职位的希冀，可是张作霖直到卸去陆海军大元帅一职，也没有满足寿夫人的愿望。

精明强干的寿懿在帅府内外的地位与日俱增，并于 1923 年改名为张寿懿，以示与张作霖非同一般的关系，甚至连被张作霖扶为正室的卢寿萱，后来也不得不让位给五夫人寿懿。无论在沈阳大帅府、天津蔡园还是北京的顺承郡王府里，寿夫人都代替张作霖主持一切家中事务。

寿夫人生活在张氏家族这一东北第一家庭里，由于张作霖的夫人众多，几位夫人在帅府里都有属于自己的小圈子，所以人事关系也极为复杂。寿夫人后来者居上，代替有名位、有资历的卢夫人主持家政，如果稍有不慎，必会引起诸多非议。可是寿夫人却能够在这样特殊的环境里处事得体，灵活周旋，在帅府里与各位夫人的关系融洽这一点上就不难看出她的精明。

从"秘不发丧"到客死台湾

寿懿自嫁于张作霖，先后生有三子，即张学森、张学浚和张学英。

张作霖一生中最高兴的事情之一就是喜得子女，尤其喜欢儿子的降生，每有儿子的降生他都要在帅府里燃放鞭炮和设宴庆贺。寿夫人所生的三胎又恰好都是张氏所喜欢的儿子，这也是她在张府得宠的原因之一。

1927 年，张作霖住在北京期间，寿夫人也时而去京，协助出席一些重要的外交活动。但是 1928 年 2 月，新春佳节过后，寿夫人见有六夫人马氏在北京照料张作霖，索性主动返回沈阳。此举正合张作霖之意，因为奉天的老家也需要有人去照管。也正是因为这一缘故，寿夫人才没有赶上当年 6 月 4 日发生在皇姑屯的张作霖被炸事件。

"皇姑屯事件"发生的当天，寿夫人正在沈阳大南门的帅府里准备着张作霖归来后的接待。当运载张作霖的汽车驶进帅府时，寿夫人马上就将张作霖抬进了她所居住的东侧小洋楼里。也算她与张作霖有缘，张作霖回到帅府不久即在她的房间里与世长辞了。

张作霖死后，大帅府里慌作一团。

几位夫人和少爷小姐们从来也不曾见过这种群龙无首的局面，只有寿夫人格外镇静，她毕竟在张作霖主政时经历过风雨世面，所以能稳住局面，急忙告诉所有的家人都不许哭，以防引起日本人的注意。然后寿夫人又派人请来奉天省省长刘尚清和省军署参谋长臧士毅，急与他们商议应变对策。寿懿虽然一介女流，却在此非同寻常的紧要关头表现出她所特有的稳重与机警。经寿懿的运筹决策，终于决定以秘不发丧的措施来稳定奉天的局势，迷惑日本关东军，等候张学良由滦州前线的归来。

臧士毅和刘尚清根据寿夫人的意见，于 6 月 6 日以奉天省公署的名义发出紧急通电，内称："主座由京回奉，路经皇姑屯东南满铁路时，桥梁发生爆炸事件，伤数人，主座亦身受微伤，但精神尚好，省城亦安谧如常……"此外，沈阳的《东三省公报》和《奉天民报》也按照寿夫人的精心策划，刊载了一系列表明张作霖平安的消息和新闻，以迷惑日本人，同时稳定东北的军心民心。那些报纸上都称："大元帅负微伤后经过及时治疗，伤势好转，不日当可康复。"与此同时，寿夫人发现日本关东军时刻在刺探张作霖伤情，阴谋对东北军采取行动，于是她又暗中授意刘尚清等在报纸上发表诸如"京奉铁路上昼夜军车不断，奉军主力已大部返回奉天，省城治安坚如磐石"等消息，如此真真假假地控制着东北舆论，使得暗中觊觎张作霖被炸后东北局势的关东军一时无法判断虚实。

寿夫人一面紧张地应付着沈阳城内的形势，一面密电在河北驻防的张学良尽快秘密返回奉天，处理张作霖殁后的事宜。最令寿夫人感到难熬的是在张学良没有回到奉天的日子里，日本关东军和日本驻奉天领事馆部在密切侦察有关张作霖是否已经死亡的迹象，内田领事还曾亲自前来大南门探望遇险的张作霖，以探听虚实。对于日本人的这些举动，寿夫人都临危不乱，亲自出面应酬。在她委婉谢绝一切外人探视的同时，为了不露破绽，又命家人要故意装出平和之态，让医官每日进帅府视诊，厨师也照常为张作霖做饭……凡此种种，均为麻痹日本人。精明的寿夫人在接待内田总领事时，还故意让人在楼上放留声机，以帅府快乐安恬的气氛造成日本外交官的错觉。

内田领事完全被善于周旋的寿夫人蒙在鼓里，可是东京方面却仍在怀疑张作霖已在皇姑屯事件中丧生了。于是他们再派日本朝日新闻社驻沈阳的记者，前往大帅府进行采访，妄图以这种特殊的方式再行侦察。可是寿夫人仍然以她的机警果断和多年周旋于外交界的经验，巧妙而得体地代替张作霖接受记者采访。她得体却又不露慌张之色的言谈，最终使日本人相信了张作霖还活着的事实。直到 6 月 19 日张学良由河北化装通过日本关东军所控制的京奉铁路回到沈阳，在 21 日正式发表了张作霖死亡的消息，才使日本关东军连呼上当。正是由于寿夫人所议定的秘不发丧之计，令张作霖被炸后的东北局势转危为安。

1931 年发生"九一八事变"后，关东军占据了大帅府。寿夫人正在沈阳，她平生虽然善于在官场周旋，却极厌恶日本人，所以当关东军占据沈阳后，她的第一个愿望就是马上进关去寻找张学良。当时，寿懿委托她的生母王松岩留在沈阳，代为照管大帅府内的所有财产。她则在事变发生不久即携两个儿子——张学浚和张学英秘密前往津门（此时寿懿所生的大儿子张学森正受张学良所派去美国学习航空技术）。张学良在北平闻知他所敬重的寿夫人一家到天津后，忙委托夫人于凤至亲往天津，为寿夫人安排好住地。于凤至给寿夫人留下充足的生活费用后，按照张学良的叮嘱，将张学浚带回北平读书（后来张学浚在北平就读于辅仁大学）。

1934 年，张学良在热河失守来天津时，去见了寿夫人。当时，张学良曾经鉴于东北和华北的局势，建议寿夫人能够与家人迁居到上海生活，因为那里可以远离战火。可是寿夫人却因不情愿远离东北故土婉词谢绝了。寿夫人另一个不想去江南的原因，就是她的母亲王松岩尚在，寿懿时刻都想与母亲团聚（可惜的是，直到抗日战争结束后寿懿也没有得以与老母相见，她后来才知道，母亲在日伪统治时期不幸死去了）。张学良在天津与寿夫人告别后，下野去职，不久即从上海飞往欧洲考察军事。从此，寿夫人一家便在天津居住下来。

1945 年，日本投降后，在美国学习航空技术的长子张学森回到了天津，在天津警备司令部任职，寿夫人有了新的依靠。她就与张学森、张学浚及张学英共同在天津生活到 1948 年，才随着三个儿子一同去了台湾。

在台湾，寿夫人一家虽然与幽禁在台湾的张学良、赵一荻夫妇近在咫尺，但始终没有相见的机会。寿夫人和张学森等对张学良的不幸遭遇十分不满，然而却无力改变少帅的处境。寿夫人出于对老帅的深情，无时无刻不希望与幽禁在台的张学良见面，可是她几次向台北当局写信请求也难得允许。寿夫人的这种迫切的要求，直到1959年张学良从新竹井上温泉回到台北后，才得以实现。

当时，临近暮年的张学良正式申请从上将军衔上退役，以莳养兰花等来打发余年光阴。张学良在20世纪60年代被台湾当局准许会见的极少数人中，就有寿夫人一家。那时张学良难得在台湾见到故乡人，特别是能与曾经在沈阳大帅府里朝夕相处的寿夫人一家相逢相聚，更是张学良与寿夫人一家所格外珍惜的。寿夫人每月与张学良夫妇在一处聚餐，他们所叙谈的大多是早年在沈阳大帅府里的往事。张学良劫后余生，他为每月可以与寿夫人及学森、学浚和学英见面而感到高兴；寿夫人及其儿子们也为能与感情至深的张学良饮宴谈叙而颇感欣慰。因为，晚年的寿夫人会从少帅的身上追忆起无数难忘的家族往事。

寿夫人对张学良在台湾的处境既同情又关切。1958年，张学良刚回到台北时，当局不允许他与家人相聚，寿夫人有时让学森兄弟们将她亲手烧制的东北家乡菜，送到台北北投复兴岗张学良的住地。后来情况渐渐宽松了，寿夫人才可以经常地在她家里与张学良聚会。

寿夫人对少帅的红粉知己赵一荻也十分关爱，她敬重赵四小姐对爱情的忠贞，也正是在寿夫人的一再鼓励和催促下，张学良才决定与相依为命30个春秋的赵一荻举行了一次别开生面的婚礼。1964年7月4日，在台北杭州南路一位名叫吉米·爱尔窦的美国朋友的私邸里，51岁的赵一荻首披婚纱，与64岁的张学良携手走进灯火明亮的大厅，接受了百岁牧师陈维屏先生的证婚。当时的主婚人是少帅的老友黄仁霖，宋美龄、张群等一些与张学良有特殊感情和关系的宾客出席了这次既隆重又神秘的婚礼。寿夫人就是当时为数甚少的十几位宾客中的一人。

　　当年在沈阳大帅府里风华绝代的寿夫人，已经进入了人生的晚景。她所感到欣慰与欣喜的是，作为已故先大帅的遗孀，她把能够在台北参加张学良这特殊的婚礼引为最高兴的事！虽然 74 岁高龄的寿懿已染病在身，并且体力日衰，可是她还是坚持光临婚礼，为的就是能在有生之年看到张学良自由的一天！

　　就在这一年的冬天，寿夫人的病情逐渐转重，后来几乎到了不能下地行走的地步。1965 年 1 月，她病殁于台北的严冬时节，享年 75 岁。

　　寿夫人在台北病逝后，张学良和夫人赵一荻亲自出席了在台北中山堂所举行的追思会，张学良夫妇所献的花篮放在寿夫人灵前的显要位置。

阎锡山禁毒贩毒记

———

刘存善

鸦片作为帝国主义的侵略工具传入我国以后，烟毒肆虐，遍及城乡。山西虽处内地，也是严重的受害省份之一。腐败无能的清政府有时也通令禁烟，但不过徒具形式而已，所以到清末，烟毒为害，日甚一日。辛亥革命以后，革故鼎新，对鸦片理应彻底禁绝，但事实上并未奏效。袁世凯出任中华民国大总统后，在辛亥革命中当选为山西都督的阎锡山虽输诚效忠，但袁因阎原系同盟会员并不放心，乃派其亲信金永任山西内务司司长，旋升山西巡按使（相当于省长），掌握行政权力并对阎进行监视。阎伪装庸碌，不问政事。1916 年袁世凯死后，阎锡山于次年由督军而兼任山西省省长，集军政大权于一身。当解除多年的压抑之后，他很想大展宏图，在政治上干一番事业，于是和幕僚们商定推行以水利、蚕桑、种树、禁烟、天足、剪发（男人剪辫子）为内容的六政，后来又增加了种棉、造林、畜牧，合称六政三事。其中最紧要而又最难办的，又是人们迫切希望取得成效的，即是禁烟。我们且看阎锡山是怎样禁烟的。

近百万人吸烟，每年约千万元外流，山西到了非禁烟不可的时候了

清末，山西对鸦片只做到基本上禁种，而未做到禁吸。既有烟民，就要吸烟，山西不产，必然要从外省贩运。所以在民国初年，绥远、陕西、河南、河北等省的土客（鸦片俗称烟土，土客即鸦片贩运者）都把山西作为他们的销售市场，山西有些人也从事鸦片买卖。到阎锡山兼任省长时，这种贩运活动仍然十分猖狂。大的土客团伙，贩运数量大，多以武装押运，如入无人之境；小的烟贩，有背负的，有驮运的，有从火车上托运的，有以邮包邮寄的。后来，吗啡、金丹（俗称料面）也进入山西，有些西药房甚至以药品为名进口原料，制造金丹。

全省有多少人吸食鸦片，据当时估计，约占总人口的 5%，共 85 万人。每人每年吸食 12 两，每两以 1 元计，每年约外流资金 1000 万元（银币）。就一个县来说，根据调查，太谷县约有 3 万名烟民，寿阳县约有 3000 人。就一个村来说，阳曲县七八十户的一个村子，竟有烟民 20 多人。可以说，山西城乡到处有烟民。

吸食鸦片，一旦上瘾，意志薄弱者是很难戒退的。天长日久，烟瘾越来越大，中毒越来越深，如吸料面，景况更惨。烟民黑夜吞云吐雾，白天不事生产，好逸恶劳，坐吃山空。有的为非作歹，有的家破人亡，成了严重的社会问题。当时，山西的大小城镇，到处可见面黄肌瘦、形容枯槁的烟民。他们夏季衣衫褴褛，沿街乞讨；冬夜则披条麻袋，蜷缩于饭铺炉前取暖。寒流袭来，倒毙街头者时有所见。据统计，太谷等 10 个县，因吸毒而致倾家荡产、卖妻鬻子、身亡户绝者有 300 多户；晋东南 20 多个县，亦有 3000 余户。介休县富商"侯百万"，经营商业和票号，在全国各大城市有数十家铺面。当时虽已倒闭，家产却十分雄厚，

后人吸食鸦片竟将家产卖光吸光。阎锡山在《告谕太谷县绅民词》里，对太谷烟毒为害有一段描述，可以说是当时真实情况的写照：

> 山西富足，首数太谷。今入其境，我心不乐。村中房舍半毁拆，巷中儿童多零落。衰老锄禾苗，少壮不见出。有妻被夫卖，掩袖途中哭。人贩催急行，妇声哭愈促。我见此情状，我心如绳束。我问受何病，齐答金丹毒。

面对这种情况，人民群众要求禁烟的呼声越来越高。阎锡山正是在这种背景下提倡禁烟的。

条例周详，措施得力，烟毒当禁，家喻户晓，一个声势浩大的禁烟运动开展起来了

阎锡山推行禁烟，采取了一系列措施。在当时，也可算得上雷厉风行、全力以赴了。

从组织领导来说，1917 年 10 月 1 日成立六政考核处以前，山西省考核禁烟成绩处，专管禁烟工作。之后，即归六政考核处负责领导。在考核禁烟成绩处领导期间，曾于 1917 年 3 月 8 日发布了《代办员禁烟考核规则》，指定各县"厘税局员及驻在地之营队官长"为禁烟代办员，负当地禁烟全责，厘税局设"分卡"，驻军设"分巡"，县政府设暗查员与骑巡队，在禁区内共同查缉烟土。3 月 23 日又发布《村长副报告禁烟奖惩规则》，规定村长村副有报告并会同巡警搜查贩运、收藏烟土烟具及吸食烟土者，一月内发现并报告三次者，奖给六等银质奖牌，六次至八次者奖给五等银质奖牌，九次以上者递升。一月发现并报告 20 次或合计达 50 次者，奖给金质奖牌，并可获得被告人依法判处之罚金。

若隐匿不报，则予记过或按律惩处。六政考核处成立后，进一步责成县知事负禁烟之全责。11 月 4 日发布的《修正县知事禁烟成绩考核规则》除明确县知事负禁烟全责外，要求县知事以布告公布各项禁烟命令，令各村出具禁绝种烟的甘结并亲自到乡巡查，派员密查暗访，严禁鸦片的贩运吸食，查获烟民勒令戒除。禁烟有功者予以记功保举，废弛禁烟者则记过或撤职。阎锡山为了了解禁烟运动开展之后的真实情况，防止县知事空文搪塞之弊，又将省政治研究所改为政治实察所，委学员 40 人为政治实察员，分赴各县，实地调查。

为了防止外省主要是陕西省的鸦片运入山西，六政考核处规定山西人赴陕，须取保具结，向原籍或驻地之县公署请领执照，县知事验明确系正当营业或办理必要事务时，方得发给执照。持有执照者，沿河稽查人员始得放行。又在与绥远、陕西、河南、河北等省毗邻的右玉、平鲁、偏关、河曲、保德、兴县、临县、离石、中阳、石楼、永和、大宁、吉县、乡宁、河津、荣河、临晋、永济、芮城、平陆、垣曲、阳城、黎城、平顺、壶关、辽县、和顺等县设立禁烟稽查队，每队配备武装稽查 20～30 人，专门稽查烟土之贩运，其有功者奖，怠惰者罚。为了防止鸦片由火车运入，除在当时的正太铁路太原、阳泉等大站准许宪兵、路警会同铁路弹压人员在车站监视机车、库房、住房等处是否有偷运或私藏鸦片之情事外，又责成阳曲、太原、榆次、寿阳、平定等铁路所经县，由太原至娘子关，在各个车站之间，每 10 里派驻警察一名，协助当地村长查缉烟犯，如太原至北营 20 里，即由阳曲县派驻警察两名。正太全线共派驻警察 40 名。

对运售鸦片者，按罪行轻重处以罚款或徒刑，对大量运售或制造料面者则处以死刑；同时号召广泛检举，凡查获鸦片一两者，赏洋 20 元。对烟民主要号召服用山西自制的和平戒烟丸和曼陀罗戒烟丸，自动戒退。为了方便烟民戒烟，省里成立了山西省金丹毒瘾戒除会，在太原大袁家巷 17 号设立戒烟所，收容烟民戒烟，对已倾家荡产的烟民，免费供给食宿和医药费。各县以区为单位，在区公所所在地设立自治戒烟会，散发戒烟丸，让烟民在会内或会外服用戒烟。在民间成立闾自治戒烟会（注：山西实行闾邻制，相当于外地的保甲制），年满 20 岁之男子均为会员，有检举烟民并令其在三日内到区自治会领药戒烟之责。烟民戒除烟瘾后，还有一套使之不再复发的措施。阎锡山说："烟民戒烟后，取保问题当审慎行之。再犯问题，余意不至没有办法。不但再犯有办法，三犯、四犯、五犯俱有办法。譬如第一次认烟民全系好人，误入烟丹迷网，设戒烟会劝其戒退。第二次犯令其具甘结。第三次犯令取保。好人渐出迷网，下余坏人，渐次减少。最后所留怙恶不悛者，寥寥无几，则设烟民院使之长时间做工。"具体办法是定期调验烟民，查看其是否确实戒除，再犯者则按上述办法处理。

除了这些具有法律效力的规则、章程外，阎锡山还特别注意宣传教育工作。他编了许多类似顺口溜的"告谕"，或说明烟毒之危害，或劝导官绅学商各界以及烟民的父母妻子协助烟民戒烟，而且把烟民看作因治病或因其他原因染上烟瘾的好人，并不侮辱人格。例如，他在《告谕村中退瘾人民之家族》中是这样说的："我盼望各村村长村副、国民学校教员及办理戒瘾人员，替我切实告说那戒退烟丹的人的父母兄弟妻子说：你的儿子退了瘾，你才可以不受穷；你的老子退了瘾，你才可以长大成人；你的男人退了瘾，你的家才可以保住不败；你的兄弟退了瘾，你才可以不受他的累。大家费上千辛万苦把他的瘾退了，你们应当不让他再吸上。现在的洋烟金丹很贵，有钱的人也吸不到十年，一定要家败人亡。他如果再吸，为大的应当把他叫到面前教训他，为小的应当跪在面前哀告他，亲戚邻友，也可常常劝告他。真能如此办，稍有人心的人，一定不会再吸。"

他还动员学生们上街游行宣传。首先响应的是太原学生。1922 年，太原学生上街游行，提出"山西有学生，不让山西有金丹，若要山西有金丹，就算山西没学生"的口号。阎锡山听了汇报以后，认为这是一支可以利用的力量，便带了一部分学生到榆次县视察禁烟工作。太原学生喊着口号在榆次街上游行，激发了榆次学生的禁烟热情。他们改头换面，提出"榆次有学生，不让榆次有金丹，若要榆次有金丹，就算榆次没学生"的口号，也结队上街游行，并进而喊出"贩金丹的可杀，吃金丹的可怜"的口号。城内人民夹道欢迎，夹杂在人群中的烟贩吓得面如土色。在阎锡山的诱导下，太谷、阳曲、平定、寿阳等县的学生也群起响应，戒烟声浪遍及城乡。寿阳县商人在学生们的影响下，提出"寿阳有商人，不让寿阳有金丹"的口号。阎锡山家乡五台县河边村川至中学的学生，对村中烟民逐户宣传。他们对为父的说：你的儿子戒了洋烟，你到老年可以不受冻饿；对为妻的说：你的男人戒了洋烟，你的家业可以不败；对为弟的说：你的哥哥吸洋烟，将来吸的没有家产了，你要受害；对为子的说：你的父亲若戒了洋烟，省下钱来，你就可以上学。

这样，就在社会上形成父教子、妻劝夫的群众性戒烟运动。

成千上万的普通烟民争相戒烟，达官贵人和富商豪绅却依然照吸不误

在这种声势浩大的运动中，由于自动戒烟者不问罪，所以各地都有许多烟民自动要求退瘾。阳曲县东社庄登记烟民时有十余人被遗漏，他们都到戒烟所自首。问其原因，则答以既不问罪，为何不愿戒烟做好人。该村共有烟民 150 余人，原拟分三期戒除，但烟民争先恐后，都愿在第一期戒除。至于烟民的亲属，有的要求把他吸烟的儿子拘押城中使

之知惧而戒，有的要求让他吸烟的儿子在戒烟所多住一段时间，使之彻底戒除。由此可见，禁烟是受到人民群众拥护的，就连大多数烟民也不例外。因此，经过几年的努力，山西禁烟确实取得一定的成绩。据统计，1918 年破获烟案（运售、吸食鸦片、金丹）4609 起，勒令戒除者（自行戒除者不计其数，未计在内）36469 人；1919 年破获烟案 9897起，勒令戒烟者 10449 人；1920 年破获烟案 18839 起，勒令戒烟者12722 人，劝戒者 18000 人；1921 年破获烟案 17666 起，勒令戒烟者51425 人。这里所说的戒烟者大部分是失足上当的普通人。

虽然当时禁烟的声势是浩大的，但却是不彻底的。阎锡山说，肃清烟毒"是使能退者当退者退之，年老者自由退，有病者缓退。非必强老者病者之不能退不可退者，亦并退之，致人民怨官厅之不近人情也"。这就给有钱有势的烟民开了方便之门。以年老为名可以不退，尚有限制；以有病为名可以不退，只要买通官府，谁都可以借有病之名而不退。所以达官贵人和富商豪绅都可以借有病而公开吸毒。阎锡山的高级将领，曾任军长、集团军总司令、太原绥靖公署副主任的孙楚，直到1949 年在太原被解放军俘虏后才戒了烟。前述的介休富商"侯百万"家的后人侯建基于 1925 年逝世，生前吸毒无人过问。他死后，侯崇基将家产吸得荡然无存，以致一日三餐都成问题，最后倒毙街头。

所以，阎锡山的禁烟对象主要是普通劳动人民。劳动人民戒了烟，参加劳动，对社会和对烟民来说，都是大有好处的。

来个一百八十度的大转弯，阎锡山由禁烟者一变而为鸦片贩子

从 1925 年起，阎锡山逐步抛弃原来坚持的"保境安民"政策，扩军备战以至参加军阀混战，最后到 1930 年爆发了以他为首的中国近代

史上最大的新军阀混战——倒蒋的中原大战。这次战争以阎锡山的失败告终。他宣告下野，匿居大连。1931 年"九一八"事变后，由于国际和国内形势的变化，蒋介石作出捐弃前嫌团结异己的姿态，于 1932 年 2 月起用阎锡山为太原绥靖主任。这时，他手里约有 100 万两鸦片。其中 60 万两是他的部队在绥远（今内蒙古自治区大部分地区）屯垦区种的，30 万两是历年禁烟没收的，20 万两是从与绥远接壤处偷种鸦片的农民手里低价收购的。这是一笔不小的财产，阎锡山想把它变成钱。他出山后，为了解除蒋介石对他的疑虑，表示要以全力从事经济建设，制定了《山西省政十年建设计划案》，准备修筑同蒲铁路并兴办各种轻重工业。于是，他就以为同蒲铁路筹集资金为名，决定官卖鸦片。

来个一百八十度的大转弯，从禁烟的急先锋一下变成鸦片贩子，首先是他的部下要反对。为了取得各级官员的支持，阎在一次讲话中对他们说：烟毒屡禁不绝，有烟民就得有烟抽。山西不种鸦片，烟土都是从陕西、河南等省"进口"的，每年约有 1000 万元流入外省，这是山西贫穷的一个原因。既然鸦片不能禁绝，与其从外省"进口"，还不如自产自销，以防资金外流。在他的独裁统治下，官员们自然没有人敢出来反对。

但是，官卖鸦片是当时的国民政府所不允许的，人民群众也是不答应的。因此，他得找块遮羞布来装潢门面。他将原来的禁烟考核事务所改名为禁烟考核处，将鸦片压制成形，每块一两，名曰"戒烟药饼"，由戒烟考核处专门推销。官方的办事机构挂的是"禁烟"的招牌，推销的"戒烟药饼"实际上是鸦片，真可谓"挂羊头卖狗肉"了。

对阎的倒行逆施，人民群众和正直的官员在私下莫不反对。在这种背景下，1932 年 4 月，太原《民报》副刊以"快邮代电"形式，发表反对推销"戒烟药饼"的文章，立即被太原绥靖公署查封。从此，有正义感的人们也只能窃窃私议了。

"戒烟药饼"的推销办法是，由禁烟考核处批发各县，由县长指定商号售给烟民，并由禁烟委员监销。每两收手续费一角。这一角钱县长四分，禁烟委员一分，代销商号五分。大家都有利可图，自然乐于推销了。不过，那些负一县禁烟全责的县长和负禁烟专责的禁烟委员，也都成了鸦片贩子了。

为了遮羞，阎锡山规定60岁以上的烟民可以公开开灯吸食"戒烟药饼"，其余烟民得用道生恒药铺开出的戒烟药方与"戒烟药饼"自制丸药吞服退瘾。他又密令各地警务机构，凡开灯吸食"戒烟药饼"者，均可不加过问。这就不仅是官卖鸦片，而且是鼓励吸食了。所以，"戒烟药饼"最初每月销售20万两，后来增为30万两。由此推算，烟民约增加50%。其为害社会为害人民，就可想而知了。

第一批"戒烟药饼"推销后，阎锡山除命驻绥屯垦部队增加种植面积外，又在绥远成立了专门收购鸦片的敬业祥土店，并令稽查处不许土客将鸦片运往天津。这样，鸦片都拥到敬业祥土店来了。这还不够，他又以军火向军阀马鸿逵、马步青、马步芳等交换鸦片。派往各县的禁烟稽查队仍严禁省外的鸦片、金丹进入境内。这样，在山西就形成了一个以阎锡山为首的推销鸦片的官僚垄断机构。从此以后，烟价不断上涨。山西禁烟之初，每两一元。推销"戒烟药饼"之前，每两一元二角。可以合法吸食的"戒烟药饼"上市之初，甲种每两定价一元八角，后来增为二元二角。每销一两，约可获利一元，每月获利约30万元。从1932年开始到1937年抗日战争爆发为止，6年共获利约2000万元。这笔钱可以说是用一部分烟民的白骨堆积起来的。

抗战期间，阎锡山又提倡"烟赌赃欺的自治禁绝"，但在他的统治下，烟毒是永远不会禁绝的

1937 年抗日战争爆发后，日本侵略军于 9 月进入山西。阎锡山命令转移物资，禁烟考核处积存的数十万两鸦片也运往晋南。1938 年春，日军向南侵犯，这批鸦片转运到吉县后，来不及运往河西，日军即跟踪而来。堆放在吉县城内的鸦片被日军放火烧毁，堆放在农村窑洞里的鸦片则保存下来一部分，其中也有"戒烟药饼"。当年 4 月，日军被迫由晋西南山区撤退后，阎锡山由陕西渡河返回吉县，一面将保留下来的"戒烟药饼"继续销售，一面将未做成"戒烟药饼"的整块大烟土发给部队做军饷。所以社会上和部队内仍有人吸烟。作为军饷的大烟土要用来买粮买草，最终还是把祸害转嫁到人民头上。

1939 年阎锡山发动反共的"十二月事变"失败后，次年他即与日本侵略军勾结，共同反共。为了防止反对意见抬头，他强化内部统治，要求军政人员实行"烟赌赃欺的自治禁绝"，曾枪毙过几个贩毒和吸烟的人。但社会上的烟民他基本上不过问，高级军政人员中吸毒者大有人在，对此他只是睁一只眼闭一只眼。例如有人检举第八集团军总司令孙楚吸大烟，他就置之不理。抗战胜利回到太原后，社会上有日伪推行毒化政策遗留下来的成批烟民，他的军政人员吸毒者也日见增多。这时他忙于策划内战，也就顾不及禁烟还是卖烟的问题了。

太原解放以后，在人民政府的统一领导下，山西的烟毒才得到彻底禁绝。

"孙子兵" 与 "爷爷兵"

——冯玉祥将军逸事

———

梁志安

　　1915 年春，袁世凯为实现他复辟帝制的迷梦打出了最后一张王牌，任命他的亲信参谋次长陈宦为四川督军，借以监督云南。陈宦受命后，未敢稍加怠慢，一面整顿行装，星夜兼程奔赴成都，一面调兵遣将，电令第十六混成旅旅长冯玉祥由陕南、第四混成旅旅长伍祥祯从长沙、第一混成旅旅长李标臣从湖北分别率部开往四川。

　　冯玉祥、伍祥祯均为陈宦手下得力战将，二人虽皆以勇猛善战著称，但在治军打仗的风格上却截然不同。因而，冯、伍两部的军纪、军容也有着极大的差别。冯玉祥以勇治军，饮食与士卒相共，全旅上下，不分官长士兵，一律灰布裤、黄布袄，军容整肃、纪律严明。由于主帅体恤下情，爱兵如子，故士卒乐为所用。伍祥祯治军则宽缓不苟，过于放纵，故而军风不整、将骄兵惰。

　　冯玉祥率部进入四川绵阳后，因绵阳西北境内常有土匪出没，遂令部队先行剿匪。事隔不久，陈宦将四川划分为五大清乡区，冯旅负责川东一区二十余县的清乡军务。令出后，冯旅上下一心，在李家场一举破获不少匪巢，枪毙了当地恶霸、哥老会首领赖贵三，从而基本上肃清了当地的匪患。而伍祥祯部入川后则毫无建树，在伍旅某部驻地顺庆，散兵游勇，处处可见。各级长官上街皆着便服，一些连排长官穿着黑花缎的马褂、蓝花缎的袍子、青缎的刺花云子靴，在街上摇摇摆摆，打扮得如同当地富家恶少、花花公子一般，其长官如此，士兵更是有恃无恐，其情形也就可想而知了。

有一天，十六混成旅的几个长官气呼呼地向冯玉祥报告说："我们的士兵上街买东西，第四混成旅的兵见了，讥笑我们穿得不好，还大骂我们是孙子兵！"冯玉祥听后，望着愤慨异常的部下，劝慰说："由他们骂去，有什么可生气的。他们这样，正可证明他们的堕落腐化、恬不知耻。我们只管刻苦努力，人家骂也好，不骂也好，都不必管他。"

听完旅长的话，大家虽没再说什么，但有的仍面呈愠怒之色。冯玉祥见状，怕为这种无聊的小事闹出乱子，遂当即决定集合全旅官兵训话。

队伍集合好后，冯玉祥站到高台上对大家说道："刚才，你们的几个长官来报告，说第四混成旅的兵骂我们是孙子兵，听说大家都很生气，可是我听了倒觉得没什么。骂我们是孙子兵，这有什么了不起的？就按历史关系来说吧，他们的旅长曾做过二十镇的协统，而我呢，你们知道，是从二十镇里出来的，你们又是我的学生，算起来，不正是矮两辈儿吗？再拿穿的衣服来说，绸子的儿子是缎子，缎子的儿子是布，现在人家穿绸缎，我们穿布，因此，他们说我们是孙子兵，不也是有点道理吗？不过，话虽这么说，但若是有朝一日开上战场，那时就可以看出谁是爷爷，谁才是真正的孙子来了。"冯玉祥这几句话，把官兵们讲得都笑了起来，不再有人生气了。

这一年 12 月 25 日，云南首举义旗，宣布护国讨袁。袁世凯急令陈宧阻止护国军北进。冯玉祥审时度势，亦当即写信给陈宧，详述不可与护国军开仗的理由，情词恳切地劝陈顺应历史潮流，莫为袁复辟帝制的帮凶。冯玉祥这样做，一方面是因他有滦州起义的光荣历史，不愿违背良心；另一方面是因他不满于袁世凯的倒行逆施，看到了复辟帝制的不得人心。所以，在这之前的 8 月中旬，他由绵阳出梓潼至阆中剿匪，接到陕西、成都方面送来的拥袁做皇帝的电文时，就拒绝在上面署名。当时整个北洋系少将以上的军人，只有冯玉祥一人未在通电中列名。

伍祥祯在这段期间却浑浑噩噩，不辨时势。他于 1916 年元旦受命布防叙府（宜宾）时，便与进攻叙府的护国军第一军第一梯团刘云峰部展开了激烈的战斗。没过三天，伍祥祯的第四混成旅便遭到了惨重的失败，纷纷向自流井和泸州溃退。

此时，驻守在泸州的冯玉祥部已暗中同蔡锷联系起义之事。伍部溃败后，陈宧电令冯旅进攻叙府，冯玉祥奉令后不得已从泸州开拔，出发时，冯玉祥又派手下亲信蒋鸿遇先行送信给刘云峰，与护国军约定彼此不打，或不得已时只朝天放枪等事。

冯玉祥带领队伍离开泸州，走了不过十几里，就见漫山遍野尽是败退下来的溃兵，当时即猜测是第四混成旅的"老爷兵"。派人一问，果然是伍祥祯的队伍。这时的伍旅官兵一扫昔日的威风，他们的官长身上穿的已不是绸缎，而是当地老百姓的破旧衣服，士兵们则穿着又破又烂的衣裤，有的光头赤脚，有的连纽扣都未扣上，腰上束了一条皮带，有的倒背着一发子弹都没有的空枪。伤兵瘸着腿，挂着胳膊，一路走着，一路不停地骂他们的长官。你推我挤，跟跟跄跄地奔跑着，那种狼狈可笑的情形，已经没有一点"爷爷兵"的样子，倒真成了名副其实的"孙子兵"了。

冯玉祥的第十六混成旅开至叙府后，经过几度密商，终于同护国军达成了互不攻击的协议。为了争取早日起义，冯玉祥后来又亲赴成都，劝说陈宧起义讨袁，对四川独立、加速护国战争的胜利起了一定的作用。

"平民将军"冯玉祥开封逸事

白　凡

《开封大事记》载：1922 年 5 月至 10 月，冯玉祥出任河南督军；1927 年 6 月至 1928 年 12 月，冯玉祥任河南国民革命军第二集团军总司令兼河南省国民政府主席，曾两次进驻开封。尽管只有短短的两年时间，但在开封老百姓的心目中，他是一位热爱人民、人民热爱的"平民将军"。从开封百姓中的逸闻趣事，即可管窥一斑。

雕　像

冯玉祥将军的金刚石雕像，坐落在开封市玉祥大酒店楼前的广场，身高 2.5 米，立于 2.7 米高的方形台座之上。冯将军一身戎装，布衣布鞋，头戴八角帽，腰扎武装带，打绑腿，佩短枪，双目慈祥，面孔和蔼，"平民将军"的本色鲜活显现。

玉祥大酒店的前身是模范商场，模范商场的位置，最早是冯玉祥、邓哲熙 1928 年创建的抵制洋货的"国货商场"所在地。1994 年，开封模范商场新楼落成，试营业庆典与冯将军雕像揭幕式隆重举行。市场竞争，优胜劣汰，模范商场早已不复存在，但私人经营的三星级大酒店，仍然把"玉祥"二字作为字号。

雕像台座两侧铭文，均录自冯将军的佳作。南侧为 1940 年 5 月 30 日冯将军的自我写照《我》："平民生平民活不讲美不要阔只求为民只求为国奋斗不懈守诚守拙此志不移誓死抗倭尽心尽力我写我说咬紧牙关我便是我努力努力一点不错!"北侧为冯将军 1922 年主豫时的《勤政碑》："我们要把贪官污吏土豪劣绅扫除净尽我们誓为人民建设廉洁的政府我们为人民除水患兴水利修道路种树木多做种种有益的事我们要使人人均有受教育读书识字的机会我们训练军队的标准是为人民谋利益我们的军队是人民的武装。"

放　足

1927 年，冯将军主豫时，设立了放足处，10 月、11 月为宣传月，自 12 月 10 日起，强迫放足。16 岁以下女子，不放足者，罪及家长。纠察队会同警察，挨户查验，幼女缠足，马上解放，并收去缠脚布，处罚家长。

冯将军亲笔画了三幅宣传画，印发到各县张贴。第一幅画了一只天足，上写"父母遗体"；第二幅画了一只因缠足而呈锥形的小脚，上写"世界怪物"；第三幅画了一只缠足脚状的骨骼，上写"死有余骨"。老百姓看了画都为缠足而寒心，有力地促进了放足运动。

某日清晨，冯将军路过南关演武厅，看见一位农村妇女担着两捆劈柴在街上叫卖。走近细看，她的两只大脚板比一般的男人脚还大。冯将军喜出望外，走上前说：这担柴我要了，不过你得送到城里去。两人边走边聊。大脚女人说：俺家穷，五六岁时，爹娘就叫俺割草拾柴干杂活，两脚压根没裹过。俺娘说，脚大有力好干活。冯将军越听越高兴，把大脚女人领到了放足处，对她说：你不要走了，每月30元，就在这儿干吧。大脚女人又惊又喜，每天抬着收缴的装满裹脚布的大筐，在大街和城门口宣传，现身说法，收效甚好。在冯将军的强力推动下，不长时间内，开封妇女千年来缠小脚的陋习和痛苦被解除了。

粮　价

冯将军主豫期间，经常布衣便服，走街串巷，体察普通百姓的生活疾苦。

1928年秋，阴雨绵绵不断。面粉、小米和馒头的价格突然上涨，坚挺不下。广大市民怨声载道，贫困户更是叫苦不迭。冯将军得知后，立即到粮行打问粮价，粮行老板说：粮价并未上调，因这些天连着下雨，进城卖粮食的农民大大减少，面贩子、米贩子和馒头铺想多赚钱，故私自涨价。

冯将军掌握实情后，委派官兵协同地方区公所将面贩子、米贩子及馒头铺老板召集起来训话，勒令他们不许涨价。冯将军激动地说：现在一不打仗，二不灾荒，下几天雨就随便涨价，是何道理？米面是物价的主干，一枝动百枝摇，这样做就是看不起我老冯，就是有意撵我走，叫我在开封落个马二（冯字是马字带两点），连老冯都不叫了。

他还派人通知各街的贫苦居民优先到指定地点买米面，令米面商贩按前些日的价格出售，直到将库存米面全部卖完为止。后来，老百姓留下市语：谁随便乱涨价，叫老冯制你。

车　夫

冯将军督豫时期，目睹人力车夫拉客疾奔，汗流浃背，十分辛苦，深感一人坐一人拉不尽人道太不公平。他让卫兵在走廊下拉着黄包车作奔跑状，自己拿着画笔画漫画—— 一个衣服破烂的苦力吃力地拉着一辆人力车飞跑，车上坐着一位戴高帽的洋鬼子，手持文明棍像赶牲口一样地赶人力车夫，画上还题了四句打油诗：一人坐车一人拉，同是人类有牛马；这种压迫真痛苦，唯望仁者来救他。冯将军严令下属官兵，不许乘坐人力车。沿街有执法队巡逻，违禁者当场杖棍责之。

有一次，冯将军便装私访，同车夫闲聊，询问车夫收入、生活情况。车夫张口便骂：冯玉祥孬孙，不叫当兵的坐车，每天少挣不少钱，都不坐车，拉车的怎么养家糊口。这时，来到了省政府门口，卫兵向冯将军敬礼。车夫吓坏了要跑，冯将军把车夫叫到办公室，宽容大度，非常和气，让座倒水，问长问短。他体谅车夫的艰难，临走送了车夫三块大洋，叮嘱他好生孝敬父母。车夫欢天喜地回家，逢人便夸冯将军的好。

拉黄包车的多在开封火车站接客。冯将军听人说：有些拉车的欺骗外来客人，多要两三倍的车钱。旅客一出站口，就三五成群地围上去，拉的拉、扯的扯，撕破衣服不算，还把旅客和行李分开，夺走东西，有些坏人乘机窃夺旅客的财物。

冯将军责令省府宣传处处长制订方案，对车夫进行培训教育。当时，开封的人力车夫有7000余人，分东西南北四个区，外加四郊，分五次开会，地点在省府大门外，培训内容为《三民主义浅说》摘要、交通规则、人力车夫管理须知等。冯将军体谅车夫家中穷苦，提议每人给两角钱的饭菜吃，由省府大伙房老王准备，省府会计科付款。每次培训均有1400人吃饭，每人白馍四个（两斤）、一大碗荤素菜（方块肉、炸丸子、白豆腐、粉条大白菜）。车夫们边吃边笑说：冯主席请下力人吃饭，从古至今没有的事，这样的光荣事迹要让后人知道。有的人一大碗菜就吃饱了，白馍吃不了硬往下咽。负责人在台上喊：吃不完的馍，请各人带回家，给老人和孩子们吃吧。大家哄堂大笑：真的连吃还叫拿呀。众人齐声喊：谢谢冯主席！谢谢冯主席！

培训之后，车夫们深受感动，互相监督，自觉行动，改掉了从前的恶习。

医 药

1928 年 5 月，冯将军了解到当时的医诊条例很不合理，贫苦人民看不起病，有些医师兼营药铺，或医生与药房互相勾结，生财有术，坐收渔利；官医兼营私业，司药人员倒卖药品，药商售卖假药等严重问题，特令省府宣传处和警察局联手对医药从业人员进行整顿。

当时，开封市中西医医生和中西药药房人员，集中在省府大礼堂召开大会。冯将军登台训话，发自肺腑，语重心长：医药人员担负着保障人民生命的责任，希望今后中西医医生和中西药商，知责善用，达到济世活人、手到病除的要求。代主席薛笃弼接着讲话：我国古代医药界心怀仁术，以济世活人为目的。现今医药界，非财不可，离钱不行，把医药作为生财致富之道，实甚痛心。今请大家来府开会，是本着社会上的需要和人民的愿望，希望今后改正作风，重视医药济众的服务精神，对人民作出贡献。

省府宣传处处长李光恒还上台揭露了医药界的黑幕。

冯将军当场决定：省立官医院即时整顿，急速通知省立医院的官医们，在院在家，听其自择，不准官医兼营私业。并规定，从即日起，中西医医生门诊费一律五角，出诊费一律一元，挂号免费。出城诊断费，不论远近一律两元，遇有危险急症，不分日夜，门诊要随到随诊，出诊要随请随到，不准借故推延，致误病人生命。赤贫看病，一律免费。中西药名，实行定价划一，如有违犯，严加惩办。

次日，省会警察局遵照冯将军指示，广贴布告，让众人周知。

经过严肃整饬，官医们自己有医院者，多半辞去省立医院职务，少数官医取消了自己的诊疗所。特别是省立医院经过整顿，官医服务均为正规，医风大有好转。

1948 年，冯玉祥归国途中，海上遇难，噩耗传出，中外震惊。开封十数万民众，臂戴黑纱，走上街头，悼念冯将军。

一个多种色彩的军阀

———

艾　牧

《民国人物传》中，有关韩复榘一节的开头是这样写的：

"韩复榘字向方，河北霸县人，生于 1890 年（清光绪十六年）。父韩静原，在本村私塾当教师。韩随父在私塾读书。1910 年，因家庭困难，他辍学投军，入陆军二十镇冯玉祥营……"

韩复榘在冯玉祥部下颇得信任，冯与韩均是武学会的同志，冯又素重韩的英勇善战。当时，韩与孙连仲、孙良诚、刘汝明、张维玺、石友三、过之纲、葛金章等都是营长，同受到冯玉祥的特殊信任，人们称之为"十三太保"。

后韩又被提升为团长、旅长。1924 年 12 月，冯玉祥就任西北边防督办，其所率部从此被称作"西北军"，韩复榘又被升为第一师师长。从此，韩部变成冯直接指挥下的独立战斗单位，逐渐成为割据一方的军阀，声震西北、华北等地。

社会上对韩的传闻颇多，抑扬褒贬，其说不一。对韩的全面认识，尚待进一步掌握更多的资料，加以研究。下面仅就了解到的某些情况，介绍一二。

冯玉祥眼里的"小孩子"

韩复榘自 20 岁入伍，一直追随冯玉祥左右，历经 18 年征战，从普通一兵逐步提升为方面大员。冯、韩两人的关系本来情同父子，亲密无间，可是后来却渐渐走上破裂。

那是 1929 年 5 月中旬发生的事。

冯玉祥在华阴县召集的"听取汇报、策划反蒋"的会议散场了。韩复榘出了大门，狠狠地掀了掀帽盖，边走边解衣扣，拉开车门，一屁股仰坐在车后座上。他大声地喝令司机："给我开，快跑！"司机莫名其妙地问道："朝哪里开？"

"转！"他眼睛朝前方瞪着，大声说道。

汽车发了狂似的在岳镇公路上转来转去。此时的韩复榘，是要在这颠簸的车厢里，松弛一下刚才在会上被羞辱、惊怕、欲望和野心搅乱了的神经，更重要的是，要寻找出一条在夹缝中求生存的出路……

刚刚散场的华阴会议，按照冯玉祥的意志决定下来了：固守潼关，先打山西。这是前不久蒋、桂、阎、冯四派新军阀在南京召开的编遣会议不欢而散的必然结果。冯玉祥回来以后，积极准备反蒋，又因为阎的态度观望有疑，这才决定先把阎锡山驱逐出山西，将陕晋连成一片后再打蒋介石。冯玉祥是个有令必行的人，韩复榘在这次华阴会议上反对了冯玉祥及主战派的意见，遭到了冯玉祥的公开辱骂：

"你小孩子家懂得什么！"

情势已容不得韩复榘再讲什么话了。难堪和羞辱加深了他对冯以往的种种不满和猜忌，也使韩复榘下定了要乘新军阀重开战的机会，叛冯拥兵自立的决心。

回到陕州的当天晚上，韩复榘召开自己的基本部队二十师的营以上长官开会。他说：

"今年西北旱灾，收成不好，粮秣不好办，到西北去就要挨饿。我不同意西撤。打山西也难，山西军队善于守城，久攻不下牺牲太大。冯先生不许我说话，我要再说，就会把我拿出去！现在我决心离开冯先生，如果大家愿意跟我东进就蹲下！"

二十师的官长，都是韩复榘一手提拔起来的人，当场全都蹲下了。韩复榘抱拳对众人说："好！好！"随即指令孙桐萱为二十师的代理师长，要他带队伍尽快准备徒步东进，到洛阳待命；总指挥部全体和手枪团上火车东走，一路向东而去。

因为韩部是从河南陕县甘棠镇出发，这便是有名的韩叛冯的"甘棠东进"。

对于韩、冯的破裂，人们曾做过各种各样的分析：有人认为韩一度"投晋"是后来分裂的原因；也有人认为是蒋介石把韩收买过去了；还有人认为是冯玉祥心胸狭窄、偏听偏信的结果。但有一点需要指出：素以善治军著称的冯玉祥，在西北军中实行的是封建家长制式的领导。随着西北军的实力扩大，形成了一个庞大的政治军事集团，西北军内各个"山头"越来越大，在领导集团内部，上下之间，彼此之间的相互猜忌必然愈演愈烈，所以西北军的分崩离析，势不可免。1928年韩出任河南省主席后，只掌握有自己嫡系部队的整编第二十师。1928年底，冯委任石敬亭接任二十师师长。石与韩之间本有嫌隙，石又是冯的参谋长，每日不离冯的左右，石的意见对冯是有一定影响的。石敬亭一接任师长，便找借口撤换了该师第六十旅旅长赵仁泉，换上了自己的亲信李文田，在向部队训话时还说"韩把二十师带成土匪了"，韩部听后大哗，韩也深受刺激。韩后来常说："我脱离冯先生是石敬亭逼的。"

　　韩复榘自甘棠东进到了洛阳，又拉上石友三，于 5 月 22 日共同联名向蒋介石发出了第一份电报，表示要"维护和平，拥护中央"；第二天，又连续发出两份电报，内容分别是"反对内战、服从指挥""已有十万之众正待命东进，请示机宜"。

　　蒋介石在南京编遣会议散后，忙于蒋桂战争，也面临着如同其他三派新军阀一样的战争扩张局面。这时来了个韩复榘"拥护中央"，正是求之不得的，于是当即复电"极表嘉慰"。

　　韩复榘因此而被蒋介石视为座上贵宾。蒋请韩到南京欢聚，让宋美龄亲自陪同饮宴、劝酒。

　　蒋介石约请韩复榘同游西湖，又特意叫上宋美龄三人合影，以示亲密无间。

　　宋子文以参观趵突泉为名，到济南联谊韩复榘，送去手枪 200 支，并乘兴与他结拜为把兄弟；

　　蒋介石答应每月调拨协饷银 60 万元；并且在庐山训练团长以上军官时，对韩的团长以上受训军官给予特殊待遇，个别谈话送钱，亲自题名赠送照片，称兄道弟，面嘱有何困难以后可直接写信解决……

　　韩复榘当然知道蒋介石为什么要如此这般了。此时蒋介石忙于蒋桂战争，北方两派军阀由韩代他抵挡最为合适。因此，同意每月拨韩复榘协饷银 60 万元，韩复榘则乘机利用蒋介石扩大自己的实力。于是不多久，韩复榘便拥有五个正规师、一个独立旅和一个独立团（即手枪旅骑兵团）的兵力了。他对蒋介石在庐山集训自己的团长以上军官颇不放心，其受训军官一到济南，他便传令："立刻来见我！"

　　受过集训的军官知道韩复榘找他们是摸底，于是全部去掉了国民党的军服，换上了山东军队的服装。只有一个团长仍然穿着受训衣服。韩复榘拿眼死死地盯着这个人，问道："你姓蒋了？"那个团长见势不妙，随机应道："报告主席，我姓韩，大家让我穿这套受训军服来是想给主席看看样子，我回去就脱。"韩复榘听后微微一笑，说道："你倒会说话，回去快脱了吧。"

韩复榘由此在山东崛起了。但他丝毫不觉得蒋介石有什么值得感激和需要他去效忠的。事实上蒋介石并不信任他，蒋派了自己的嫡系蒋伯诚到韩部充任"军事联络员"，实则是监军。蒋伯诚是个军人政客，诡计多端，他及时向蒋介石密报韩的动向。韩被蒋伯诚巧语所蒙，竟长时间不能识破他。

冯玉祥为"整编"与蒋介石决裂，一心想联阎打蒋，竟为阎锡山所愚，被阎骗到山西软禁起来。阎又派人与韩拉拢，韩佯称愿听指挥，并请阎来郑州会晤。阎连夜乘车抵郑州。韩暗中布置扣阎计划，被部臣告密，阎连夜化装逃走。事后韩复榘对部下说："我要扣阎老西儿的事，大概都听说了，因为冯先生在山西受尽了委屈，这次我本想把阎老西儿扣住，要求他放出冯先生，以此报答冯先生对我旧日的恩情，不料事机不密，一下子跑掉了，全怪我说话不留神，真是可惜得很。"可见韩对冯有旧恩当报之情。

韩复榘在中原大战中，蓄意保存实力，他的撤退胶东，以及他在被晋军追击东撤时电请蒋介石支援不允，终而又对蒋介石通电下野，均使蒋介石大为头痛。且韩在作战中与冯玉祥、石友三藕断丝连，蒋尤不悦。当战后蒋发表韩为山东主席之先，曾表示踌躇，终以曹浩森认为有言在先，力为陈请，始获实现。从此，韩部进驻黄河以北，韩复榘便成了威震山东的"土皇帝"。

"韩青天"与"天高三尺"

野心与时势，把韩复榘一下子送上了天。但是，这片天下怎么管呢？在混乱与愚昧的时代里，这个问题对于韩复榘这样一个握有五师二旅兵符和省主席大印的人看来，简直是个易如反掌的事情。他按着自己的思维去治理这片天下，好事、坏事，都干过……

韩复榘在山东期间，每年都到各县视察，主要是对县官吏不放心。视察时，一经有人告某官贪赃枉法，他立刻严厉制裁。1933年，他还设立了高级侦探队，吸收了青年学生进行训练，然后派到各机关和各县工作。专事监督各级官吏，每月向他密书报告，密信以火漆封口，只有他一个人拆阅。于是常有些县长或公安局局长突然被押解进省，锒铛入狱。这种办法，常常使一些贪官污吏惶惶不可终日，但有时也因不能明察毫末，而生冤情。

韩复榘最恨抽大烟的人，往往抓住就枪毙。

韩复榘还特别爱亲自审案。他对当时的法院、律师等持有恶感，进而否定了法治。他审案时很简单，事先不看案卷，就是坐在那里听法官给他念案由，他三言两语就了结一个案，或杀、或打、或罚、或放，他一句话或一个手势就定案了。由于他搞"一言堂"，又不调查详审，所以冤案错杀者不少。

一天，韩复榘要亲自"过堂"审理一批案子。

韩复榘坐在堂上桌子中间，审讯开始后，第一个叫上去的是莱芜贪污犯毕华桥。军法官袁道田正要念案情，韩没等他开口，就把手一挥说："押起来！"毕华桥就下来了。第二个是牟平县一个脱离共产党的分子。袁道田念："牟平县报告他是共产党，他本人声明已脱离关系不干了。"韩说："叫他写个宣言自首。"那人就下来了。再接着叫上去的是某县的八个民团团丁。袁道田念："据××等告发，这八个人通土匪，土匪绑票时，不坚决抵抗土匪，经调查属实。"韩复榘立愣着眼一看，立即手向外一摆，说："毙！"八个团丁嘴里乱嚷"冤枉"！被执法队员拉下来送出去等着枪毙。接着又审了两个案子。

最后一个审的是共产党员赵健民的案子。袁道田念道:"这个人是共产党的首要分子……在捕共队抓到他以后,他又坚决不吐露共产党的真情,因此捕共队宋队长呈请主席枪决他。"即刻就有两个执法队走上来,抓住赵健民的手臂,单等韩复榘说一声"毙",就往外拉。这时,韩复榘立愣着眼,连着看了赵健民两次,说:"你是个学生不好好学习,为什么参加共产党?"赵健民说:"参加共产党是为了抗日……共产党主张全国团结一致抗日,共产党的主张能救中国、救人民,我们学生赞成它的主张,所以参加它。"韩又问:"你为什么到莱芜去?是不是那里有山,又要闹什么暴动?闹暴动我可不答应!"赵健民接着又讲了到那儿去是为了宣传抗日的话。韩复榘说:"嘿,你对我做起宣传来了。"在旁边的军法处长立即插嘴说:"这个人坚决得很,捕共队抓他时,他把共产党的宣传品吃掉了!"韩复榘又立愣着眼看了一下赵健民,说:"我看把他送法院,送法院!"这就意味着不处死了。赵健民下来回到犯人队伍中时,好多人都说:"这个人命真大!别人,韩主席一立愣眼就完了。对他立愣了三四立愣,还不要紧哩,命真大。"

韩复榘还审问过一个"偷鸡案",一个"偷牛案"。四个原、被告同时被拉到了他的面前——

韩问:"你平日用什么方法偷鸡?"

小偷答:"用虫饵、面食,暗中藏着利钩,用麻线系牢。鸡饵入肚后,像钓鱼一样捕获,鸡也没有叫声。"

韩说:"你比古来的时迁还要高明!"

韩越说越气,最后一摸嘴巴(韩对部下示意杀人的信号),执法队立即上前将偷鸡者绑进了汽车,押运刑场枪决了。

韩又接着问失牛者:"那么大的一头牛你都看守不住,自己粗心反来告状？"不容分说，他当即令执法队打了这个失牛者20军棍，赶出法庭。韩见偷牛者满面红光，能说会道，反而"赏"给20块钱，当堂释放，说道："他连头牛也看不住，实在可气，没用处。下次你还去偷他的牛。"

由于韩复榘否定法治，法院和律师们哗然，一再向中央告状，说韩干涉司法。后来韩的部下也向韩委婉劝说，他才不再接受民事诉讼了。但对土匪案、吸毒贩毒案和贪官污吏案，仍坚持自己审问，并且执法甚严，因而杀人较多。

韩复榘个人着装朴素，自己终年剃光头，穿一套灰布军装，遇到大典，再扎上皮带，打起绑腿；他要求士兵也是如此装束，只有文职官员许穿黑色制服。蒋派来的军官学校毕业生，或是外国军事学校的毕业生，西装革履来报到，一律得剃光头，穿上布军装、布鞋、布袜，去当见习排长，照样出操、跑步、练大刀片。对于社会上的女流穿短袖旗袍、烫头发等，韩也斥之为"奇装""怪异"，而加以取缔。

韩复榘虽是行伍中人，读书不多，但却注重教育。教育厅厅长何思源本是蒋介石派来的，韩复榘开始戒心较大，后经接触发现何与中统无关，便着力支持何思源办教育，无论财政怎样困难，保证不拖欠教育经费。在韩的治下，山东大、中、专业学校增加了不少。在后来学生南下抗日，"闹学潮"期间，韩亦避免与学生正面冲突。

蒋介石对韩复榘不放心，除派蒋伯诚周旋于韩复榘身边外，又打进CC特务在山东开展组织活动。韩对此极其反感。1935年元旦，蒋介石派到山东的国民党中央委员、省党部负责人张苇村被暗杀，刺客逃脱。张死后一两日，韩派执法队查抄了国民党省党部，监押了中统特务头子谌峻岑，几个月后将谌打死在狱中。韩还擅自取消各县党费，禁止党部活动……

韩复榘的这些做法，受惠的，便呼其为"韩青天"；遭难的，便呼其为"寒青天"。老百姓在兵荒马乱、天灾人祸之中，只能流离失所，大批人讨饭"闯关东"……

"天高三尺"，是韩复榘的第二个绰号。这个绰号是"韩青天"的另一面，即经济上的残酷剥削。

自从解决了盘踞在烟台沿海一带的张宗昌旧部刘轸年后，山东全境已完全控制在韩复榘的手里。阎、冯的联合倒蒋失败，又使得韩复榘处于东北军和蒋介石中央军之间更关键的位置上。更大的野心，促使他要扩充军队，加强实力。已经有了五师二旅还不够，他又扩充了四路民团六万多人。这四路民团，与正规军只是名义上的区别，其装备完全和正规军一样。蒋介石原允许拨他协饷每月 60 万元，这个数量不仅远远不够，实际上也不能兑现。韩复榘对此恼火万分，擅自派人接收了国民党中央在山东的税务机关，赶走了盐运使、烟酒印花税局局长、税警局局长和中央财政部的特派员。蒋介石与韩复榘开始各自调兵了，大战一触即发。虽然后来经人调停没有打起来，但韩复榘为了加快发展自己的军事实力，便把庞大的军费开销加到了山东人民的肩上。

苛捐杂税不够，他就任意加派；

由禁烟、种烟到公开派份卖烟；

利用山东海关方便，官商勾结，军队保护进行走私活动……

他想尽了办法与可能，来实现其自肥和扩大军事实力的目的。

"当汉奸，要挨骂的……"

"七七事变"之前一个月的一天傍晚，日本设在济南的领事馆内，灯火辉煌。

初夏之夜，温馨静谧。绵软的日本歌伎说笑声阵阵由房间挡板的缝隙中传送出来。后厅已摆好了几桌酒席，领事西田今晚要用最轻松的气氛，欢迎新近由日本来华的中将特使板垣，还有就是那位一向被部下称为是"对内寡人、对外孤军"的韩主席。中将特使板垣在今天晚上的酒宴上，要和韩复榘搞一场政治交易。

日本人知道，韩复榘一到山东便解散了"反日会"，取缔反日宣传，拒绝山东驻中央军，中央军北上路过济南车站时，韩复榘总是让人"通知日本领事馆，中央军过山东了"。板垣来济南，就是要进一步拉拢韩复榘，要整个山东，抓住山东，不怕北平方面不就范。"华北五省三市自治"运动，由韩复榘来牵头领导最为合适。日本军方出面与韩复榘交涉的一向是武官花谷。花谷对此事实现十分有把握，也因此被提升为日本天津驻屯军参谋长，认为自己在山东方面的成绩超过了北平。

韩复榘到后，整个领事馆顿时欢腾雀跃。西田一手拉着韩复榘入座，一边向他介绍着板垣和其他客人。

酒过三巡，韩复榘已经略有醉意了。板垣看到机会已到，便对韩提出了"华北五省三市自治"，要他当面签字同意。

"我……我不会写字。"韩一边推辞不签字，一边继续喝酒吃菜。

"你，不会写字怎么能当主席？"中将特使用半开玩笑半为嘲讽的口吻奚落了他。不想韩复榘却哈哈大笑地站了起来，双手握着象牙筷子，以开枪姿势，"嘟嘟嘟"地满座一扫，说道："我就会这个，就凭这个当了主席！"西田领事忙插嘴说道："只要你答应带头自治运动，我们就不进入山东，你照样当你的主席不好吗？"

韩晃晃悠悠地站起来，直朝大厅门口走去，边走边说："该回去睡觉了，走啊！"西田与板垣对韩复榘的无礼极为恼怒，对花谷的大言担保也十分不满。

花谷恼羞得更为无地自容。第二天，花谷便醉醺醺地闯进了韩的办公室，要韩复榘明白表示对"华北五省三市自治"态度。"不然"，花谷猛地掏出了手枪正对着韩说，"我今天要跟你拼命"！

"好说好商量，请坐请坐！"韩复榘假装冷静劝花谷不要动气时，乘机一把夺下手枪喝道："自治不自治跟我有个屁关系！你们找南京商量去。你给我滚出去！"花谷拔刀要当场剖腹自杀，幸好被拦住了，架送他回领事馆里去了。

1937 年 9 月份，"七七事变"以后，日军特务头子土肥原又来到了济南。在这次极其秘密的会谈中，双方究竟有怎样的交易尚有待历史查考，但韩复榘乐于接受的条款有这样三条：①山东宣布中立；②拒绝中国军队在山东境内与日本作战；③日军不进攻山东。土肥原兴冲冲地离开了济南，韩复榘则令人赶快拟电发向全国。亲信刘熙众看着已拟好的电文，越看越觉得不对劲，于是小心地凑近韩复榘说："主席，我看这件事还是得三思而后行为好。溥仪在东北的处境你是知道的。自古以来，外敌入侵的时候，被人扶植起来的人结果都很悲惨。当汉奸，是要挨骂的……"说着说着，声泪俱下，倒也使得韩复榘一时犹豫不决起来。刘熙众急忙又将电稿抄送冯玉祥知道。冯玉祥此时重新出山，担任了抗战第三战区司令长官，见此极为震惊，为防止国家民族灾难，急忙向南京告变。蒋介石闻讯忙调广西军队五师集中徐州，视山东方面如有异动时，能迅速予以解决；又以南京政府名义迅即升韩复榘为抗战第五战区副司令长官兼第三集团军总司令，仍兼山东省主席职，韩的权欲得到了一定的满足。

对日本人，韩复榘还有其另一面。韩复榘的第三路军各兵营内，没有禁止过反日言论。三路军唱的军歌仍是老西北军军歌，内中充满了反帝精神。如每次吃饭前所唱的军歌歌词是："这些饮食人民供给，我们应该为民努力，帝国主义国民之敌，救国救民，我们天职。"当时军民反日情绪很高，韩并未加以制止。

"西安事变"爆发后，韩复榘没有在何应钦以讨逆军总司令名义领衔的 75 名国民党将领讨伐张、杨的通电上签名，韩却发出"马"电支持张学良、杨虎城将军的八大主张，同时还表示如果何应钦进攻西安，韩将袭击中央军的后路。此外，韩又派参议刘熙众赴西安去见张学良，张派专机到济南接刘，因飞机发生故障不能起飞，刘去洛阳设法赴陕。当刘辗转到达太原时，蒋介石已被释放，这才作罢。但蒋对这些事不会不知道，尤其对韩发"马"（22 日）电最为痛恨，便伏下杀机。

抗战初期，由三路军改编的第三集团军总部设立政训处，聘请原北京育德中学校长余心清为处长兼训练班副主任（韩兼主任），原在北平任教的共产党员齐燕铭、张友渔、黄松龄等被聘为教官，以共产党员、民先队员为骨干的进步青年和平津流亡学生共千余人参加了训练，为抗日培养了大量骨干，初步实现了国共合作抗日。当时周恩来副主席还派张经武同志持函到济南与韩复榘会谈多次。后来在韩复榘被蒋介石扣押期间，中共代表张经武授意刘贯一由开封派王恩九同志秘密到曹县防地会见韩复榘重要部将孙桐萱，要求释放在山东法院监狱关押着的中共党员等政治犯四五百人，孙桐萱即密派副官口头命令军法处看守人员，将在押的犯人去掉刑具，全部释放。

1937 年 12 月中旬，日军对济南发动了强硬攻势。蒋介石本来也是要借抗战为名，意在消灭异己，所以也只派出少数部队过黄河与日军周旋，遂即撤退而去。蒋介石又退出南京到达武汉，随时准备入川。韩复榘此时也已经与川军刘湘、北平宋哲元密谋好了，由刘湘封闭蒋介石的入川道路，再由刘、韩、宋三派军阀势力倒蒋。密谋已就，韩复榘根本不会去听蒋介石的令其"不得放弃济南"的十万火急电报，到了泰安。蒋又急电令其"死守泰安"，他已到达济宁了。李宗仁亦令他不要把后方放在第五战区范围以外，韩回电称"现在全面抗战，何分彼此"，使得李宗仁大为恼火；李又电令他"扼守泰安"，韩回电说："南京不守，何守泰安。"韩复榘先是想抗日，但突然发现蒋中央军有意后撤，企图借日军之手消灭异己，才产生了保存自己实力的想法。军队一撤再撤，眷属和家私早已运往豫西，军需物资也正在向南阳运送了，鲁东、鲁北民团扩编的两个团以及乡建派组织的民团8000多人，也由专员孙则让率领开到了漯河。到1938年1月，韩的大部队已经撤至鲁西南与河南交界的曹县一带了。

日军轰炸济南，夺得了胶济线，山东省沦陷为敌占区了。千万山东人民又置身于外族入侵者的大肆轰炸和烧、杀、抢、掠、掳、奸的痛苦深渊之中。

韩复榘留下十二军孙桐萱断后，放火烧掉省府、日本领事馆和济南市重要建筑物，一律向鲁西南撤退。汽车在鲁西南的泥土地上飞驰着，一路黄尘滚滚。

汽车里坐在韩复榘身旁的教育厅厅长何思源问："主席，这次战争是不是全面的？是不是民族战争？我们什么时候打？"

韩复榘略略沉思了一下说："是全面的。中国最终会胜利的，它太大了。但我们要最后参战。"说着，望了望浩浩荡荡的尘埃中的南撤队伍，唇角流露着一丝得意，说出了自己的心里话："我们有这些人，到哪里都可以自立；带着民生银行，到哪里都有花的、有吃的。"

黄尘滚滚，裹挟着匆匆后撤的韩复榘军队，朝着鲁西南方向逶迤而去。身后的大片山东土地，完全消失在昏天黑地里了。

韩复榘之死

1938年1月11日，在河南开封城的上空突然出现了一架飞机。防空兵急忙朝着这架飞机连发两炮，很遗憾，没能打中它。待飞机降落停稳以后，舷梯上走下来的却是蒋介石。防空司令事前没有接到任何通知，见此立刻傻了眼。

蒋介石这次极其秘密地飞抵开封，要亲自主持预定召开的 45 名高级将领会议。

参加这次高级将领会议的，有蒋介石点名要去的韩复榘。一天，蒋介石亲自给韩复榘打电话说："我决定召集团长以上军官在开封开个会，请向方（韩复榘号）兄带同孙（桐萱）军长等务必到开封见见面。"当时韩的处长们曾坚决劝韩不要亲去，主张派代表参加。而蒋伯诚却竭力怂恿，韩意已决，无法阻拦。

但韩复榘还是有很大疑虑的。他一向懂得蒋介石并不真心抗战，更知道所谓"攘外必先安内"中的那个"内"字，并非只是指一个共产党，也包括像他这样的非蒋嫡系的杂牌军。本来他是想在山东打几下日军的，可是蒋介石却在他的展书堂师打日军正得手的时候突然调走了驻泰安的重炮旅。难道不是明摆着蒋要牺牲他的实力吗？这次开封会议，他想蒋介石一定会来参加的，于是疑心起来了。但看到自己的部将孙桐萱也在名单之内，又有一营手枪卫队乘钢甲车护送，就放下了悬着的一颗心。

军事会议在南关有名的袁家花园里举行。11 日下午 2 点，这所已作为学校用地的袁家花园内，到处站满了军警宪兵和特务人员。二门口左旁屋门上贴着"随员接待处"字条，接待卫士；再往里走是"副官处"，上面贴有一张通知："奉委座谕：今日高级军事会议，为慎重起见，所有到会将领，不可携带武器入会议厅，应将随身自卫武器交给副官保管，予临时收据，俟会议完毕后凭收据取回。"韩复榘见别人纷纷解枪，于是自己也跟着解下了随身所带的两支手枪，交给副官保存。他接过了两张取枪凭单，小心地放进了自己的上衣口袋里。

蒋介石出场了。环顾四周，摘下白手套，这才开始说："好，好，有的好久没见面了，有的还没有见过面，今天在我讲话之前先来点点名，认识认识。"半个小时的点名过去了。蒋介石用《党员手则》和《步兵操典》中的"听命令"一条，不断地训斥着在座的将领。韩复榘知道指的是他，但也尽管坐在那里耷拉着脑袋。

韩复榘的被捕与被杀，据说是这样的一个过程：

休会以后，一位中将侍从官走近韩复榘，悄声说道："请韩主席稍待一会儿，委员长就来。"说完便离开了。此时天已黑，参加会议的将领走净了，静悄悄地只剩下了密密麻麻的宪兵、特务。两个侍者来领韩复榘了，走至大门口的一汽车旁时，一侍者拉开车门说："请韩主席上车！"

"这不是我的车呀，我的车呢？传令兵！"韩复榘大呼不应，走进来的却是先前站在四周的宪兵特务。几支乌黑黑的手枪正对准着他，两名侍者也同时掏出手枪毫不客气地说："你被捕了！没话说，快上车！"

"我有什么罪？"他几乎是在大叫了。这时，几辆早已发动等候着的满载宪兵的汽车开动了。它们挟带着韩复榘径朝汉口方向而去。

1月21日由何应钦开庭审问。

何："黄河天险，你为什么不守？"

韩："我兵力不够。上海那么重要，且有60多个师的兵力，你们怎么不守？"

何："那么，为什么济南、泰安又随便放弃？"

韩："南京，国之首都，总理陵寝所在，你们为什么又随便放弃？"

何："为什么收缴山东民枪？"

韩："补充部队武装不足。"

何："你为什么派购鸦片毒害百姓？"

韩："经费你们不给，只好用以充军饷。"

何应钦问到这里，笑着说："好吧，向方，你喝酒吧。"韩复榘的被告桌子上放着白兰地，他自己给自己斟上了一杯，慢慢地喝着。

第一次审问就这样结束了。

初审即是终审。到了 1 月 24 日晚，忽然有两名特务上楼，对韩复榘说："何审判长请你谈话，跟我去。"又问韩复榘家里有事否，并说："你写信，我们可以送到。"韩说："我没有家。"遂起身下楼。走在楼梯上，韩复榘感到情况不妙，复转身回二楼，特务在后边连发七枪，韩复榘随着枪声，也就歪歪地倒在楼梯上的血泊中了。

国民党的《中央日报》上只公布了他的"五大罪状"及"多次"审问情况。国内报纸上对韩复榘的被捕有种种说法，但《中央日报》只字没有披露开封会议的消息。

因为孙桐萱与孔祥熙的关系，蒋介石任命他为第三集团军的总司令。不久，孙桐萱亦被撤职。

据说韩复榘的尸体由孙连仲备棺装殓，同韩复榘的二姨太纪甘青一起，运至鸡公山埋葬了。

韩复榘死了。

不久，蒋介石进了峨眉山。

韩复榘的一生，可谓色彩斑驳。

韩复榘在山东

何理路

韩复榘是一个复杂的人物，他一生的行止是多色彩的。本文是一篇"三亲"史料，反映了韩复榘治鲁的一个侧面；本刊现予发表，仅供历史研究者参考。

韩复榘是"七七事变"前山东的统治者，抗战之初，被蒋介石枪毙。社会上流传过不少关于韩复榘的奇闻逸事，人们引为笑谈。如有一段相声《关公战秦琼》，说的是韩复榘的父亲做寿的事，流传甚广，其实，韩复榘当旅长的时候，他的父亲就死了，根本不可能来山东做寿。韩也没有在山东为他的父亲做过"冥寿"，这段相声可算是十足的无稽之谈，其他传闻也有类似情形。韩复榘统治山东的真实情况，外间知道得并不多。先父何思源先生在山东任教育厅厅长 15 年（后改任民政厅长及山东省政府主席，共近 20 年），期间与韩复榘共事八年，为时最久，可以说对韩复榘有深刻了解。他曾写过一篇《我与韩复榘共事八年的经历与见闻》（见全国政协出版《文史资料选辑》第 37 辑），但远没有把他的见闻都写进去。在这里，我再就先父的亲身见闻，谈谈韩复榘统治山东的一些事实真相。

支持何思源办教育

何思源是在 1928 年第二次北伐进入山东后，蒋介石留他在山东做教育厅厅长的（他原任国民革命军军事委员会政训部副主任，代理主任），到 1930 年韩复榘任省府主席，已经换了三任省主席（石敬亭、孙良诚、陈调元）。韩接任省主席，所有省政府委员、厅长都更换了，韩本来向蒋介石保荐他的参谋长张钺为教育厅厅长，并已向他的部下宣布，但蒋介石不准，只发表张钺为省府委员。这大出韩的意料，因此很不高兴，对何思源态度冷淡，他的部下更对何极力排斥打击，企图把何挤走，取而代之。他们对何思源的第一个打击就是缩减教育经费。在省府预算审查委员会上，他们故意低估收入，使预算收入不敷支出，相差几十万元，财政厅厅长王向荣和秘书长张绍堂领头提出缩减教育经费，当时全体赞成，先父坚决反对，他们就拿军队来威吓，说不减教育经费，就得减少军队协款，换句话说，不减教育经费就是反对韩复榘。何思源认为这是关系全省教育前途的大事，绝不能让步，如果因此触怒韩复榘，就此散伙，也可得到下台的好理由，就去找韩，对他直说这是财政厅故意低估收入，打击山东教育，表示不仅本年度教育经费不能减少，而且今后还要逐年增加，因为今后要开办新学校，增加新班次，经费必须每年相应增加。何思源说："这不是我个人的事，是关系全省若干万教员和几百万学生的事，关系到能否提高全省后代青年文化水平的事。主席要我干，就得这样，不叫我干，我就走人。"这一招使韩复榘无法躲闪，结果他表示决不减少教育经费，以后每年还要增加。何思源说，韩复榘不是一个阴险的人，对他说话办事直来直去，不拐弯抹角，倒是容易相处。真所谓"不打不相识",从此韩对何的态度反而转好。

韩的部下还几次与何思源为难,有一次韩的军务处处长坐汽车横冲直撞,轧伤济南女一中学生数人,何思源非常气愤,说主席回来一定告状(时韩不在济南)。他们就先发制人,秘书长张绍堂、财政厅厅长王向荣、民政厅厅长李树春和几位处长正式见韩,要求撤掉何思源的教育厅厅长,换上张钺。韩说:"全省政府只有何思源一个山东人,又是学历很高的人。我们班子里还没有这样的人才,连这样一个人也容不下?不要把圈子弄得越来越小,那样非垮台不可。"他们碰了个大钉子。自此以后,他们就渐由反对转而与何交结了。对以后韩引用青年党,信任乡建派,再没有敢说话的了。

后来先父与韩复榘搞得关系较好,在共事八年中,韩履行了他的诺言,从来没有欠过教育经费,而且每年都有增加,使山东的教育事业得到相当发展,除原有学校大大增加班次外,还增设了一所医学专科学校,一所高中,八个乡村师范学校,几所初中和职业学校。此外还扩充了省立剧院(用费等于两个后期师范),筹办国立山东大学。山东大学虽名为国立,其实经费几乎全由山东省供给。到了1935年,为普及义务教育又大大增加了一笔教育经费,这些都得到韩复榘的大力支持。在教育方面一些重要措施,如整顿全省各地教育款产,建立各级教育基金的保管、稽核组织和制度,按田赋丁银带征教育附捐等,也都得到韩的支持和合作。特别是韩对教育工作能依靠教育厅放手去做,没有向教育厅安插一个人,也没有妄加干预,有意见则采取商量态度,这是很难得的。因此山东的教育事业在当时华北各省中是比较先进的。

1938年韩复榘被扣时,蒋介石问何思源:"韩复榘欠你多少教育经费?"何据实回答说:"韩复榘从来不欠教育经费。"

韩复榘救灾

自 1933 年到 1935 年，三年中黄河三次决口。第一次 1933 年 8 月 11 日在河南兰封蔡家楼乡小新堤；第二次 1934 年 8 月 12 日在河北长垣县石头庄；第三次 1935 年 7 月 1 日在山东鄄城。三次决口，山东都受灾，尤以第三次灾情最重，淹没鲁西七八个县，黄河水直冲到徐州，波及苏北。何思源奉韩复榘之命，乘孙桐岗驾驶的双座教练机连续三天飞往灾区上空视察，只见河水漫溢，一片汪洋，菏泽、钜野、成武、曹县、东平、鱼台等县城都被大水围困。当时灾区各县因电线被水冲毁，电话电报都不通，与省府失去联系，只能用飞机空投命令和传单，准许各县动用省款和物资就近救灾。何思源回来向韩复榘报告灾情，他非常焦急，但一时想不出好的办法。

1935 年长江也闹水灾，比黄河较早。国民党中央政府对长江灾情很重视，成立救灾委员会，通令全国公教人员一律扣薪救灾，而黄河水灾到来，仅派人视察几次，一个钱也未发给。正当韩复榘发急时，南京又派卫生部部长刘瑞恒来视察灾情。韩对何思源说："你去招待他，对他说，中央来视察灾情的人已有几起，我们连招待费都花不起了。刘瑞恒不拿救灾现款，就不要来见我！"何思源老实不客气地把韩的原话转达，并详述亲见灾区的严重情况，刘瑞恒也觉得难为情，立即与南京行政院院长汪精卫和财政部部长孔祥熙通话，要来 10 万元。韩见了刘瑞恒，态度冷淡，说话带威胁口气，那时华北局势紧张，韩举足轻重，所以他敢于和南京中央分庭抗礼。刘瑞恒见势不妙，赶紧飞回南京，孔祥熙只得亲自到山东来。

孔祥熙不来济南，直接去济宁灾区，韩复榘不得不去济宁相陪。这时何思源去曲阜主持每年 8 月 23 日的祀孔典礼，路过兖州车站，正遇见韩和孔祥熙在韩的专车上谈话。韩向孔要赈粮，并以长江水灾全国扣薪为例，要求铁路征收附捐，没有听到他们谈的结果。孔祥熙走后，韩就向济宁的实验区长官王树常（当时鲁西十余县划为乡村建设实验区，设行政长官驻济宁）下令，组织灾民到铁路上去阻截火车，不交款不许通过，并派兵保护灾民，谁敢动灾民一下，就向他开枪，竟要耍野蛮手段。王树常只得唯唯，但觉得这样做太不妥，就央求何思源和民政厅厅长李树春出来打圆场。他二人就商量一个加税筹款的办法，由何思源出面对韩说："救灾全靠中央不行，我们回去开会自己想想办法，可先在本省地丁加收一次救灾附捐，每两丁银加收一元，除灾区免征外，大约能收 400 万元。主席来山东五六年，没有增加过人民负担，为救灾抽一次捐也不为过。此外还可想别的办法。截火车影响太大，不大合适。"韩复榘的命令原是因与孔祥熙谈不投机的一时气话，正需要有人转圜，他也就借此收场。后经省政府会议通过，全省地丁（田赋）每银一两（约合上、中、下土地 20 亩至 40 亩之税额）加收救灾附捐一元，除免征者外，当年收入四百五六十万元。

1935 年黄河水势特大，上游大雨，决口处源源外流，向南流入江苏。江苏省在徐州北 90 里处筑堤堵水，把水迫向东南顺着运河故道向苏北流；江苏省又在运河入境处堵截，这样就把大水全堵在山东境内，数十县尽成泽国。江苏省主席陈果夫自知这样做不对，先汇寄 10 万元，作为帮助山东堵口的协款。其实这时七八月间正当雨期，黄河水流量最大，还谈不上堵口。韩复榘不理睬陈果夫的举动，即派兵一团协助当地灾民强行扒开截堤，才使部分黄河水顺运河流入长江。听说在扒堤时军队开了枪。

对这次救灾工作，韩复榘下了很大功夫。鲁西灾民无家可归者达 30 余万人，怎样安置？韩复榘想出一个办法，把这些灾民分送到鲁东及胶济、津浦两路沿线未受灾各县"代养"一个冬季。开始，人们都怀疑这样多的灾民，以当时山东的运输力量，短期内怎能运完？韩复榘却很有信心，他亲自指挥调度。过去，他曾为他的军用装甲车保留有一部分机车，这次为救灾又扣留机车数辆，共掌握二十几辆列车，又动员全省长途汽车，派李树春驻济宁督催，日夜运送，灾民随来随上车，每列车都有军队护送。在津浦、胶济两路，灾民车优先通行，一切客货车都得让路。这样，在短短的十几天，居然把 30 万灾民全部运到目的地。就当时环境条件和工作效率来说，可算是一个奇迹。

这些灾民在各县也给地方官带来不少麻烦，韩复榘对各县县长说："灾民是我请来的客人，你们要好好招待。"并把招待灾民列入各县考成，还派省府各厅厅长分赴收容灾民各县视察指导。各县县长不敢怠慢，都尽力设法使灾民吃饱穿暖，没有发生流离失所的情况。

由于三年连续大灾，鲁西灾民在水退后仍有一些人无法重返家园，韩复榘就在黄河下游的滨县、蒲台、利津、沾化地区建立了一个垦区（今垦利县），移民开垦。次年移往垦区的有 1 万多户，省府借给移民迁移、居住、开地、购买农具耕畜各项费用；发放口粮、种子，甚至妇女放足者每人还发给几尺布。移民安定后不到一年，抗日战争爆发，此项借款并未收还。抗战时期何思源兼任鲁北行署主任，在鲁北打游击，就是以该垦区为根据地。那里尽是鲁西同乡，见面非常亲热。他们谈起韩复榘来，都说他的好话，虽然那时韩早已被枪毙了。

杀人与剿匪

韩复榘统治山东八年，杀了不少人。有人估计，他在山东实行禁烟、禁毒、肃清土匪以及处理案件中，杀了 5000～8000 人。究竟有多少，很难断定，肯定有一些无辜者被滥杀。

　　韩复榘杀土匪，也用土匪，如鲁西湖田局局长刘耀庭（单县人）、特务一队队长张步云（诸城人，抗战时任保安二师师长，后投敌）、特务二队队长朱世勤（单县人，抗战时任十一区行政督察专员，与日寇作战时阵亡）就是著名的土匪头子。韩利用他们去招诱土匪，然后集体屠杀。这样做有三四次之多，每次都在百人以上。

　　有一次，何思源到省政府去，只见大堂内外血渍满地，触目惊心。原来刚刚杀过一批人。那是刘耀庭由鲁东招安来的一股土匪，150余人，把他们带到济南，说是到省府军法处礼堂听韩主席训话。刚进入军法处院内，预先布置好的大刀队和手枪队就包围上来连杀带打，一时净尽。只有十余人向外冲出，其中有几个跑到大堂内被杀，有两人冲到二门被砍倒。后来听说这批人中有一些不是土匪。原来土匪们以为受了招安，就可像刘耀庭那样，就此走上升官发财的捷径，于是呼朋招友来扩大人数，企图取得较高官职，不料都做了韩复榘的刀下鬼。

　　韩的部下八十一师师长展书堂，在诸城沂水一带大肆屠杀黑旗会（农民武装），第七区专员张骧武（外号张剥皮）镇压文登崑嵛山起义，滥杀老百姓，等等，也都应由韩复榘负责。

　　韩复榘一心想做清官，因此喜欢人称"韩青天"，便常常自己亲自问案。他审问草率，又易为部下所蒙蔽，往往不分轻重，不问主从，统统枪毙。枪毙人都是用省府的五号卡车拉到千佛山下刑场执行，所以许多人见了五号卡车就害怕。韩复榘有时也用暗杀手段杀那些无法公开杀的人，这些人大都是罪恶滔天、死有余辜的，杀掉他们倒是大快人心。

　　先父曾说，韩复榘也并非以杀人为快事，他痛恨土匪，痛恨烟毒，但想不出其他肃清土匪、禁绝烟毒的办法来，所以只能"杀一个，少一个"了。

　　说到韩复榘剿匪，刘黑七确是遇到了对头。刘黑七即刘桂堂，山东费县人，为著名悍匪。1936 年他在日本帝国主义策动下，窜扰河北、察哈尔、山西、河南、江苏等五个省 40 余县，到处烧杀淫掠，所向无阻，到江苏赣榆县，几乎屠了城，所到之处，惨不忍睹。

韩复榘听说刘匪到了苏北，即令谷良民师越境追剿。谷到苏北，赣榆县已被焚烧，谷回省向韩报告惨状，韩听后大为气愤，发誓非把刘黑七消灭不可。他亲自出马督率部队日夜追剿，使刘匪无喘息之机，最后把刘匪残部几百人包围在日照县海滨全部消灭。刘黑七本人仅以身免，换装乘渔船逃往天津。被俘的匪徒 100 余人，他们说在山东未能攻开任何城镇，已经十几天未得休息，身上所带成撂的钞票都是从外省抢来的，已被汗渍浸透，粘在一起，揭不开，认不清了。

刘黑七逃走，韩仍不死心。经调查刘黑七藏在天津日租界里，韩就买通刘匪在天津的旧部下孙某（此人抗战时在山东章丘打游击）去行刺，许以 2 万元赏金和中校副官的官职。结果刘黑七身中数枪而未死。韩死后，刘黑七又回山东活动，被蒋介石收编为新编第三十六师师长。

1943 年何思源由山东赴大后方，途经费县，在刘的防地住过两天，那时他已是堂堂的刘桂堂师长了。刘详述当年被追剿情况，极力赞扬韩复榘的负责精神。他说："那时如果其他省负责人有一个像韩复榘那样尽力，我们早在外省被歼灭，至少也被打散，也不至于在家乡丢丑了。"原来刘当时计划回山东老巢，创立一个像冀东伪组织那样的局面，以"成家立业"，想不到遇上韩复榘被消灭了。实际上韩复榘不仅是消灭了一股悍匪，而是粉碎了日本人的一个破坏阴谋。

从禁烟到"卖烟"

山东原是个烟毒泛滥的地方。日本帝国主义以青岛、济南为基地，在山东大量贩卖烟毒，日本浪人和"高丽棒子"（朝鲜浪人）沿铁路两侧设有许多贩毒点，四处兜售，甚至深入到农村，最多时贩卖烟毒者达万余人（日本在山东侨民共约 4.5 万人），这是日本帝国主义毒化、剥削中国人民最毒辣的手段。在北洋军阀统治时代不用说了，即在国民党陈调元当山东主席时，也公开在省政府摆大烟盘子。韩复榘一到山东，就雷厉风行地禁烟禁毒。吸食鸦片者关押起来强制戒绝，累犯者枪毙；查出"白面"等毒品，不论吸、卖、运一律枪毙。在韩复榘统治山东初期几年，五号卡车拉去枪毙的人，其中大部分是烟毒犯。甚至日、韩浪人潜往各县贩毒的也被秘密活埋，日本领事也无可奈何。

韩复榘易受部下蒙蔽，有人说："韩主席是丈八的灯台，照见人家，照不见自己。"有一次他可"照亮"了自己。那一天何思源和其他厅厅长有事去找他，省政府没有，家里没有，进德会（韩办的俱乐部）没有，各处打电话也找不到，原来他出门"避难"去了。韩有一得力副官张某，跟随他多年，张的老婆又拜韩的太太为干娘，韩认为张可靠，派他为省会公安局商埠分局局长。张某乘机为非作歹，包庇烟毒，并自己贩卖鸦片，韩查出实情，下令立即将张某绑出枪毙。韩回家，太太求情；到省政府被参议副官包围；坐车出门，张某的老婆堵门卧路不起。韩知张某神通广大，关系网太多，无处可去，就坐汽车满街转悠，避开众人。张某终于被枪毙。

何思源和山东教育界对韩的禁烟禁毒积极支持，并建议他结合禁烟提倡体育运动，以增强人民体质。在济南修建了一个可容 2 万余人的体育场，当时是华北最大的体育场（南京、青岛、开封、天津等处体育场修建均在此以后，只有东北的体育场较早）。为配合禁烟，教育厅所属实验剧院排演《林则徐》话剧，在进德会大会堂演出，何思源亲自去请韩看戏，他本不喜看话剧，因为盛情难却，只好来了。那次演出很成功，演到烧烟一场时，全场观众热烈鼓掌欢呼，韩复榘也大受感动，当场对何思源说："我们有不少存烟，也可焚烧。"他也想做林则徐了。果然几天后就在商埠市政府广场上焚烧鸦片。他为了扩大影响，嘱市政府邀请各国驻济南领事来参观。焚烟时群众情绪很高，不料有一箱毒品爆炸，伤了许多人，德国总领事柏恩也受伤。柏恩是何思源在柏林大学的同学，何特去探视，柏恩也盛赞韩复榘禁烟的决心。

韩复榘在山东严厉禁烟，全国闻名，多次受到蒋介石的嘉奖。但是1938年韩复榘在开封被扣押时，蒋介石接见何思源，首先就问："韩复榘是怎样卖鸦片烟的?"先父冲口答道："韩复榘并不卖大烟。"在那次接见时，蒋介石问韩在山东的罪状，何思源本想说韩在山东救灾、剿匪、禁烟有功，因蒋先说韩在山东卖大烟，也就不敢再提禁烟了。后来枪毙韩时，宣布的罪状就有"强迫鲁民购买鸦片"一条。

这是"七七事变"以后的事。当日军打到沧州、石家庄一线时，山东各机关纷纷向后转移，韩也将军需物资向后方运送。当时有两个问题，韩提交省府会议讨论，一个是中央各银行库存2000余万银圆，是强迫随"我们"移动呢，还是听任中央运走呢?南京派来运银圆的专车已在车站等候几天，交涉多次，韩只是不放，大家都认为现在与以往不同，中央领导抗战，应该放行。后来南京又派人交涉，就运走了。第二个问题，就是历年禁烟没收的鸦片如何处理?其实库存鸦片主要是宁夏马鸿逵送来的，马托韩的修械所制造一批子弹，马无钱，送来一批鸦片抵价，无法处理，已存放一两年。大家不知底细，有的主张作为药品卖给医院或制药厂，也许是因为抗战物力艰难，大家忽然都惜起财来，没有人提议焚烧。最后还是韩复榘拿出主意，他说："医院，制药厂买不多，带到后方，不好在别省卖。现在需要积蓄现款，以备将来，不如在山东卖给那些登记有瘾的人，反正他们总要吸食的。"原来韩的强制戒烟办法，往往致人死命，在他统治山东最后一两年，有些商会和地方的年老士绅向他反映，老年人戒烟太急受不了，希望放松一些，从此对60岁以上的吸烟者就不抓了，令他们向公安局登记，缓期戒绝。但对禁毒则始终未放松。所以韩复榘要把鸦片卖给登记的人，大家未置可否。后来听说登记的人并不多，鸦片卖出很少。鸦片系由军法处保管，到临撤退时，韩见卖不了多少，就令军法处不要卖了。但军法处处长魏汉章却乘撤退混乱之机，向商会强派了一部分鸦片，勒索四五万元，韩复榘并不知情。退出济南不过20天，韩即被扣，魏汉章从曹县携款10余万元潜逃，其中就有卖鸦片的款。魏行至陇海路南被他的两个卫兵谋杀，这笔钱就被两个卫兵取得。当时在曹县的省府人员都知道此事。后来韩的师长孙桐萱、李汉章都证实了这件事。

特务组织与学生运动

韩复榘有一个反共特务组织——特别侦谍队，系由青年党人组成，隶属第三路军军法处，以军法处名义逮捕人，检扣邮件。韩有一段时间信任青年党，曾琦、左舜生向韩献策，由青年党五六十人组织这个侦谍队，专门对付共产党。他们对韩夸下海口，要在一年多的时间内肃清山东境内的共产党。曾琦在山东活动，所用化名为"韩学愈"，他是侦谍队的幕后指挥者，他们的主要目标是教育界的进步师生。曾琦、左舜生又向韩复榘推荐一些青年党人任县长，如邹平县县长梁秉锟就是其中之一。韩复榘虽与青年党合作，却不大放心，命其亲信——济南市市长闻承烈派两个人参加侦谍队，暗中监视。

何思源原不知有侦谍队这个组织，韩对何始终绝口不谈。何知道这个情况，还是在发生胡也频事件之后，通过济南高中校长张默生、一中校长孙东生从桑平伯那里得知一些内幕（何与张、孙、桑都是鲁西同乡，又是六中、北大同学，桑平伯即闻承烈派入侦谍队的人员）。

　　大约 1931 年的一天，在省府会议后，韩复榘问我父亲："高中有个叫胡也频的教员，你知道吗？听说他是共产党。"当时胡也频是济南高中的教务主任，校长张默生聘胡时，曾征得何的同意，后在工作中何与胡时常见面。何还在家中招待过胡也频、丁玲夫妇，也算是朋友了，但不知他是共产党，就对韩解释说："年轻的文人思想难免有些偏激，不见得就是共产党，我在青年时期也闹过学潮。我们办学请教员也不容易，如果太严格了，根本请不到好教员。"何思源回家后立刻打电话把张默生找来商量，送 200 元路费，让胡也频赶快离开济南，以免出事。胡当天下午赴青岛转上海，丁玲随后也走了。

　　胡也频的事就是侦谍队搞出来的。他们对何思源放走胡也频，使他们的"功劳"落空，非常不满，就向韩复榘告状，并在邮局检扣何思源的信件、书刊，企图从中发现材料。就是在这时，何才了解有此特务组织，于是便对他们存了戒心。

　　也在此时，韩复榘召集济南各中等以上学校校长举行座谈。大家都捏一把汗，但韩复榘态度很好，只说明要加紧清共，各校长应注意对学生加强教育。他的讲话简明扼要，又照顾到各方面，对各校长的顾虑和意见也作了解释和答复，而且说得有分寸，很得体，没有带一点威胁口吻。会后聚餐，韩复榘殷勤招待，大家都很满意。事后大家评论那次座谈会的发言，都说："主席的发言讲得最好。"韩复榘也比较尊重知识分子，经常请学者、名流到省府或进德会演讲，老舍先生就去讲过不止一次。

　　为胡也频的事，何思源又向韩复榘作了解释，说："我问过高中校长，不知道胡也频是不是共产党。政府既然对他怀疑，就请他走开好了。"何思源觉得有了青年党插手，将来教育界可能还要发生问题，有必要向韩复榘表示明白，就直率地说："我作为教育厅厅长，不能捉教员。教员是请来的，每年送一次聘书，如果发现教员不好，那是我们请错了，下年不续聘就是了。如果教育厅捉教员，以后就不好请教员了。我也不能捉学生。我听人说某校学生不好，我都感到脸红，那都是教育厅没有办好学，没有把学生教好，又怎能去捉他们呢？我的权力只能开除学生，最大限度，也只能停办学校。"又说："天天同教员学生见面的教育厅厅长不能撕破了脸。"韩复榘说："以后我们两人唱双簧，学生闹事，我说厉害的，你可以说好的。"先父觉得韩很聪明，就说："好，好。不过，主席拉弓，可不要放箭！"韩哈哈一笑，就算二人的约定。

从此以后，凡经教育厅处理的事，韩复榘不说捉人，他要捉人的事也不告诉教育厅了。曲阜省立第二师范事件就是这样。第二师范是一所较进步的学校，以演《子见南子》话剧引起轩然大波而闻名全国。何思源因此受到孔府和孔祥熙、张继等人的攻击。后将校长宋还吾调走，换上张郁光（抗战时在聊城与范筑先一起牺牲）为校长，外面又造谣说"二师是共产党的大本营"。何思源曾几次去曲阜向学生讲话，邀教师座谈，没有发现什么问题。特别侦谍队的青年党人却得到大显身手的好机会，他们先在学校周围布置便衣监视，又组织了一次突击围剿。六七月间一天晚上，全队人员带领手枪旅一个连秘密出发，乘装甲车到曲阜站下车，急行军跑到城下，半夜叫开城门，如临大敌地包围了学校，捕去师生多人。当时连曲阜县县长都吓得惊慌失措，不知二师犯了什么滔天大罪。他们这次行动，也是针对何思源的，想借此进行报复，可能还有搞垮何思源，以便攘夺山东教育权的企图。有的教员在狱中写信给何诉说苦情，表示抗议，何几次去找韩复榘请求放人，韩不表态。后来他们审讯无所得，才把人放了。

韩复榘另一次镇压学生运动，是解散济南高中。高中的学生闹风潮，要上街游行请愿，韩认为校内一定有共产党，要捉人，对何思源说："他们如到省府来，我叫手枪队各持棍子一根，专打下半截，叫他们走着来，爬着出去！"随即下令教育厅解散高中，并派手枪旅一个营进驻高中，持名单逮捕四名学生。何思源想此事既然通知教育厅，就是在"拉弓"，但又怕韩复榘"走了火"，便去嘱咐那位营长说："这是对待学生，不是打仗，不能实弹，也不能开枪。"结果没有发生事故，也没有捉到学生，但高中却被解散了。

何思源曾对韩复榘说："处理学潮，不宜在学潮中逮捕学生。那样只能引起连锁反应，反而把风潮扩大。"后来发生的学潮都是教育厅自己处理，韩复榘没有插手。

那个特别侦谍队因青年党人胡作非为，闹得声名狼藉，经闻承烈建议，韩把它取消了。

军费与截留国税

韩复榘初到山东时，他的第三路军有三个师、两个旅。不久，两个旅改编为师，计为：第二十师孙桐萱、二十九师曹福林，二十二师谷良民、七十四师乔立志（后为李汉章）、八十一师展书堂，另有手枪旅旅长雷太平（后为吴化文）。七十四师和八十一师原系由旅改编，又曾一度缩编为旅。三路军的军费每月约100万元，由南京政府发给60万元，其余由山东省作为协饷发给。因手枪旅不在国军统一编制之内，全部饷项均由山东供给。所以山东每月协饷总数也有60余万元。

为军费问题，韩复榘曾两次截留国税。第一次在1932年，蒋介石"九一八"后曾一度下野，汪精卫出掌行政院，孙科任财政部部长，韩复榘趁机接管了山东境内的中央税收机关，换上自己的人（只有盐务局的外国稽核未换），截留了中央国税税收。数月后，蒋介石复职，宋子文再任财政部部长，蒋介石派蒋伯诚来山东交涉，韩交还了国税。三路军军费每月60万元由蒋介石总部发给，就是这时规定的。

蒋介石总部的军需机关非常腐败，贪污公款，向领饷单位索取回扣，有"大八折""小八扣"之说，即军需机关扣大二成，每10000元只发8000元，副官处又扣小二成，每10000元扣200元，对非嫡系部队克扣尤甚。韩的驻京办事处处长唐襄回济南报告他到江西蒋总部接洽情况，韩非常生气，对省府委员们说："军饷不要了，我们不能接受这样苛刻的条件。"他没有说明蒋总部军需机关扣留的数目，但他说了一个笑话：四川刘湘经蒋介石批准给100万元，派人去江西领取时，由于内折外扣，只剩下20万元，领款的人不敢领，打电报向刘湘请示，刘湘回电说："20万也领，聊胜于无。"就在这时，韩复榘再一次截留国税。这次换人更彻底，连电报局、烟台海关也换了韩的人。这时是1935年，正值华北局势紧张，韩复榘举足轻重，他就乘机扫清"中央"在山东的势力。

蒋介石又派蒋伯诚来，宋子文也从中调处，才决定三路军军费不再向蒋总部领取，而由中央在山东的税收中就地拨支，韩复榘委派的人员由中央加委（只有山东邮政局局长由中央改派徐某）。这符合韩复榘在山东自成一个经济财政体系的初步愿望。

军费问题解决后，唐襄建议向蒋总部和有关部门的人送礼，以免得罪他们。韩与大家商量不送现款，买了些山东特产，如博山玻璃丝屏、潍县嵌银丝文具、手杖、烟台花边、台布之类送了礼。韩为避免蒋介石疑忌，又根据唐襄的建议，在南京政府分给的一块地皮上盖了一所大房子，以表示倾向"中央"，要在南京立根之意。但韩自己没有住过，可能也没有见过，借给冯玉祥住了。

韩复榘的兵力始终是五个师、一个旅，没有扩充。有一次何思源同他谈起兵力问题，问他为何不扩充军队，他说："军队扩充多少是好呢？

你有多少军队，就有多少军队来对付你，冯先生有 30 万，不是也垮台了吗?"所以韩复榘在山东八年，没有因扩军增加百姓的负担。"七七事变"后，韩复榘利用乡农学校（相当于区级行政组织）加紧训练壮丁，撤退时带走大批壮丁民枪，结果补充了中央军。第二区专员孙则让所带壮丁 8000 人，到了漯河，被何应钦看作宝贝，编入炮兵。何应钦曾对何思源说："山东人身高体壮，可做最好的炮兵。"何思源在鲁北打游击时，还曾为何应钦招了一部分学兵。山东解放时，蒋介石把集中在鲁西、皖北和青岛的山东学生八九千人，以及集中在青岛的残余游击队万余人，装船运到澎湖，被刘安祺强迫编入军队，听说也是做炮兵。

韩复榘的军队装备不好，枪支陈旧，曾有人建议买德国、日本的枪，都有人来接洽过，韩都拒绝了。他说："我不能拿山东人民的血汗来扩充军队，当军阀。"不管这是真话还是骗人的话，他没有买外国枪却是事实。1937 年 12 月间，韩复榘过河与日本作战，吃了大亏，险些被俘，就是因武器太差，又没有大炮的缘故。韩有一个修械所，造步枪和轻机枪，但每月经费只有 3 万元，也造不了许多。

有一次几个法国商人经人介绍来济南，向韩卖飞机，任凭法国人说得天花乱坠，韩就是不买。何思源负责招待这些法国人，所以知道得很清楚。

韩复榘私生活二三事

韩复榘个人有多少收入呢？何思源说：对韩在军费方面的收入不了解，但韩多次说："我决不喝兵血。"就其行事看，是可信的。在省款方面，何思源是知道的。他每月薪俸 675 元，特别办公费 1000 元，特别开支 20000 元，这些都在预算以内。特别开支中包括支给顾问、参议的薪金、车马费以及馈赠应酬等支出。如冯玉祥带着一连卫兵在泰安居住两三年，即由此款供给。在韩死后，何思源曾问财政厅厅长王向荣（王在抗战时仍任原职），韩是否还有其他收入？王向荣说，财政厅有一项小牌照税收入，每年十二三万元，全部给韩主席。这样，韩复榘个人每月可自由动用的款不过3万余元，纵令侵吞贪污也是有限度的。比之那些贪婪无厌、拥资亿万的大军阀，真是小巫见大巫了。

韩的私生活也是比较朴素的，穿衣和士兵一样，不过比较整齐清洁，吃的也不甚讲究。有一年冬天到了，他的姨太太纪甘青穿皮大衣外出，韩追到二堂口，（韩的眷属住省政府内）揪着头发把她拉回来，骂道："我的兵还没穿上棉衣，你敢穿皮的出去！"

有一次韩复榘去青岛，青岛市市长沈鸿烈除隆重欢迎外，还用嫖赌来招待他。后来沈鸿烈当山东省主席时，和我父亲谈及此事，说："韩先生这个人真奇怪。你说他好赌么，他只打打麻将，而且打不上四圈就让给别人；你说他好嫖么，他常常睡干铺。"

本文开始时说到韩复榘的父亲不可能在山东做寿，但韩复榘本人倒是在山东作过一次寿，而且十分铺张，还由北平邀请名角马连良、王又宸、刘宝全等在省政府演戏。不过那是当时青岛市市长沈鸿烈和胶济铁路委员会委员长葛光庭为巴结韩复榘出钱操办的，非出于韩的本意。韩曾对先父说："这样办，对外影响不好。"

抗战前后的韩复榘

———

胡学亮

韩复榘是民国时期威震一方的大军阀，他原是西北军冯玉祥的部下，因其作战英勇，又有一定的文化水平，故深得冯玉祥的信任。后投靠蒋介石，官至国民党陆军二级上将，并担任山东省政府主席八年之久。1938 年初因违抗军令、抗战不力并密谋反蒋而为蒋介石所杀。由于他的性格、作派和经历特殊，有关他的传说和趣闻一直很多，但多属于演义之类的故事，其真实性颇值得怀疑。本文所谈的是他在山东任上及被杀期间的一些情况。

主政山东，重视教育，支持乡村建设

中原大战前夕，韩复榘因在重大战略问题上与冯玉祥意见相左，遂同部下李树椿（时任"讨逆军"第三路军参谋长，该军总指挥是韩复榘）及第二十师副师长孙桐萱率第二十师，于河南陕州甘棠镇脱离冯玉祥军事集团，发动震惊全国的"甘棠东进"，并于 1930 年 5 月 22 日在洛阳发出通电，倡言"维持和平，拥护中央"。随后，韩复榘被蒋介石安排到济南临时主持山东的军政事务。此时韩复榘正担任"冀鲁豫剿匪总指挥"之职，全部心思都投入中原大战上了，对山东省的政务没有多少工夫处理。直到中原大战结束后的 9 月份，韩复榘才正式接任山东省主席之职。

为便于控制，依照中国旧官场"一朝天子一朝臣"的惯例，韩复榘把原来山东省政府的委员和厅长都换成了其从河南省府带来的原班人马，只有 1928 年就担任省府教育厅厅长的何思源一人留任原职。这个位子韩复榘本来也安排自己的老部下，不想留用何思源这个"外人"。但几经周折，何思源还是保留了原位子。据何思源回忆：

韩本来向蒋介石保他的参谋长张钺为教育厅长，已经对他的部下说过。国民党中央政府不准，只发表张为省府委员。这大出韩复榘的意料。一个"威震华北"（韩任主席时，相面者恭维他的话）的独揽军政大权的土皇帝，居然换不动一个厅长，韩复榘当然很不高兴。当时对我虽然未显露拒绝、排斥的语言，但态度上颇为冷淡。我知道内情，也常常局促不安。最令人难堪的，是韩的部下那些趋炎附势的人，他们看着韩复榘的眼色行事，往往变本加厉地设法抵制我、排斥我，千方百计地陷害我。

虽然没有赶走何思源，但韩复榘到底还是一个有一定度量的人，在同何思源打过几次交道后，认可了这个"好人""直爽人"。双方的关系开始融洽起来了。他还要求部下不要再为难何思源：

全省政府只有何某一个人是山东人，又是读书人，我们还不能容他，不要越做越小，那样非垮台不可。

韩复榘主政山东期间，有他独特的执政方法。他比较重视吏治，规定政府人员都必须穿戴与士兵一样的布制服装，对政府人员吸食毒品惩罚很重，一旦发现，轻则革职，重则枪毙。他特别厌恶贪官污吏，专门设有"高级侦探队"，选用高中毕业的青年充任队员，对各部门和各市县进行明察暗访，并定期直接向他密报。发现有贪污受贿官员立即逮捕，以军法处置。他还别出心裁，常以山东省主席和第三路军总指挥的名义坐堂审案。有时他还微服私访，遇有讼狱，即堂审理，当场断案。

在山东期间，韩复榘比较重视文化教育事业，这在军阀中不多见。其实韩复榘并非世人传说的粗人，而是一员"儒将"。据其子韩子华介绍（《忆我的父亲韩复榘》），韩氏祖籍湖北，后迁居河北霸州，为霸州的望族之一。韩复榘的父亲就是前清秀才。韩复榘自幼聪明好学，旧学颇有根底。"能诗，善属文，尤以书法见长。"曾到县衙任"帖写"（相当于现在的文书）。当年在山东与韩复榘有过密切接触的梁漱溟也说，韩"对儒家哲学颇为赞赏，且读过许多孔孟理学之作，并非完全是一介武夫"。其妻高艺珍，乃是一代名士高步瀛的侄女。

在教育方面，韩复榘确实做了不少工作。除了何思源的努力争取外，应该说与韩复榘的个人素养和眼光有很大的关系。据何回忆：

除原有学校大大增加班次外，还添设了一处医学专科学校，一处高中，几所乡村师范，几处初中和职业学校。此外，我还扩充了省立剧院（费用相当于两个后期师范），筹备国立山东大学。国立山东大学名为国立，其实经费几乎完全由山东省支给。因此教育经费每年增加，到了1935年，为普及义务教育，又大大地增加了一笔。山东省库从来没有欠过教育经费。

文化方面，新建了规模宏大的山东省立图书馆藏书楼，建立了山东考古研究会，成立了山东京剧院。

在 20 世纪二三十年代，中国有一个著名的乡村建设派，代表人物就是梁漱溟。韩复榘很崇尚儒教学说，所以对醉心中国文化的儒学大师梁漱溟倡导的乡村建设运动十分赞赏，他觉得梁的乡村建设理论中所谈的关于乡村基层组织的改革，有利于巩固和加强他的统治。而梁漱溟则认为，乡村建设必须依靠实力派才能得以实现，他说："我们与政府是彼此相需的，而非不相容的。至于依靠政权，则亦有不得不然者。"

1931 年初，梁漱溟、梁仲华等人来到山东以后，韩复榘特别划出邹平县作为梁等的乡村建设试验县，以后又陆续划出菏泽、济宁两县来做试验。这三个县的县长都由乡建派提名、韩复榘批准加以任命，放手让他们试验。后来韩复榘对乡村建设派的支持范围越来越广，直到全面抗战爆发、韩复榘退出山东再无权过问山东的事务为止。

图保地盘，态度暧昧，在日、蒋夹缝中生存

韩复榘虽投靠了国民党中央政府，但他深知蒋介石的为人，对于非嫡系的人马，蒋介石从来都是"另眼相看"的，对韩复榘部也不例外。据其部下孙桐萱回忆：

韩与蒋介石政权的矛盾很多。韩的第三路军到山东后，军政部连年积欠的军饷已达 100 多万元。韩迭次向军政部军需署交涉，均无效果。该署曾表示，一次可付给 80 万元，作为付清。韩不承认，说："要给都给，要不给都不给。宁可都不要，也不能马虎。"因此造成僵局，致使

韩部发饷非常困难。韩乃以断然手段将全省所有国税机关和盐务机构，尽换自己私人掌管，税收不交南京一文。孔祥熙曾亲自到济南与韩磋商，规定由税收项下拨交军费，始告解决。

当时的山东也有日本人的势力存在。作为军阀，他明白实力是乱世中的生存之本。所以在统治山东期间，他和蒋介石明争暗斗，与日本人或眉来眼去，或虚与委蛇，目的就是要尽力摆脱蒋介石与日本人的控制，保持自己的实力与地盘，做山东的"土皇帝"。

韩复榘似乎天生不喜欢"党派"这个东西，他认为所谓"党"就是"结党营私"，他讨厌国民党的党棍子。来山东前，国民党山东省党部实力就很大（CC派为主，负责人是刘涟猗），而且为非作歹者甚众。韩复榘主政后，通过各种手段防止蒋介石中央政府对山东的"渗透"，同时希望和日本妥协，通过压制国民党在山东的活动以讨好日本。韩复榘动手很快，方式也很特别。据何思源回忆：

大约在1931年春天，韩赴鲁北视察，见国民党沾化县党部马委员是一个土棍，和刘涟猗一样，也是武断乡曲，无恶不作。韩不顾一切，就派人把马某秘密处死。迨国民党中央党部来电查询马某失踪事，韩复榘则说这是刘涟猗所为，向中央控告他；同时，说刘散布流言，攻击省府，把刘逮捕。省主席逮捕省党委，那时是最大胆的"罪恶"行为，也可能是空前的。

不久，陈立夫、陈果夫开始反击，借整何思源来攻击韩复榘，但没有什么成效。韩复榘则一不做二不休，相继取消了山东各县预算中国民党县党部的党费，强迫摘下招牌，勒令停止活动。以后各县虽然恢复党部，但是有名无实，不准干涉政治，不得向外宣传。

过了一段时间，二陈又派来张苇村负责山东省党部（后又担任省府委员），还派来一老牌的中统特务担任山东省党部的调查统计室主任，二人里应外合，积极发展势力。韩复榘当然不能容忍在他眼皮底下发生这些事情。于是在1935年1月1日新年之际，派人刺杀了张苇村，然后嫁祸于那位中统分子，强迫他承认罪责，未果后，加以暗杀，对外则声称系自杀身亡。

限于当时错综复杂的华北局势，蒋介石总体上对韩的举动没有太激烈的反应。不过后来韩复榘在"西安事变"问题上的举动，超出了蒋介石的容忍底线。据其部下孙桐萱回忆：

西安事变发生后，韩曾发出"马电"，主张召集在野名流开国是会议，国事由国人共同解决。此电发出的次日，宋哲元部由北平来山东……又联名发了"漾电"，不主张用兵，而主张用政治解决。这两个电报都是不利于蒋的。此外，韩又派参议刘熙众赴陕西见张学良。张派专机到济南接刘，因飞机发生故障不能起飞，刘乃去洛阳设法赴陕。刘辗转到达太原的时候，蒋介石已被释放。蒋对韩的这些举动，也不会不知道，特别是对于韩发出"马电"一事最为怀恨。

当时山东也有日本势力存在（日本驻济南领事馆），韩复榘不可避免地要同他们打交道。有趣的是，韩复榘和日本方面秘密交涉的方式很特别，一般都是自己亲自出面，至多带名翻译。省府的委员、厅长和军队的师长等从不参与，只是偶尔参加正式宴会，做个陪客。韩复榘基本上采取的是不刺激日本人的政策。例如，到山东后他就下令就解散反日会，取缔反日宣传，似乎和日本人达成了某种"默契"。据何思源回忆：

最重要的，也是最显明的，就是山东不驻中央军的默契。《何梅协定》签字后，在平津和河北省的中央军黄杰的第二师、关麟征的第二十五师都得撤退，即便东北军于学忠部五十一军也被迫撤离天津。但在山东没有驻中央军，不用撤退……早在《何梅协定》以前，韩复榘有一次在省府会议上曾经轻描淡写地说："日本不喜欢山东驻中央军。"此外在不同场合中，我不止一次地听见韩复榘说过"日本不让山东驻中央军"。在"七七"事变以后，有一天省府例会，韩复榘到得特别晚，他来时后面跟着参谋长刘书香和另外一个参谋。韩未坐下就说："这样我可不能不让中央军进山东了！"此时，韩又留下一个小尾巴，他说："但是，中央军过山东时，我们可以通知他们。"不久，中央军几个列车过济南北上，停在站上，我和大家一样也热烈地到津浦车站看国军北上抗日。韩在联合办公时说："通知日本领事馆，中央军过山东了。"接着好像开玩笑似的又说："不通知，他们也会知道的，他们一定早已知道了。"

而日本方面看到韩复榘如此"配合"，误以为韩复榘听话，能合作。所以一般不对山东提特别的要求，在山东的日本人也很少惹是生非。有时候吃点小亏（例如韩复榘处决日本毒贩）他们也不说话。1936 年 4 月，日本联合舰队司令官高桥大将来山东，曾当面夸奖韩复榘："近来日中多事，独山东安静如恒，皆贵主席维持之力。"其实，韩复榘并不真心同日本人合作，他的一举一动都是为了维护自己在山东的地盘和利益。他的原则是符合自己利益的就办，一旦日方提出了他认为不符合自己利益的要求，他就不肯就范了。据何思源回忆：

大约 1936 年 5、6 月间，有一次日本人在领事馆请韩，商议某项问题。韩知道日本有所要求，就自己带上手枪，行前对他的部下说："把十五生的重迫击炮运来，我若几点钟不出来，你们就往里面打。"……后来听说刘参谋长果然从辛庄兵营把几门重迫击炮调来，曾围着日本领事馆转了几个圈，表示韩复榘有准备。

韩复榘这次宴会没有发生事故，安全回来。事后，朱经古（韩的翻译）对我说，日本人要搞华北自治，要韩复榘参加，韩……没有答应。日本人不满意，借着酒醉来凌辱韩，他以身卫韩，并申斥日本人。没有出事，但此事还未了。

到了1937年春天，华北局势骤然紧张，日本要使华北"五省自治运动"具体化，并推韩复榘为首领来领导"华北自治"。在这紧要关头，韩复榘断然拒绝了日本人的要求。此举大大出乎日本人的意料之外。当时来和韩交涉的是日本华北驻屯军板垣将军和前驻济南领事馆武官花谷（时任天津驻屯军参谋）。据何思源回忆：

花谷大失所望，于是恼羞成怒，便拔出刀来要当韩复榘的面前自杀。大概是以前花谷向他的上级报告，对韩有把握，现在无法下台的缘故。朱经古说，由于他拦阻及时，未出事。以后花谷等愤然乘飞机走了。可是，飞出不久，板垣和花谷又折回来。据朱经古说，花谷回来先见他，表示和缓，不愿和韩复榘决裂。他说，以后和韩复榘仍然是朋友。

"七七事变"后，日本人还想拉拢韩复榘，许诺优厚条件引诱韩复榘保守"中立"。韩复榘则限令日本领事馆人员及侨民即日撤离，终于彻底让日本人死了心。

违抗军令，弃守山东，终引来杀身之祸

韩复榘虽然拒绝了日本人的拉拢，但并不意味着他愿意全力抗日，他有自己的小算盘，在他看来，在这个乱世，保存实力才是根本。没有军队就一钱不值。他还担心蒋介石借刀杀人，让日本人来消耗他的实力。所以在全面抗战后，韩复榘不大尽力，他还秘密联络四川军阀刘湘。据第一集团军总司令宋哲元的高级参谋吴锡祺回忆：

负责奔走其间的是和刘湘有关系而又与西北军有渊源的郭春涛（在1927年曾任第二集团军政治部主任），经过郭的拉拢，韩即力图保存实力，立意退赴川陕边区，所以韩始终未作抗战的打算。

既有此打算，韩复榘的部队（此时期三路军扩充为第三集团军，共有五师一旅，加上几个民团，有8万之众）同日军交手时，都是虚晃几枪就走人。特别是对冯玉祥在河北的抗日斗争，采取袖手旁观的态度，致使许多人对韩复榘不满。他的部下孙桐萱也对韩说："如果主席不去打，恐怕三路军官兵不同意，跟主席走的就不多了。"于是在1937年11月，韩复榘不得不做做样子，亲率手枪旅和特务队在济阳与日军作战，很快被打败，韩复榘差点被俘。此后他的部队基本不打仗了，只有后退的行动。不久南京失守，南线日军北进蚌埠，北线日军则逼近济南。李宗仁命令韩复榘坚守。韩复榘不肯服从，命部下向西南撤退。韩军后撤的过程十分滑稽。据何思源回忆：

韩复榘本人留下十二军孙桐萱留守断后，并放火烧掉省府、日本领事馆和济南市重要建筑物，他本人同蒋伯诚也离开了济南。李宗仁来电

要韩守泰安，韩回电说："南京不守，何守泰安。"蒋介石曾打来十万火急电令，令韩不得放弃济南，而韩已到了泰安。蒋又急电死守泰安，韩已到达济宁了。

韩复榘的部下孙桐萱则是这样说的：

韩接李令，偕蒋伯诚直到济宁，令曹师在济宁布防，命我向曹县集结，因此造成津浦线徐州以北的空虚，徐州异常恐慌。李宗仁当时来电，责问韩为何放弃泰安，韩在电报上批："南京已失，何况泰安。"参谋处照原批字眼向李复电，使李更加恼火。

据孙桐萱回忆，韩复榘的另一个举动更加令人目瞪口呆：

韩在济南危急时，将弹药、给养、医院、修械所及伤病人员、官佐眷属等，仓促用货车运送河南漯河以西舞阳等县，事先亦未呈报。车过徐州，五战区来电阻止，并责问说："豫西非第三集团军后方，为何运往该地？"韩亦在电报上批："开封、郑州亦非五战区后方，为什么将弹药、给养存在该地。""现在全面抗战，何分彼此。"韩的参谋处也按原批字句复电。李接电后，非常气愤。据说李将韩的两个复电均转给蒋介石，并说对韩无法指挥。蒋介石认为韩的部队退到河南，将与四川刘湘勾结在一起，乃策划扣韩。

1938 年 1 月 11 日，蒋介石借在开封召开北方各将领军事会议之际，扣留了韩复榘。据随宋哲元参加会议的吴锡祺回忆，大致经过是这样的：

　　会议开始后，蒋介石先在台上讲话……说"国际形势很好，抗战是有把握的，但是我们要顶得住，大家一定要服从中央和战区司令长官的指挥，没有命令，绝对不准擅自后退……"

　　中间休息的时候，蒋派人请韩复榘到讲台后边的休息室谈话，刘峙也陪着去了，去后即未再回到会场。约半小时之后，蒋又出来讲话，随即宣布："山东省主席兼第三路总指挥韩复榘违抗命令，擅自撤退，现在已经把他扣交军法讯办。"当时到会的人，均为之愕然，宋哲元接着站起来，迟迟钝钝地说："韩复榘不听命令，罪有应得，委员长原谅他是个粗人，没有知识，请从轻办他。"随后宋又回过头来，请大家站起来为韩复榘求情，当时前面的一些人都站了起来。蒋介石连声"嗯嗯，好好"，遂即散会。

　　当晚，韩复榘被秘密送往汉口关押起来。当时也有人替韩活动，谋求保韩一命，但蒋介石除韩主意已定。1938 年初，韩复榘在汉口被军统特务用手枪打死，其遗体后由鹿钟麟将军安葬在河南鸡公山，一代枭雄自此灰飞烟灭。

佟麟阁逸事

———
张响涛

佟麟阁，又名书元，字捷三，河北省高阳县人。1892 年出生在一个普通农民家庭，因家境贫寒，少年跟随舅父读书，后在县衙当过管账先生。1911 年辛亥革命时，投笔从戎，参加冯玉祥的部队。在作战中机智勇敢，屡建战功，连连提升，1937 年任国民党第二十九军副军长。卢沟桥事变时，他率领广大官兵奋起抗战，与日寇展开顽强搏斗。7 月 28 日，因遭敌机轰炸，他和赵登禹师长相继壮烈殉国。抗战胜利后，为纪念这两位爱国将领，曾把北平的二龙路以南至国会街的那段路称为佟麟阁路；把崇元观往南至太平桥的那段路称为赵登禹路。

佟麟阁故乡的人们，对他生前的为人处世很敬佩，有些事至今还赞颂不已。

身居高官　不忘乡亲

边家务村的水质不好，遇上干旱年头，老百姓连苦水也难喝上。佟麟阁知道后便出钱资助，为本村群众打了三眼新井，从此乡亲们便都喝上了甜水。有一年，佟麟阁春节还乡，走访群众，当他看到有的人家过年吃不上饺子时，便立即周济了每户三块大洋。他为了解决乡亲们缺少畜力的困难，吩咐家里人买了一头牛，每天喂饱之后拴在门外的大树上，供乡亲们随便使用。村里有所小学校，他看到出出入入的学生们，有的穿着整整齐齐，有的衣服褴褛不堪，他便派人到高阳县城买回一车直贡呢，给每个学生缝制了一身新衣服。

生活俭朴　严于律己

佟麟阁的官职虽然很高，可在生活上从不摆谱。1931 年他任二十九军教导团团长兼张家口警备司令。有一次冯玉祥去张家口视察，说要在他家里用饭，这可把他的夫人急坏了。夫人把佟麟阁叫到一旁说："事先没有准备，这可给大帅什么吃呢？"佟麟阁笑笑说："你就做小米面窝头，外加大萝卜咸菜。"夫人说："那怎么行呢！"佟麟阁说："你照我说的办，没错儿。"夫人照办了。冯玉祥拿起窝头，啃着咸菜，吃得很香甜，并夸奖佟麟阁说："你不愧是我的部下，做了官还没丢农民的本色。"

佟麟阁对家属的要求也很严格。他的母亲和妻子同他在一起生活，他给母亲买了一台纺车，给妻子买了一台织布机，婆媳俩闲时就纺线织布。除此，他还另备有十台织布机，亲戚朋友，乡里乡亲，谁到他那里去，住的时间短，就由母亲和妻子照应，给些钱物，支付路费。如果住的时间长，就得自食其力，上机织布，他说："我这里不养闲人懒汉。"

秉公办事　不徇私情

佟麟阁做了大官，亲朋好友都想找他谋个好差事。他有位堂兄叫佟振清，经再三要求，在他的部队里当了兵，这位堂兄很不争气，依仗他的权势，多次违犯军纪，有关人员照看情面不敢惩治。佟麟阁发现后，亲自到营房查夜，只见佟振清的铺上放着个枕头，军帽扣在枕头上，被子盖得严严的伪装成人在睡觉的样子，一摸，床上是空的，人不知道跑到哪里去了。第二天，他找佟振清问清情况，立即召集士兵开会，当众惩罚佟振清二十军棍。人们知道佟振清是他的堂兄，士兵不敢用力打，佟麟阁夺过军棍，两三棍就把佟振清的腿打得皮开肉绽。后来，他的堂弟佟振宗也来找他谋求工作，佟麟阁问他："你想干什么?"佟振宗说："只要在你手下，干什么都可以。"佟麟阁说："我这里是养兵千日，用兵一时。如果任用私人，都像咱振清大哥那样，不就成了一支腐败的军队了吗！关键时刻调遣不灵，怎么能打仗呢？我劝你还是老老实实地在家乡种地。"佟振宗不走，苦苦哀求，可佟麟阁始终没有吐口给他安排工作。母亲和妻子批评他六亲不认，佟麟阁却认为这样不认却好。

西北名将鹿钟麟

———

蓝　叶

　　西北军著名将领鹿钟麟，曾在"北京政变"中率部先行入城，将中国末代皇帝溥仪驱逐出宫。北伐后，曾任南京军事委员会委员、军政部次长及代理部长、河北省主席、兵役部部长等要职。1949 年 1 月，在天津迎来了解放，获得安定的晚年，以一个普通公民身份积极参加街道居民工作。1954 年，毛泽东主席接见他时，称其为"街道工作专家"。是年，任国防委员。1966 年因病去世。

弃文投军　立志反清

　　鹿钟麟，字瑞伯，河北省定县北鹿庄人，生于 1884 年 3 月 12 日。鹿为长子，下有弟兄 5 人，4 岁时过继给伯父为嗣，与孀居之伯母及其女儿共同生活。

　　鹿家为本村大族，以务农为业，设有家塾，聘有文武教员，其家族子弟均在此读书。鹿钟麟初入学时，老师为其起学名"泮芹"，学友们便以"半斤"呼之取笑。老师又将其名改为"钟麟"。他除读书外，还好习武骑射，常以弓箭、大刀、石锁等器械苦练，如此十年余。1905 年为科举末年，他赴科未中，遂在本县罗庄铺村教学。1908 年，县督学巡视学塾时，责其教学不力，遂辞去教职，经其伯父鹿全珍介绍，到新民府第一混成协（协统王化东）入伍学兵营。

第一混成协学兵营教官多为北洋武备学堂毕业生，其教练以系统严格而著称。鹿钟麟在此受训三年，由于勤学苦练，好学深思，所获颇多，尤其对于战略战术研究很有心得。他所在班被誉为"龙虎班"，而他又是该班优秀学兵之一。

其时，革命党人正在全国各地加紧反清活动。第一混成协的青年军官王金铭、施从云、冯玉祥等，受革命党人的影响，组织武学研究会，把学兵营作为活动重点，以读书为名联络官兵，传播革命思想，密谋推翻清朝统治。于此，鹿钟麟初识冯玉祥，并阅读了秘密流传于军营中的《嘉定屠城记》《扬州十日》等书，初步接触了孙中山先生的革命学说，对清政府反动卖国、祸国殃民的行为有了深刻认识，遂立下"先驱清廷，后御外侮"之誓言。

1910 年 9 月，鹿钟麟被分到第二十镇三十九混成协八十标任副官，以其才智和稳重深受长官车震之赏识。这时，武学研究会为掩护反清活动，扩大联系面，又成立"山东同乡会"。他以非山东籍成员列为"名誉会员"，并曾奉武学会之命，与张树声、李子峰、戴锡九等人先后潜入奉天、北京、唐山、天津等地联络会员，以积蓄革命力量。

辛亥革命爆发后，二十镇革命官兵谋借滦州秋操之机起事，为清廷所觉察。鹿钟麟等官兵在统制张绍曾被迫辞职、冯玉祥所在部队被滞留的情况下，促王金铭、施从云等人于 1912 年 1 月发动滦州起义，建立了北方革命军政府，推王金铭为大都督，施从云为总司令，冯玉祥为参谋长，鹿钟麟任右路军司令。1月4日，鹿率领右路军随义军乘车直驱天津、北京，意在捣毁清朝统治大本营，但行至雷庄车站与清军曹锟部遭遇，因寡不敌众而失败，王金铭、施从云等官兵英勇就义。随即，曾参与密谋的官兵受到追查。鹿钟麟在其长官车震力保之下得以幸免，于1912年2月调任第四混成旅（旅长伍祥祯）第二团第二营营副。

护国附冯　南北征战

护国战争期间，鹿钟麟所在的第四混成旅驻防四川。1916年初，该旅被护国军刘云峰部击败，他所在的第二团拨归冯玉祥的第十六混成旅。不久，冯玉祥公开倒袁，所部改称为护国军第五师，鹿钟麟升任营长。从此，他长期追随冯玉祥，并因其"对国家对人民一秉忠心，智勇稳练"（冯玉祥语）得到冯的重用，成为冯的左膀右臂。

护国战争结束后，鹿钟麟随冯玉祥率部由四川回师直隶廊坊驻防。该部仍改称为第十六混成旅，他任军械官。1917年7月，参加讨伐张勋复辟之役，旋任炮兵营长。不久，随部南下进攻护法军；次年1月，升任炮兵团团长；冯玉祥在武穴通电主和后，于3月率部驻守常德，成立军官教导团，鹿任团长，对全旅官兵进行轮训。教导团分军官和军士两个教导队，设有战术、率兵术、地形、兵器、战史、筑城及典范令等课目。鹿钟麟恪尽职守，严格训练，以讲话幽默、练兵办法多而深得人心。这时，第十六混成旅军饷颇为困难，官兵生活艰苦，但他把教导团办得有声有色，官兵素质得到提高，受到冯玉祥的赞扬。

1920年，鹿钟麟随部南下汉口。在这期间，孙中山曾派人与冯玉祥联系，并赠送大量革命书籍。鹿受冯委托将书保管起来，得便阅读，加深了对孙中山革命主张的认识。直皖战争爆发后，随冯北上赴陕，参与攻打原皖系陕西督军陈树藩。在围攻西安之役时，他令炮兵猛轰城墙，陈军不支溃败，冯玉祥进入西安。是年 8 月，冯玉祥接任陕督，所部扩编为第十一师，他仍任炮兵团长。

1922 年 4 月，第一次直奉战争爆发。冯玉祥以陕军援直名义出师，驱逐河南督军赵倜，兼任该省督军。鹿钟麟被任命为河南省警卫处处长兼开封警察厅厅长。任职期间，他实行冯玉祥的十条施政大纲，大破封建迷信，改庙建校，禁赌禁娼，平定匪患，安定社会秩序，扭转社会风气。

同年 10 月，冯调任陆军检阅使，移驻北京南苑，扩编为一个师三个混成旅，鹿钟麟任第二十二旅旅长兼教导团团长。这时冯军处于较为安定时期，鹿除主持教导团训练之外，还自订课程表，于业余时间读书写字绘画，通过勤学苦练，以隶书较有成就，绘画之竹、兰、梅、松也颇可观。是年冬，永定河决堤，威胁两岸人民生命财产安全。他奉冯令率二十二旅驰赴河堤，冒着狂风暴沙，昼夜抢修。在堵住决口后，又苦战数月，开挖了 30 丈宽、1 丈深、90 丈长的河道，疏浚旧河床，受到北京市民的称赞。

1923 年春，鹿钟麟奉冯玉祥之命回到阔别 15 年的家乡，聘请原江苏省省长王瑚先生到冯军中任教。他在家乡逗留数日，扫墓祭祖，看望长辈。村中父老乡亲对他殷殷叮嘱："你现在做大官了，不要忘记庚子年间，百姓遭受洋鬼子烧杀抢掠，吓得东躲西藏的苦难。要把他们打跑，永不再来。"鹿钟麟激动泣泪地回答说："绝不敢忘。"在村里，他看到幼年所栽之树已长成材，感慨万千，说："树已栋梁材，报国定有日。"

北京政变　率先入城

1924 年 10 月，冯玉祥发动"北京政变"，鹿钟麟奉命率部先行入城，仅三天时间，不费一枪一弹，就控制了北京全城。

在这之前，各系军阀在帝国主义的操纵下，为争夺权力，扩张地盘，矛盾越来越尖锐。以曹锟、吴佩孚为首的直系军阀打着"武力统一"的旗号，不断地进行武力扩张，并于1923年通过臭名昭彰的贿选，将曹锟捧上总统宝座。同时，关外的奉系军阀不甘心第一次直奉战争的失败，大力整军经武，企图卷土重来。孙中山先生为反对直系军阀的统治，与张作霖、段祺瑞结成反直三角同盟，并派人与冯玉祥联络倒直。冯玉祥早就反对连年军阀混战，不满吴佩孚的飞扬跋扈，遂向孙中山表示："一俟时机成熟，定有所举动。"第二次直奉战争爆发后，吴佩孚令冯部担任在古北口、热河一线的作战任务，企图将其调离京畿，并使其部消耗在贫瘠荒凉的长城以外。这时，冯玉祥便决定反直，出发前与北方将领孙岳、胡景翼商定了具体部署。

这年9月下旬，冯玉祥部队向古北口进发，一路动作缓慢，有意拖延战机。鹿钟麟率领二十二旅从南苑抵密云，走了整整4天。随后即奉冯命停顿不前，每日向着北京方向进行军事演习。10月中旬，直军前线吃紧，吴佩孚亲率精锐部队，前往督战。北京城内只有孙岳之留守部队。19日，冯见时机已到，召集所部将领在古北口开紧急会议。会上，冯首先表示对国家对军队前途的担忧，以做试探。鹿钟麟早有准备，立即表示："我们患难相从，甘苦与共，为了救国救民，我们一定跟你干，任何危险在所不计。"其他将领也都表示赞同。这时，冯才将班师回京，推倒曹、吴，迎接孙中山先生北上之意图告知诸将。随后，进行了周密的研究，决定由鹿钟麟部先行入城，控制北京，并将部队正式改名为国民军。

20日晚，鹿钟麟返驻地，召集各团长进行部署。随后令四十四团一营长张俊声带领一营及机枪连，赶着全旅的骆驼、大车，以领取给养为名混进北京城内，张颇为不解，问道："回北京做什么？"鹿说："我们不做吴佩孚的走狗，一定要推翻他。"张说："国家岂不多事了吗?"鹿严肃地说："少多嘴，行动要机密迅速，不要误事!"张领命而去。

21日，鹿钟麟率部以昼夜200里的速度驰赴北京。22日下午，抵北苑与留守司令蒋鸿遇会合。晚8时，率部由北苑出发，轻装简骑，静悄悄地来到安定门。这时，已近深夜12点，夜幕沉沉，城内一片寂静。守军孙岳部早已得到命令，大开城门，迎接鹿钟麟。事先混入城内的部队，已按原定部署，于11时包围了总统府，切断了电话线，并占领了电话局、电报局及火车站等要害部门。各处守卫警察因事变突如其来，莫知所以，均乖乖缴械。

鹿钟麟入城后，即将司令部设于太庙（现劳动人民文化宫），指挥部队以迅雷不及掩耳之动作在北京全城布防，封锁了各重要交通路口。他见总统府卫队长官正在通宵打牌，对外面所发生之事全然不知，便不去惊动他们，只令张俊声加强警戒，严密看守，先派人将曹锟之心腹李彦青、曹锟之胞弟曹锐逮捕。23日凌晨5时，鹿钟麟就把北京全城控制在手中。6时许，他请孙岳派人将总统府卫队缴械。整个政变过程，没有费一枪一弹，没有惊扰一个北京市民。清晨，市民惊异地发现满城皆是佩戴"不扰民、真爱国、誓死救国"袖章的国民军士兵，才知道北京政局在夜里发生了重大变化，不禁纷纷议论："真是神兵。"后来，冯玉祥称北京政变"如此神迅机密，多是鹿钟麟妥慎周到之功"。

废除清室　驱溥出宫

"北京政变"后，鹿钟麟被冯玉祥任命为国民军北京警备司令；黄郛摄政内阁成立后，又被任命为京畿警卫司令。

这时，清室残余，即废帝溥仪小朝廷，依仗与袁世凯在民国初年所订的《民国优待清室条件》，尚在北京紫禁城内。鹿钟麟早就认为这是中华民国之耻辱，是各种阴谋动乱之祸根，欲将其拔除。11月3日，国民军将原故宫景山之守卫部队缴械，调北苑听候改编。这引起清室极大惶恐，自觉难保，便暗中与外界联系，以谋对策。鹿钟麟知悉此事后，立即报与冯玉祥、黄郛，并指出：驱逐溥仪，须从速进行，否则迟恐生变。黄郛当即召开紧急国务会议，决定派鹿钟麟以修改优待清室条件为名，会同警察总监张璧、知名人士李石曾共同完成驱逐溥仪出宫的任务。鹿钟麟接受任务时对黄郛表示："故宫里积有无数奇珍异宝和金银，我执行这项任务难免瓜田李下，招人非议。故宫之宝虽价值连城，而我的人格却是无价之宝。"

11月4日晚，鹿钟麟以兹事体大，与张璧、李石曾进行了周密的安排。张璧问需带多少人马前往，鹿钟麟伸出两个手指。张问："两万？"他摇头，张又问："两千？"他仍摇头说："有军警各二十人就够了。"是夜，他又召国民军第一旅旅长韩复榘即速布置好故宫外的警戒。

5日上午9时，鹿钟麟与张璧、李石曾带着军警，乘车直至故宫神武门，下令预伏国民军将门警缴械，即长驱直入宫内，每过一道门，他即令军警监视值岗卫兵不得走动。进入旧军机处后，即召内务府大臣荣源、绍英来见，正在召开御前会议的溥仪闻知大惊失色。鹿钟麟向荣源、绍英宣告，限溥仪两小时以后必须废除帝号，迁出故宫。绍英听后极为恐慌，以前清遗老之口气目视李石曾说："你不是李鸿藻故相公子吗？何至如此！"李笑而不答。绍英又转而对鹿钟麟说："你不是故相鹿传霖之本家吗？何必相逼如此？"鹿钟麟严正回答说："我们奉命前来请溥仪出宫，并不是我们的私意，而是全国老百姓的要求。中华民国成立13年，在北京故宫里还有退位皇帝，称孤道寡，封官赐谥，岂非贻笑天下！"绍英继续狡辩，说清室"以宽仁为政"，并摆出《民国优待清室条件》。鹿钟麟驳斥说："清兵入关以来到处杀戮，残害百姓，历史上的扬州十日、嘉定三屠等血海深仇，至今老百姓还记忆犹新，你的宽仁在哪里？再说张勋拥戴逊帝复辟，时虽短暂，但清室叛乱祸国，违背优待条款，以恶报德的罪恶行为，老百姓能不愤然要求严惩你们吗？"他告诉绍英，若两小时后不答复，将命军队炮轰故宫。绍英数次往返内宫与溥仪相商，以各种借口拖延时间。鹿见清室如此不识时务，将面孔一沉，从怀里掏出两枚空心炸弹，用力扔在桌上，绍英立时吓得浑身发抖，荣源狼狈地寻找藏身之处。鹿钟麟告诉他们说："你们不要怕，这炸弹不是炸你们的。因为时限已到，我要在外面开炮之前先把自己炸死！"绍英等见再也赖不下去，只好答应所有条件。随后，鹿钟麟令绍英遣散各宫太监宫女，摘掉宫内悬挂的宣统十六年之牌示。下午 4 时，溥仪迁出故宫。从此，中国末代皇帝溥仪被废为平民。

鹿钟麟驱逐溥仪之举遭到封建反动势力的非议和攻击。次年 10 月 10 日，他发表声明说："有人指责我去年所作所为是'逼宫'。但是，从我国历史上看到的'逼宫'，都是为个人谋取帝位，行其改朝换代，谋取个人升官。我所作的'逼宫'是为中华民国而逼宫，是为神州四亿人民而逼宫。逼宫之名虽同，逼宫之实则异。"

迎孙北上　坐镇京畿

11 月 24 日，鹿钟麟任京畿警卫总司令兼国民军第一师师长，直辖韩复榘的第一旅和过之纲的第二旅，并辖刘汝明的警备第一旅及门致中的警备第二旅。

鹿钟麟就任后的首要任务是迎接孙中山北上。"北京政变"之前，冯玉祥与奉系军阀张作霖、皖系军阀段祺瑞达成协议：奉军不入关，以孙中山先生主持政府。但政变后，张、段对冯进行围攻，逼其让步，将段推上台。段祺瑞获悉孙中山于 11 月 13 日从广州动身北上，急忙就任北京政府临时执政，宣布《临时政府条例》，规定临时执政"总揽军民政务，统率陆海军"，这样就使孙中山到达北京后无过问政权的机会。冯玉祥难以容忍这种局面，便示意鹿钟麟以武力推翻段祺瑞。鹿看到段大权在握，又有奉军为后盾，便婉言劝冯道："算了吧，现在主客观形势已变，我们的想法恐无济于事了。"冯见事不可为，将接待孙中山任务交与鹿钟麟，自己辞职退居天台山暂住。

鹿钟麟早在滦州起义时对孙中山就十分景仰，这次能亲自迎接保护孙中山更加感到荣幸。12 月 4 日，孙中山抵达天津，他就致电欢迎。12 月 31 日，孙中山抱病抵京。鹿钟麟提前赶至前门火车站布置警戒。他见欢迎的人们挤得水泄不通，唯恐秩序难以维持，便赶至永定门火车站，候孙中山到达后上车问候，请孙在永定门火车站下车。孙以不能辜负民众的热情婉言谢绝，他便随孙中山至前门，待孙中山下车与群众见面谈话之后，才护车离去。为了避免发生意外，他全力承担孙中山住处的警卫，并亲自巡视检查。

1925 年 1 月，孙中山病情恶化，确诊为癌。鹿钟麟极为心焦，每日与冯玉祥通长途电话，报告病情。3 月 12 日，孙先生病逝，鹿协助孙的治丧处办理丧事。段慑于孙中山的威望，百般阻挠在中央公园（中山公园）社稷坛公祭，而指定在天坛。鹿钟麟为说服段，便亲往执政府。一进门，就向段道贺，段不解其意，鹿说："孙先生是执政的政敌，现在死了，岂不是值得道贺吗？"段哼了一声，无话可答。鹿又说："孙先生毕竟是一位了不起的人物。生前有人怕他，现在死了还有人怕他。"段不得不答话："谁怕他？"鹿答："执政，你不就怕他吗？"段否认，以怕学生闹事为借口搪塞。经过反复力争，段才同意在中央公园进行公祭。

事后，鹿钟麟指挥安排国丧中的各项警卫事宜。3 月 19 日，鹿亲率一连人护送孙中山先生遗体由协和医院移至中央公园；4 月 2 日，又护灵至西山碧云寺。

孙中山逝世后，鹿钟麟面临的是京师治安和北京民众的游行集会。段祺瑞对外实行卖国政策，对内实行军事独裁，遭到人民群众的强烈反对。这时，鹿钟麟通过苏联顾问在东单洋溢胡同私宅，与共产党人及国民党左派徐谦多次取得联系。此外，还与进步新闻记者邵飘萍私交甚好，常在一起谈论时局。在进步力量的影响下，鹿对学生的集会游行抱同情态度。常以"维持秩序"为名派军队前往保护。5月7日，是国耻纪念日，学生们白天集会，晚上又赴教育总长章士钊家请愿，被警察捕去18人。他闻知后，即往警察局交涉，将学生释放。

随着段祺瑞政府的统治日益不得人心，鹿钟麟与段更为离心。11月中旬，他将暗通奉系的段之心腹曾毓隽、姚震逮捕。段大惊，派人与冯玉祥商讨进退问题。冯当时正与奉军将领郭松龄、直隶督办李景林密谋反奉，恐段离去，一时无人代替，北京将成无政府状态，于国民军不利，便表示拥段不变。同时，令鹿钟麟收束人民群众的游行。段为笼络鹿，任其兼署京师警察总监及京都市政事宜。

11月23日，郭松龄在滦州反奉；兵败身亡后，鹿钟麟坐镇京师，密切注视各方面动向，以防备对国民军不利之举动。12月27日，素与冯玉祥有仇的段祺瑞心腹干将徐树铮由日本回国见段。陆承武（其父陆建章为徐所诱杀）受冯派遣从张家口赴京刺徐，要求鹿协助。鹿恐招物议，未允所请。29日，徐离京赴津，陆仍未得手，鹿即以电话告冯。当时徐乘火车已过丰台，鹿促冯道："小徐一走，从此多事。如决心干掉他，可用电话令张之江执行。"经冯同意，即用电话转告驻守廊坊的张之江，将徐枪决。随后，令陆承武连夜赶至廊坊，充为父报仇的角色，并将已拟好的新闻稿通知各报社，借以掩人耳目。

1926年1月，冯玉祥通电下野。将京师一带防务交与鹿钟麟。这时，国民军的处境极为不利。在河南，吴佩孚正进攻国民二军；在直隶，直鲁联军分十路向国民军发动进攻；在东北，奉军为策应直鲁联军，举兵入关。北京成为攻击之总目标。

1 月中旬，鹿钟麟被推为前敌总司令，指挥国民军 13 个师对敌作战。2 月下旬，李景林部沿津浦线大举北进，天津告急。28 日，鹿亲赴唐官屯前线督战，在静海设立前敌指挥部，迅速整顿部署部队，决定反守为攻，三面与敌作战。当晚，令部队发起总攻，经过激战在唐官屯击退直鲁联军。随后，乘胜追击，收回马厂、青县，进逼沧州。

正当鹿钟麟继续指挥津南战事时，日本帝国主义为支持奉军，将兵舰运送奉军至大沽口，并开枪打死打伤国民军官兵。鹿下令封锁大沽口，却遭到帝国主义国家领事团的反对，以违背《辛丑条约》为口实，向中国政府发出最后通牒。段政府外交不力，反责饬军方解决。鹿钟麟在巨大压力下，被迫接受最后通牒。大沽口事件后，国民军处境更加不利。吴佩孚沿京汉线迅速北上，并与往日之敌张作霖结成联盟；张宗昌、李景林亦分任吴的"讨贼"军之鲁军和直军总司令。各路军阀以"讨赤"为名，联合攻打国民军，向北京逼近。为缩短防线，鹿钟麟于 3 月 19 日下午令国民军撤退京郊及通县、固安等地设防，集中 5 个军 20万人的兵力迎敌。

但是，鹿钟麟一返北京，就发现新的阴谋：段祺瑞为维持自己岌岌可危的统治地位，正与张作霖暗中互通款曲，并欲将国民军及其部队解决。鹿采取断然措施，于 4 月 9 日包围执政府。由于走漏风声，段及安福要人避逃于东交民巷租界内。这时，鹿钟麟为争取吴佩孚抗奉，将囚禁了一年半的曹锟释放，并发通电，请吴入京主持一切。但吴恨极冯、鹿发动"北京政变"，反致电张宗昌、张学良等人"从速进京，扫荡赤巢"。4 月 14 日，国民军防线被突破，鹿为顾全地方安全，下令国民军退至南口防线。

激战南口　败退西北

南口地处北京城北昌平至居庸关之间，东、西、北三面重峦叠嶂，地势险要，是长城著名要塞。冯玉祥在出国前拟订计划：国民军退出北京，可依据南口天险作战；若胜，可南下直取京津；如失利，则可沿京绥线退向西北。据此，在南口车站附近及居庸关左右两翼构筑了坚固工事。鹿钟麟将部队带至南口后，于4月21日赴张家口与代冯指挥的张之江举行了会谈，商定了国民军的作战计划。鹿为东路总指挥，负责南口、居庸关的战事；中路和北路分别由弓富魁和宋哲元担任。23日，鹿将部队设于居庸关地下掩体之内，以郑金声为前敌总司令，在南口、居庸关、岔道设三道防线。刘汝明师守南口正面阵地，佟麟阁师守左翼延庆，陈希圣旅守右翼怀来。部署既定，于26日就任察哈尔都统。

5月，按联军商定的作战计划，直鲁联军及吴军一部进攻南口正面阵地，奉军进攻北路多伦，吴军主力则分路进攻怀来和蔚县。但吴军主力进抵门头沟后，持观望态度迟迟不动，使奉、鲁大起疑心，遂将前线部队撤至清河一带。国民军趁机追击至昌平、万寿山附近。这样，在绵延1000多千米的战线上，20万名国民军与50万名直、鲁、奉、晋联军激战四个月之久。

6月中旬，直、鲁军及奉军接连不断向南口发动总攻。鹿钟麟率国民军依据坚固工事奋勇抵抗，以步炮交织成火网，阻击进攻之敌。7月下旬，他见刘汝明师阵地告急，即令其撤退至二道防线居庸关，但刘执意不肯，只好将身旁季振同手枪团调至前沿增援刘师。8月1日，直、奉、鲁军再次向南口正面阵地发动总攻。在阵地惨遭奉军数十门大炮轰击的情况下，鹿钟麟将预备队全部调至前线，带领国民军奋力防守。这时，奉军万福麟部趁北路宋哲元主力赴雁北作战之机，已攻取多伦。晋军也在晋北加紧进攻，以断国民军后路。8日，奉军又派出飞机和铁甲车队掩护步兵冲锋。鹿看到阵地外壕被突破，主要防御工事被摧毁，部队支撑不住，于11日下令刘汝明师退至居庸关、岔道防线继续抵抗。

但是，国民军的处境越来越困难。官兵久战力疲，伤亡甚重，士气低下，弹药又不足，从库伦补给的子弹，每人只有二三发。同时，北路和中路的战事相继失利。为保存实力，鹿钟麟与张之江等决定全线撤退。13日，他率东路部队从居庸关经张家口，沿京绥线撤至绥远的包头一带。这里人烟稀少，贫瘠荒凉，官兵吃饭穿衣都成问题。在此艰难境况下，他振作精神，严格约束部属，亲自带队查街，遇有扰民之事，立刻根据情节轻重予以处分，使部队一度混乱的秩序得以恢复。

赴苏商援　参加北伐

是年9月中旬，冯玉祥从苏联回国，鹿钟麟与邓哲熙等率手枪连赶至五原相迎。他听了冯玉祥介绍访苏见闻及今后的打算后，积极赞同响应国民政府北伐的主张。17日，冯玉祥在五原誓师北伐，就任国民联军总司令，他任总参谋长。

10月，鹿钟麟受冯玉祥委派，以观光名义率代表团赴苏，接洽商谈援助问题。在苏联，他除了参观考察外，还与斯大林进行了会谈。1927年2月，他赴布鲁塞尔参加反帝同盟大会，就中国遭受帝国主义侵略的惨痛事实作了发言，受到与会者的声援。5月，接受了苏联的武器和财政援助后回国。

6月初，冯部占领郑州，与北伐军会师。冯玉祥被武汉政府任命为河南省主席，鹿钟麟任河南省民政厅厅长，后代理河南省主席。6月中旬，宁汉分裂，鹿按冯玉祥的授意，负责将冯部的中共党员刘伯坚、刘志丹、宣侠父、南汉宸等"礼送出境"，并给任民政厅主任秘书的南汉宸馈赠了500元路费，说："这里不能留你了，请你避住他处吧。"7月8日，鹿钟麟被委任为南京军事委员会委员；7月底，奉冯玉祥之命担任东路军总司令，率杨虎城部及新编之李元藻、王鸿思、王珏芬、常好仁各师约2.5万人，自豫南陕州出发，日夜兼程，抵达目的地，配合蒋介石部队会攻徐州。8月4日，与直、鲁联军徐源泉部相持于马牧集、杨集之间。但蒋放弃进攻徐州，此役作罢。

10月9日，豫东大战战幕拉开。鹿钟麟率东路军杨虎城、庞炳勋、王金韬、刘镇华等部与直鲁军在杨集、马牧集之间展开争夺战。正当他指挥各部顽强抗击直、鲁军褚玉璞和袁家骥部合力进攻时，刘镇华部的旅长姜明玉勾结鲁军，倒戈内变，携走副总指挥郑金声。国民军的后路被切断，一时阵脚大乱。12日，鹿率部退至归德；14日，又撤到皖北。11月初，直、鲁军乘胜兵分三路，倾其全力攻豫，冯玉祥部队分路迎敌。鹿钟麟担任杞县至太康之线的作战任务。直、鲁联军败后，又从济南调集大军，分三路反扑。11月24日，他奉冯玉祥命令任右路军总指挥，率部进攻自夏邑向杞县、太康一线侵犯的张敬尧部。27日，将张部击溃，占领睢县，12月1日，进入夏邑。豫东大战之后，冯部挥师南下徐州，以策应晋军和北伐军作战。鹿钟麟率部抄袭徐州西南肖县，攻克该县后，即向徐州挺进。这时，直、鲁军调集援军反攻。鹿见部队不支，便退至李庄黄口之线扼守。12月16日，冯部攻克徐州。

1928年1月，鹿钟麟任第二集团军第九方面军总指挥兼十军军长，率领八个军继续北伐。

2月至3月，奉军、直鲁军将兵力集结于彰德以北，全力对付冯部。3月7日，鹿钟麟被冯玉祥任为北路军总司令，指挥彰德以北战争；8月，奉冯令为中路军总司令，协同东路刘镇华部和西路孙连仲部进攻大名。酣战三个小时，冲破直、鲁军第一道防线，逼近大名城。因敌方据豫顽抗，久攻未下。4月5日，鹿亲临前线指挥豫北各军迎战奉军，在彰德方面突然袭击，战斗极为激烈。所部子弹奇缺，鹿向冯电告请援，但冯让其自行解决。这时，他看到司令部尽是各部领取补给人员，便指着村旁公路上往来奔驰的汽车，面带微笑地对大家说："你们不要着急，我们的车少，子弹一时运不过来，请耐心等待。"人们见汽车奔忙，尘土飞扬，都信以为真，其实均为空车，乃是鹿钟麟安定军心之计。29日，他组织左右两路军同时出击，于5月1日将张学良指挥的奉军击溃，乘胜连克彰德、濮阳、观城、大名、磁州，占领顺德，并沿京汉线迅速北进。6月2日，张作霖见各路奉军败退，大势已去，发出通电退出北京。

北伐战争结束后，鹿钟麟任军委会北平临时分会委员；7月11日，受蒋之邀参加了北平汤山的军事善后会议，通过裁军方案。24日，他参加冯玉祥在开封召开的裁军会议，受命与刘郁芬一起统辖整理各部；9月2日，任豫鲁剿"匪"总司令兼河南剿"匪"总指挥。年底，河南"剿匪"战斗结束后，他于1929年初赴南京就任军政部次长，并兼办编遣事宜。

计脱虎口　中原反蒋

鹿钟麟任军政部次长不久，因冯玉祥抵制编遣会议的裁军决定而辞职，便代理其军政部长。4月，蒋介石制定了《国军对冯警备计划》。在蒋冯矛盾激化的情况下，鹿感到在南京难以自处，于4月中旬秘密抵达上海，避居租界，除西北军人员外，任何人一概不见。蒋屡次派人赴沪劝他回宁，均不见其行踪。5月24日，鹿和冯玉祥等被蒋介石宣布开除国民党籍，并撤职查办。7月底，因冯玉祥表示愿意接受蒋的指挥，鹿被蒋介石召回南京，恢复其代理军政部长职务。8 月 6 日，鹿参加蒋召开的编遣会议第七次大会，补任常务委员。16 日，蒋任命他为署理军政部长。返南京后，为防不测，他每到星期六就回沪，星期一再赴宁。

不久，阎锡山与冯玉祥联合反蒋。9 月下旬，西北军将领刘郁芬前来南京，一方面表示拥蒋，另一方面要求军饷给养。鹿钟麟见时局十分紧张，迅速将 20 列车皮给养配好，将军饷汇走。10 月 10 日，宋哲元等将领发出讨蒋通电，推阎、冯分任讨蒋联军总、副司令。鹿知道南京不可再留，设法将 20 车皮给养发往西北，并安排了脱身计划。当晚，同刘郁芬以观钱塘江潮为名赴上海。蒋为监视他们，派侍从室主任贺耀组同往，并在上海饭店设宴招待。酒至半酣之时，鹿钟麟假称酒醉上厕所混出门外，登车直往黄浦江而去。他事前已令人买好船票，随即登船赴日本横滨。蒋获悉后，即下通缉令，称其"图谋不轨，离职潜逃"，"均免去本兼各职，着京内外各机关一律缉拿"。鹿钟麟在日本稍事逗留，又搭船至天津。天津码头戒备森严，特务警察盘查甚紧。他伪装为阔商人，身着绸缎马褂，带着四个装满石头的红木箱子，大模大样上了岸。随后，避居于天津日租界内。

1930 年 1 月，鹿钟麟接冯玉祥密令，从天津赴山西。这时，冯玉祥尚被阎锡山软禁，为防遭冯之命运，他精心筹划，印制假名片，冒充阎的"赵参议"，顺利通过阎的监视。鹿见到冯玉祥，经过密谈，决定采取"远交近攻"策略，先联蒋倒阎，夺取山西，再待机反蒋。鹿当即被冯任命为西北军代理总司令，全权代冯主持一切。随后，鹿直抵风陵渡口，仍以"赵参议"的身份，通过阎锡山在此设立的警备，抵达潼关西北军驻地，就任代理总司令，立即提出"拥护中央，开发西北"的口号。接着，又派人到南京见何应钦，说："蒋介石是我们的敌人，阎锡山是我们历史上的仇人，敌可化友，仇则不共戴天。"何当即表示，西北军若讨阎，立刻可得到中央的接济。与南京接通关系后，鹿钟麟便联合西北军将领向阎锡山发出通电，迫其送回冯玉祥，否则将采取行动。同时，还派人安抚韩复榘、石友三共同讨阎。面对这种情况，阎权衡利害关系，被逼与冯玉祥达成讨蒋协议，将冯放回西北军。

冯玉祥回陕后，即召开西北军将领会议，商讨反蒋事宜。鹿钟麟和其他西北军将领一样，恨阎背信弃义，阴险狡猾，不赞同联阎讨蒋，但最后仍依冯的意见。会后，他婉言向南京政府代表邵力子说明情况，请其返回南京。3月15日，鹿领衔联合西北军57名将领发出反蒋通电，拥阎锡山为陆海空总司令，冯玉祥、李宗仁、张学良为副司令。鹿即任第二方面军前敌总司令，率西北军26万人马进入河南。4月初，任第二方面军（西北军）和第三方面军（晋军）及第四方面军（石友三部）前敌总司令，以协调各军作战。5月初，设司令部于开封五龙亭，就近指挥陇海线正面作战。

中原大战爆发后的5月11日，蒋介石令刘峙部以优势兵力向陇海战略要地归德发动进攻，在归德守军万殿青、石振青，宁陵守军刘茂恩投蒋，晋军节节败退的情况下，鹿钟麟按冯玉祥的部署，派劲旅庞炳勋、孙良诚、吉鸿昌等主力，突然向刘峙部发动四面攻击，歼灭其大批有生力量，缴获大量物资。6～7月间，与蒋介石部队相持在定陶、民权一带，展开拉锯战。7月初，当蒋介石部队重新发起进攻，向开封进逼时，鹿令孙良诚、吉鸿昌、庞炳勋等部在高资集、龙曲集等处将其截成数段，致敌惨败。随即，他要求晋军策应追击，但晋军陇海线总指挥徐永昌说："我们的军队你还不知道，让他们守一个地方倒是有办法，让他们进攻，就不能和西北军相比了。"这样使蒋介石部队退至民权、内黄、宁陵以西固守，双方又成对峙。

这时，困于亳州的孙殿英部弹尽粮绝，鹿钟麟奉冯玉祥令进驻太康，指挥亳州之战。7月中旬，又令孙连仲部会同孙殿英部直取蚌埠，扰乱蒋介石部队的后方，断其退路。但二孙皆以连续持久战，需要休整为借口，不肯再战。他以此报冯，冯同意，致使陇海线的第二、三方面军的进攻停顿。

8月15日，蒋介石在津浦线击败晋军后，将部队调往陇海线，在平汉线、陇海线连续发动总攻。9月中旬，张学良率部出关助蒋作战。为保存实力，阎锡山、石友三将部队撤离前线，西北军的庞炳勋、吉鸿昌、梁冠英、吕秀文纷纷倒戈投蒋。冯部兵败如山倒，纷纷向黄河以北撤退。10月中旬，鹿钟麟将总指挥部从开封退至郑州，随即退到焦作。10月17日，他和西北军部分将领向蒋发出通电："军事善后，静听公平措置。"原来冯玉祥打算将军权交给鹿钟麟，命其接洽善后问题，但蒋不允，坚持冯、鹿均须同时下野。23日，他发出通电下野，随后乘火车秘返天津。在彰德车站，他对部下说："这次中原大战，西北军30万人瓦解了。真叫人痛心。其原因：一是没有实行联蒋打阎；二是孙连仲、孙殿英取亳州后没有进攻蚌埠；三是西北军内部不和。"从此，鹿便隐居天津。

复出南京　参"审"张韩

鹿钟麟在天津隐居期间，曾被选为国民党第四届候补中央委员、军事参议院参议、国民党第四届中央委员，但他未加理睬。

1936年初，鹿钟麟接到蒋介石以抗日名义邀其出山的来信。但他对蒋瓦解西北军的阴险手段记忆犹新，未予置复。不久，又接到已任南京军事委员会副委员长冯玉祥的来信，请他赴南京共商抗日大计。他不好再推却，遂赴南京。冯一见便问："蒋先生请你来，为什么不来呢？"他半开玩笑答："我已50多岁的人了，还能再嫁人吗？既然先生来了，我当然也可以来了。"在南京，鹿钟麟以中央委员身份，替冯玉祥和各方面联系。这年秋，他和冯玉祥一起进中央陆军大学特别班听课。

"西安事变"后，蒋介石组织军事法庭会审张学良。鹿钟麟和朱培德被审判长李烈钧指定为审判官。鹿对张学良深为同情，认为会审不过是蒋借以遮掩其险恶用心的把戏。有一次，李烈钧暗中征询他对会审意见。他说："问而不审是上策，审而不判是中策，问、审、判全承担下来是下策。我们应力守上策，不得已兼取中策，下策万不可为。"李称是。

12月31日，军事法庭开庭。在开庭前的准备工作中，鹿钟麟为免张学良在审讯时难堪，提出将例行要问的姓名、年龄、职业、籍贯等项已知事不问，由会审人员代填。随后又到候审室见张学良，先与之握手，并请其有话尽管在法庭说。开庭不久，他见李烈钧与张学良渐成僵持，便请李暂时退庭。继续开庭后，李烈钧正颜厉色说："你在西安所为根本目的何在？是否有颠覆政府的意图？应该据实招供，否则将会对你不利……"鹿当即打断李的话，插言道："汉卿，审判长待人宽厚，你切勿失去这个良好的机会。"审判结果，判处张学良有期徒刑10年。蒋却假惺惺为其请求"特赦"，交军委会"严加管束"。事后，鹿钟麟气愤地说："立法毁法，在其一人！"

1937年春，鹿钟麟任北平绥靖公署高级参议，住石碑胡同。"七七"事变爆发后，转赴保定，曾力促在天津的宋哲元坐镇保定指挥抗日。接着，随冯玉祥曾先后任第三战区副参谋长、第六战区和第一战区副司令长官。11月，调任军法总监。

1938年初，山东省主席韩复榘为保存实力，丢掉大半个山东，被蒋介石设计逮捕，押至武汉军法总监。鹿钟麟任高等军法审判官，他对韩久无好感。鹿任第六战区副司令长官时，曾指挥韩复榘、宋哲元的部队，但韩、宋听信挑拨，根本就指挥不动。不久，鹿以第一战区副司令长官名义赴曹县，打算接替韩的第三集团军总司令，但蒋已令于学忠任之，韩的部下也不欢迎，只好返回武汉。这次参加审判韩复榘，他早知韩的死罪已定，便草草审讯，罗织罪名之后就收场。1 月 24 日，蒋介石派特务将韩枪杀于军法总监部。当时，西北军的旧人纷纷议论鹿钟麟"中了蒋介石的奸计"。

河北抗日　"摩擦"失败

这年 6 月，鹿钟麟为河北省政府主席、河北省党部主任兼河北游击总司令，是冯玉祥向蒋介石推荐的。鹿将省政府主要人员挑选后，于 6 月底从汉口动身北上。为体现国共合作抗日，省府委员中亦有中共党员杨秀峰参加。在动身前，通过冯玉祥接洽与当时在武汉的中共代表周恩来进行了会晤。周向他介绍了河北共产党、八路军的抗日战争形势，希望他能合作抗战。

鹿钟麟抵达洛阳后，筹备省政府机关、游击司令部及省党部，制定了四条施政纲领。9 月 15 日，抵冀南抗日根据地——南宫县冯官村，受到抗日民主政权冀南行署主任杨秀峰及民众的热烈欢迎。鹿情绪高涨，表示要打开抗日局面，收复失地。第三天，鹿召集省府委员会议，研究与八路军共同抗日及建立政权等问题。在会上，河北省民政厅厅长兼河北民军总指挥张荫梧提出要取消共产党领导的抗日民主政权，由省政府重新委派。杨秀峰予以反击，坚持不能取消。鹿钟麟调解无效，会议不欢而散。

鹿钟麟到河北来，手中没有军队，仅有途经长治时张自忠拨给的手枪连。这时，他便大造声势，大力宣传，招募抗日力量，收编了侯如墉、赵云祥、夏维礼等游击队，还将前来投奔的爱国青年组成政治大队，深入敌后开展群众工作，自编自演歌舞、话剧等节目，进行抗日宣传。共产党也发动民众积极支持他的工作，军民关系融洽，气氛活跃。但在抗日政权问题上，他要以省政府名义委派，而共产党则不让步，虽经数次谈判都无结果。

10 月中旬，日军对冀南发动"扫荡"，鹿钟麟率省政府各厅局处人员转移冀县淄村。这时，他奉国民党重庆电令，即拟制布告张贴，宣布撤销冀南行政公署。杨秀峰率冀南行政公署转移在别处，未料到鹿有此举，十分气愤。这样，双方转为公开对立。

11 月中旬，鹿钟麟撤换了束鹿县民主选举的县长，以省政府委派之。省党部书记长韩梅岑、民政厅厅长张荫梧也各自委任县长。一时间冀南各县政权一派混乱，国民党、日伪、抗日民主政权多达三四个，各自派粮派饷闹得老百姓无所适从。鹿所收编的杂牌部队，也时与八路军发生冲突，并杀害共产党员，驱赶抗日政权。鹿钟麟还成立冀察战区，任总司令。12 月底，石友三的第十集团军从鲁南到达察南，他委任石为冀察战区副司令。石早已暗通日军，常与八路军发生摩擦。

1939 年初，蒋介石秘密颁布《限制异党活动之办法》。鹿钟麟接到后，在一次会议上提出："八路军是中央统一命名的，必须无条件服从中央指挥，地方政权也是这样，凡河北境内驻军、政权统一由河北省主席调遣，不允第二政权存在。八路军、地方自治、敌伪三种政权一律撤销，否则武力解决。"自此后，其部的中共党员申伯纯、李新农、宋绮云等被迫离开。一些爱国青年也对前途丧失信心。尽管如此，共产党的领导干部刘伯承、宋任穷等一再与他进行会谈，但他听不进去。

1 月 7 日，日军第十师团主力分 11 路向冀南进行大规模"扫荡"。鹿钟麟率省政府西撤，于 2 月底至邢台山区的路罗川。一路上，省政府的职员大部分丢光，游击司令部只有参谋长张知行及 20 多名职员，省党部除韩梅岑外亦散失殆尽，所辖各部自行其是。张荫梧率部进犯冀中八路军吕正操部；侯如庸部则在获鹿袭击冀西游击队；石友三却在南宫清河一带据地称王，自委县长。一个星期后，鹿又从路罗川移驻贺家坪，重新召集人马，收集失散人员，组织政治大队，开办各种训练班。在这里，他实际上无事可干，常令政治大队表演歌舞，独自观看；有时与青年队员们聊聊天，开开玩笑。

6 月中旬，鹿钟麟赴西下庄与第十八集团军副总司令彭德怀会谈。会后，彭德怀曾说："河北问题不在鹿钟麟先生身上，两王（河北省秘书长王孝绪，河北省教育厅厅长王承曾，均长期跟随鹿）才是关键之所在，必须将这两个老顽固换掉，团结合作才有希望。"鹿返贺家坪后，于 11 月 24 日撤去张荫梧民政厅厅长兼民军总指挥之职，任第九十七军军长朱怀冰为民政厅厅长兼冀察战区政治部主任，乔明礼任民军总指挥。朱率部沿太行山北上，进驻沙河、赞皇等地。

这时，蒋介石发动抗战后的第一次反共高潮，国民党军队与八路军的"摩擦"加剧。鹿钟麟困于穷山沟中，蒋介石又已断其给养，感到一筹莫展，势孤力单，便决定南撤；1940 年 1 月，鹿令朱怀冰一同南撤，见朱不肯，便厉声说："我是总司令，你是军长，你要服从命令！"朱只好率部随行。到洛阳后，将所有事务交与第一战区司令长官卫立煌，并辞去一切职务，搭飞机至重庆。

鹿钟麟到了重庆，即见冯玉祥，谈起在河北失败及蒋的《限制异党活动之办法》时，冯埋怨他说："我要你深入敌后与八路军合作，发展一些部队，谁要你管他那些混账办法。"

不久，鹿钟麟被蒋介石委为军事参议院参议。他在歌乐山悠闲度日，常与进步人士来往，同中共党员也有所接触。1944 年 3 月 12 日，他 60 寿辰之时，周恩来、董必武送了贺词和一套马克思著作，他极为珍惜。

力整役弊　枉费心机

1944 年 9 月，鹿钟麟受蒋介石之邀，出任兵役部部长。他知道改善役政非自己力所能及，一再力辞不就。但蒋介石、冯玉祥再三以抗日大义劝说。蒋又一口答应他所提出的放权、不得干涉用人、满足经费三个条件，便同意出任此职。

鹿钟麟上任后，首先在人事方面兴利除弊，拟定了兵役部编制，规定三条原则：一是兵役部各重要部门人选均由鹿亲自配备；二是次要部门可安插各方介绍来之人；三是属于军统和中统的人坚决摒弃门外。他在重要部门安排的多为西北军故旧和一些进步人士，还有中共党员梁霭然、王倬如、王冶秋、赖亚力等。为了便于开展工作，在次要部门也照顾了各方面"批条子"介绍来的人。随后制定了征兵具体办法，将一年两次征兵改为一次；划分区域，实行适龄青年登记抽签制度。最后，制定新兵的供给标准和措施，从被服、饮食、住所、卫生、医疗、交通、娱乐等诸方面改善新兵的待遇。

征兵工作开始后，鹿钟麟亲自沿成渝线视察督促，给征兵人讲"带兵""待兵"的道理。但他所制定征兵办法一到地方各行政机构便完全变了样。中签者都是贫苦子弟，有钱有势者不仅自己逃避兵役，还包庇亲朋故旧等。改善新兵待遇之办法，也只有在兵役部直接控制下的重庆、成都、昆明、梁山等几个集训营实施，其他地区都鞭长莫及。他曾惩治了几个团级的不法分子，却招致各方的反对，甚至受到陈诚的攻击诬陷。而涉及师管区副军级的不法分子，则因重重包庇，而不了了之。鹿向蒋介石反映这些情况时，蒋不过置之一笑。

抗战胜利后，鹿钟麟以日本已无条件投降为由，向蒋介石提出"即行撤销兵役部""暂停征兵一年，与民休息"的意见。并辞去兵役部部长一职。10 月，鹿任华北宣慰使；次年 5 月，任战略顾问委员会委员；后返天津居住。他曾利用兵役部剩余的资遣费在北京开办长城印刷厂，供中共地下党员梁霭然、王倬如作为秘密活动据点。

晚年新生　谦恭为民

1949 年 1 月，鹿钟麟在天津迎来了解放，其时 65 岁。在饱经政治沧桑之后，获得了一个安定的晚年。他与邻里和睦，以一个普通公民的身份积极参加街道居民工作，热心从事爱国卫生运动。积极宣传防火、防盗。在抗美援朝中，又以极大的热忱带头捐献财物。他常对人说："我为人人团结紧，人人为我共前进。"1954 年，毛泽东主席接见了鹿钟麟，称他为"街道工作专家"。

1959 年，周总理号召老年人士将亲身经历记录下来，传之后代。鹿钟麟极以为是，积极投入撰写工作，为祖国历史宝库留下十数万字的珍贵史料。他关心祖国统一大业，曾数次在电台对台湾军政人员发表讲话，宣传中华人民共和国的伟大成就，希望他们为统一祖国大业作出贡献。

1966 年 1 月 11 日，鹿钟麟因病去世，终年 82 岁。河北省及天津市党政领导为他举行了隆重的追悼会。1 月 14 日，安葬于北仓革命公墓。

反复无常的石友三

黄广源①

石友三是一个有名的倒戈将军，"朝秦暮楚、反复无常"这八个字是他一生的最好写照。他本来是冯玉祥一手提拔起来的，但是他曾经三次叛冯。他投过蒋介石，也打过蒋介石。他投过张学良，也打过张学良。在抗战时期，他勾结日军，卖国求荣，与冀南军区人民军队为敌，直至 1940 年冬，他被其所部军长高树勋活埋，才结束了他的一生。

行伍出身

石友三生于 1891 年，乳名文会，字汉章，吉林省长春县东卡伦屯人。兄妹五人，他居长。父名玉琨，在当地大户刘炳南家当长工。石友三稍长，经其义父于某（忘其名）介绍到长春城里东大街毕广垣家的粮坊当徒弟。后又入长春东关龙王庙小学念书（商震当时在该校当教员，

---

① 黄广源，曾历任石友三部少校书记官、军法处长、参议等职。

故石、商有师生之谊），不久因生活困难，弃学从军，投入驻长春的陆军第三镇（统制是曹锟）吴佩孚营当兵。该营移防廊坊时，石友三随营入关，后因第三镇兵变，离开队伍，流落北京。

1912 年京畿武卫左路备补军在北京招兵，石因穷途无所归，即投入该军第二营当兵，营长是冯玉祥，冯、石之交自此时始。石以身材矮小，不够兵格，初补为马伕，后来在冯部入陕援川之际，被冯提为贴身护兵，受到冯的赏识，升迁很快。

1919 年石友三升任该旅模范连连长（高树勋是该连五棚副目），次年又升任第三团第二营营长（第一营营长是韩复榘，两人订交奠基于此）。那时冯部中下级军官中有所谓十三太保者，石友三便是其中之一。

1922 年石友三升任第八旅第一团团长。1924 年北京政变后，冯玉祥任西北边防督办兼甘肃省军务督办，升任石友三为第八混成旅旅长。1925 年春，第八混成旅扩编为西北陆军第六师，石任师长。石自 1912 年投入冯部，直至 1926 年，14 年之间，经冯玉祥一手提拔为统兵数万的高级将领，足见冯对石的倚重。

首次叛冯

1926 年春南口大战之时，张作霖以察、绥两省地盘为饵，诱使阎锡山出兵天镇、阳高、大同、小孤山等地，企图切断京绥路，抄袭西北军后路。为了清除后路威胁，冯玉祥命令石友三、韩复榘两军进攻雁北。韩进攻小孤山、大同等地，石进攻左云县、雁门关等地。韩、石二人在战事初期，都很卖力，常常亲临前线，进展极速。韩部一战攻下了小孤山，歼晋军一旅（旅长酆玉玺被俘），把晋军压迫在大同城内，并攻克了怀仁县。石部一战攻下了左云县、岱岳镇，进而直攻雁门关。但是，鏖战两个多月，兵困军疲，晋军据险以守，韩、石两部伤亡很大，而在人员粮弹方面都得不到充分补充接济，韩、石均极不满。有一次韩向总部请领弹药，仅领到 2000 发六五子弹，而韩部皆系七九步枪，无法使用。韩大发牢骚说："这仗叫我怎么打？只好背着空枪往回跑啦。"当即电请西路军总司令宋哲元前来指挥。宋使用了炮轰城墙、云梯爬城、地道暗进等方法，俱未奏效，只好令韩长期围困，于是韩复橐气馁消极。当时大同守城晋军傅汝钧是韩部参谋长李树椿的保定军校同学，韩便通过李的关系与傅汝钧暗中妥协，议定韩不攻城，傅不发炮阻拦火车通行。以后韩把他向晋军妥协的事告诉了石友三。石因与晋军前敌总指挥商震有师生关系，亦与商暗中联系，双方互不侵犯。因此，大同、雁门两地双方形成对峙之局。韩、石商定只在雁北守住阵地，观望形势。

韩、石在大同、雁门与晋军妥协不久，奉军汲金纯、汤玉麟等率骑兵由热河向西迂回进攻，相继攻陷了多伦、沽源等处，张家口受到威胁，西北军弃守南口，沿京绥线向西溃退。阎锡山乘机出兵天镇、阳高，直至孔家庄车站，截击西北军。西北军遭受前后夹击，秩序大乱，溃不成军，官兵互不相顾，各自寻路逃生。退到归绥、包头时，各部皆损失奇重，独韩、石两部一则因系从雁北撤退，路途较近，一则因与晋军早有妥协，未受追拦，所以不仅保持完整，而且沿途还收容了许多溃兵。

西北军退到归绥、包头后，原拟继续撤到甘肃根据地，以便整顿再举。那时冯玉祥去苏联求援尚未归来，军队交由张之江、鹿钟麟、宋哲元等指挥，三人威信不足以震服三军，加以指挥不当，人心涣散，致有此败。大家感到冯不在家，军中无主，前途茫茫，又以西北路途遥远，地瘠民贫，粮饷无着，及至撤到绥、包、五原一带再往西撤，官兵咸裹足不前，军心离乱不堪。首先是原国民二军弓富魁部徘徊歧途，不听指挥，继而原国民三军徐永昌率部投降晋军。韩、石二人在退却中收容了各部溃兵，各由一师扩为三师，尤为其他将领所嫉恨。韩、石亦自以势力骤增，阴怀他图，又见绥、包一带殷实富庶，可以屯兵养势，乃与商震联系，暂投晋军。这是石友三第一次叛冯，时在 1926 年秋。

再次叛冯

石友三再次叛冯，是在 1929 年 5 月，这次也是和韩复榘一起干的。石、韩这次叛冯，对西北军的影响极大，导致了西北军的土崩瓦解。石友三这次叛冯是由于以下几种原因。

第一，石、韩投降晋军不久，冯玉祥从苏联回国，到达五原后，即电石、韩二人到五原开会。二人初不敢前往，后经冯玉祥派张允荣、萧楚材到石、韩处解释，加上石友三之父严责石不应忘恩负义、叛离冯总司令，石才回头听令，首先把所属韩德元师改为冯的卫队师开赴五原，然后大军继续跟进。石友三虽重新回到冯玉祥的指挥之下，但是经过这次叛离之后，冯对石不能不有所警惕，石对冯也不能不常怀畏惧。

1927 年春，石友三部移防平凉时，冯以部队沿途抢劫、纪律废弛为名，撤换了石部师长张凌云、旅长米文和、团长时念新等，镣解西安监禁；继而移防邠州时，军中又盛传石敬亭要代替石友三为援陕第五路总指挥。这些已使石友三惴惴不安，石友三从冯以来，每战必先，但北伐之役，因为西北军的作战对象主要是奉军，而石友三是吉林人，冯为防反侧计，把石部编为总预备队，不让与敌接触。与此同时，冯玉祥又把石的参谋长张隆华撤差，并派高参李秉璇接充。在石看来，李无异监军；从李的作为看，冯亦确有此意。这些更使石深为怨忧和疑虑。

第二，在南口溃退后，归绥、包头一带溃兵云集，纪律荡然，抢劫截夺，时有所闻。大街之上，溃散官兵，有的拉着骆驼，有的背着包袱，有的穿着便衣，形形色色，紊乱不堪。因此西北军总部决定整饬军纪，派鹿钟麟负责归绥，石友三负责包头。在这次整饬军纪中，石友三枪毙了一个姓籍的团长，这个团长是石敬亭的外甥。由此，石敬亭与石友三结下了仇恨。

张自忠原是石友三部下的旅长，石部攻打雁门关时，石曾严令张自忠限期攻下水峪口（雁门关要塞）。这是欲置张于死地，张识破石的诡计后逃跑。由此，石友三与张自忠亦结下了仇恨。

五原誓师后，石敬亭任冯玉祥的参谋长，张自忠是冯玉祥的副官长，两人都是冯玉祥的亲近人物。石常以二人为虑，惧为所算。事实上二人确也在冯玉祥眼前屡次进言，说石友三反复无常不可靠，只是因为冯玉祥认为只要有他在，石友三绝不敢胡来，才没把石友三撤职。

第三，石友三和冯玉祥派给他的参谋长李秉璇之间常有抵触。1928年春，石部参加鱼台战役回军之际，适逢大雨，道路泥泞，李秉璇为乘马颠跌路侧，泥污满身，李秉璇打骂马夫不用心牵扶，马夫不服，反唇相讥。李秉璇诉之石友三，意欲严办。石则一笑置之，并说，一个参谋长和马夫打架，真是笑话。李秉璇盛怒之下，坚请辞职。鱼台战役，石友三部奋战大败孙传芳，收复济宁，蒋介石对之曾传令嘉奖，并赏洋七万元。石受宠若惊，密派其秘书长刘郁周持函到徐州谒蒋致谢，蒋又赠石十万元。石疑李察知此事，乃于李秉璇辞职离去之时，电告驻民权车站的师长孙光前将李扣下，然后派其亲信副官蒋家安持石密信叫孙将李及其随从活埋于民权车站附近。事后冯曾追问李秉璇下落，石告以不知去向。此事虽然暂时蒙蔽过去，但石仍常恐事发获罪。

石友三本来是个桀骜难驯、常想独树一帜的野心家，由于以上原因，加上蒋介石的收买利诱，遂乘机叛冯投蒋。其叛冯时的实力及经过情形如下。

北伐战争结束后，1928年秋，石部驻防河南南阳地区。编遣会议后，石部缩编为陆军第二十四师，石任师长，副师长是秦建斌，参谋长是唐邦植，辖三个步兵旅（旅长过之庄、许长林、李殿林）、一个炮兵团（团长毛龙江）、一个轻迫击炮团（团长王致义）、一个重迫击炮团（团长王茂青）、一个工兵营（营长孙雨成）、一个手枪营（营长陈治邦），兵员有两万多人。

编遣会议对冯部西北军兵员保留过少，冯玉祥大为不满，因此托故离开南京，蒋、冯关系遂趋破裂。蒋介石、李宗仁武汉战争结束后，冯玉祥看到蒋介石的矛头行将及己，乃决定先发制人，动员讨蒋，但又怕阎锡山抄其后路，因此将他的豫鲁两省军队撤到陕西和河南西部，摆出欲发先收的形势，借以迫使阎锡山一道反蒋。同时，西北军改为护党救国军，以石友三为第三路总指挥。

当冯玉祥就动员讨蒋和先行后撤之事在陕西华阴召开会议时，韩复榘在会议上因对后撤表示异议，受到冯玉祥的申斥。韩和蒋介石原早已有勾搭，便在会后回到河南陕州时，诱胁西北军第二十师违命向东开动，叛冯投蒋，并于1929年5月22日到达洛阳时发出"主张和平、拥护中央"的养电，石友三、马鸿逵以及他们的旅长一级的军官都被列名在通电上。石友三和韩复榘早有默契，得电后即与韩一致行动。蒋委石友三为第十三路军总指挥。

韩复榘发出养电之时，石部已奉冯命由南阳向西开拔，石当即发出紧急命令说："武汉发生重大变化，部队星夜集中南阳待命。"并派参谋长唐邦植乘汽车将先行部队旅团长接回南阳开会，在会上宣布了他的叛冯投蒋意图，门外布置着手枪队。石友三好杀成性，有"石阎王"之称，旅团长在其威胁之下，只得唯唯听命。与此同时，石又派人分赴南阳附近各县榨取了一批军饷。

石部齐集南阳休息三天后，6月1日从南阳向许昌开拔，一面派其参谋处长柳建夫带兵一部到禹县迎接韩复榘来许会商而后行动。部队到达许昌后，石友三首先撤换了三个亲冯的旅长和五个团长。不久蒋介石派钱大钧到许昌劳军，带来500万元犒赏和大批委任状。在欢迎钱大钧的宴会上（团长以上官长都参加了宴会），石友三卑躬屈膝，极尽谄媚；在请钱大钧阅兵时，又当众把冯玉祥大骂一通，宣布了冯玉祥十大罪状。西北军团长以上的军官多系冯玉祥亲自选拔，与冯都有一定感情，而且西北军官兵都有一种自认为无敌于天下的优越感，多数人对石友三的卑躬屈膝和大骂冯玉祥的行径都感到可耻与气愤。

投蒋打蒋

如上所述，北伐战争期间，石友三参加鱼台战役收复济宁之后，蒋介石曾以总司令名义传令嘉奖并赏洋7万元；在石友三秘密派其秘书长刘郁周晋见谢赏时，又私赠石10万元。这是蒋介石对石友三的第一次收买。蒋介石、李宗仁武汉战争期间，蒋、李都派代表拉冯以为己助。冯阴持两端，双方敷衍，令韩复榘部进驻信阳、武胜关一带，石友三进驻襄阳一带，企图坐收渔人之利。不料武汉之战，因桂军旅长李明瑞倒戈投蒋，李宗仁迅速失败。冯玉祥为了向蒋介石讨好，电令韩、石两部向武汉进军。韩部先头部队进到孝感时，蒋介石一面致电冯玉祥表示谢意，并以武汉之战已经结束为辞，阻其进军；一面派人携带大批款项到孝感、襄樊两地劳军，实行收买。这次石友三部得到劳军费50万元，蒋介石并邀请石到武汉见面。石本人虽以怕冯见疑之故，未敢亲往，却派了他的亲信副官李志明密赴汉口见蒋。蒋介石又暗地送给石友三私人50万元。这是蒋介石对石友三的第二次收买。不久，石友三和韩复榘投降了蒋介石。

石友三投蒋后，蒋委其为第十三路军总指挥。1929年秋，石部由许昌移防亳州，蒋派人点验后又开往山东德州。这时安徽省主席方振武酝酿反蒋，被蒋解除武装，委石友三为安徽省主席。是年 10 月下旬，石友三率部进驻安徽蚌埠一带，尚未正式接任主席职务，蒋又命石抽调军队南下援粤（时李宗仁、陈济棠等在广州发动反蒋）。石揣度蒋有分散其兵力之意，他久欲得一地盘，现在刚刚得偿夙愿，岂能甘心舍弃？乃以退为进，电请蒋准其全军南下。谁知蒋介石竟复电照准，并以广东省主席相许。这使石友三进退两难，大伤脑筋。恰巧此时唐生智派其顾问袁华选前来拉石共同反蒋，广东方面也派邓芝园（粹英）向石游说反蒋。邓对石友三分析了蒋介石调动石部的真正意图说："蒋很可能利用你军全在船上的机会，中途各个消灭。"原来蒋介石对石部南下路线及运兵办法的指示是，要石部由浦口分乘木船先到上海，然后乘海船再往广东。木船每只载人很少，距离会拉得很长，遇事很难互相照应。因此，石友三深以邓芝园之说为然，就于 1929 年 12 月 9 日在浦口车站召开紧急军事会议，决定与蒋决裂，先将蒋的代表卢佐扣住（卢为兵站总监），然后以大炮数十门排列浦口江岸向南京突然轰击，并派便衣队偷进南京城内乘势扰乱。蒋介石没料到石友三会来这一手，事前没有任何防备，所以南京各部院纷纷迁逃，乱成一团。

石友三炮轰南京后即率部北撤，将沿途其他驻军全部缴械，把津浦线车皮全部带走，安全退入河南商丘。此时韩复榘是河南省府主席，所部皆在河南；马鸿逵是第十五路军总指挥，所部驻防徐州一带（马鸿逵与韩、石同时叛冯投蒋，蒋委为第十五路军总指挥），三人早有密约，结有军事政治同盟。蒋介石诚恐事态扩大，激起三人同时动兵，故未派兵深追。后来韩复榘觉得商丘距南京较近，石部久居其地会使蒋介石难以容忍，乃劝石移驻豫北新乡一带。

三叛冯玉祥

石友三第二次叛冯后，冯玉祥对之仍抱有像第一次那样离去复归的幻想。石友三自德州进入安徽准备接任安徽主席期间，冯玉祥曾派沈克往见石友三，表示自责及希石归来之意。虽说沈克为石所留（石委沈为军长），事未告成，但经此疏通，前嫌稍释，石对冯亦表示了"得间当以报汉"之意。

1930 年春，冯、阎酝酿讨蒋，鹿钟麟秉冯意派李炘为代表，说石一致行动。随后阎锡山又派赵丕廉为代表来拉石反蒋，许以山东省地盘，并委为第四方面军总司令之职。此时，石部驻扎豫北新乡一带，粮饷弹药主要依靠韩复榘接济。石友三权衡利害，认为炮打南京之后，已经得罪了蒋介石，依韩为生，终非长策，加上韩复榘也从旁怂恿①，遂决定与阎、冯携手，共同讨蒋。韩、石二人并订有机密电本，互通情报。在中原大战期间，这个机密电本被石的机要秘书许竞尊出卖给蒋方，因此，石将许竞尊枪决。

石部于 5 月中旬由兰封坝头渡口渡过黄河，参加战斗。首先攻下了新旧考城，击退了二十六军陈调元部，以后连续攻下了贺村集、土山寨、王大瓢、玻璃阁、吕寨、吴庄寨等处。8 月上旬，阎、冯部队在陇海线上发动全面总攻势，石部同时出击，首先将防守通集蒋军击溃，打开一个缺口，乘势深入到曹庄寨。曹庄寨距柳河车站仅 30 余里路程，石侦知蒋介石正在柳河车站督战，乃分兵两路，一路继续攻打曹庄寨，

---

① 石、韩交情素密，叛冯投蒋后，石派胡绍武常驻韩处，韩派柴春霖常驻石处，遇事联系商量。阎、冯讨蒋之役，二人也曾作过计议，认为双方势力都很雄厚，胜负难料，为将来计，二人应各投一方。因石曾经炮击南京，为蒋所恨，故主张韩留蒋方，石投阎、冯。

一路突击柳河车站，意欲活捉蒋介石。只因天降大雨，水深尺许，行动困难，两翼友军又未协同进攻，致使蒋方援军陈调元部先期赶到，计划未能实现。

石部自 5 月中旬参加战斗至 8 月全面进攻，连战数月，粮饷弹药最初还能得到及时补充，渐至数要才来，最后变成屡呼不应。石对此极为不满，大发脾气说："大敌当前，危急存亡之秋，竟这样不关心我们。才回婆家尚且如此，将来还会有什么好果子吃？"遂将队伍撤退到玻璃阁、吴庄寨一线对峙，待援观变。

8 月 18 日，石友三接到代理山东省主席秦建斌从德州拍来电报说，晋军溃退，8 月 15 日济南失守，省府已撤退德州，时局发生变化，不日派人到防，面报详情①。石友三据报后，随即电其所派驻北平代表萧振瀛讯问时局情况（石于北平扩大会议时期，曾派萧为代表奔走于阎、冯、汪和张学良之间进行联络，实际上也是暗探各方面的变化情况）。8 月 25 日接萧复电称，张学良因蒋军收复济南，不日将表明态度，派兵入关，大局有急转直下之势，请考虑前途为要等语。石当即致电张学良，内有"即行撤兵北上，服从东北，愿效前驱"等语。8 月底，石友三遂决心率部擅自放弃阵地，北撤新乡、安阳、顺德等地。9 月 18 日张学良发出拥蒋通电，石友三首先响应。

石友三单独行动之时，陇海路敌对双方正处于紧急状态。石的撤退不仅给蒋介石以可乘之机，而且打乱了阎、冯的部署，动摇了阎、冯的军心。所以中原大战阎、冯失败的原因虽多，而石的再叛实居重要地位。

---

① 中原大战期间，阎任命石为山东省主席。石于晋军南下时，派秦建斌以代理山东省主席名义，同所委民政厅长邓崇照、财政厅厅长宋子贤随同晋军于 6 月下旬进入济南。晋军占领一县，就自委县长和税局局长，以致石的省政府毫无实权，仅仅是一个名誉主席而已。阎的这个办法，大为石所不满。

石部退到新乡后，即将新乡兵站物资据为己有，并截留晋军炮兵一营。大战之后，阎、冯已经溃散，阎军亦损失惨重，石友三成了北方军阀中势力比较完整的一个。他占据了河北省南部和河南省北部共 30 余县的地盘，自委县长，就地筹饷，俨然一镇小诸侯。

投张打张

中原大战结束后，蒋介石以华北军政委张学良负责。此时石友三虽据有一点地盘，但名义不正，虽然就地筹款，但兵多钱少，不敷分配。石遂利用他是东北人的关系，向张学良投靠。他首先派其参议毕广垣为驻北平办事处处长，与东北军拉拢联系，随后于 1931 年 1 月初亲赴沈阳晋谒张学良。张学良允予听候点编，统一发饷，并先发给协饷 20 万元。石友三为了进一步向张学良表示恭顺，请求张派人到石部协助办事。张即派与石同乡且有旧关系的张云责为其秘书长，另派宋光烈为其副官长。

石友三回到顺德后，张学良派戢翼翘、富占魁到顺德、安阳等处点编石部。点编后张学良电蒋核定每月给饷 60 万元。石因不敷开支，请求增加，张又为之增加 10 万元。

石友三东北之行，原拟回防过旧历年，张学良留之达 20 多天，石已疑张不怀好意。逗留期间，张又要石将所扣津浦、平汉车皮交还铁道部，石去东北时所乘的钢甲车一列也被扣留。石迫于形势，不得不暂时忍受，而心实衔恨。整编后，石友三拥兵数万，雄踞平汉路中段，自以为可以纵横南北。此时阎、冯下野，阎、冯败军之将云集晋省，彷徨无所依归，石便想乘机把这些败将笼络起来，自做盟主，抢夺地盘。于是派其军长沈克（军人政客）到山西与晋军将领孙楚，冯军将领宋哲元、庞炳勋等联系，派参议毕子光与孙殿英等联系，派参议应敬斋与豫鄂边区绥靖督办李鸣钟联系，并通过胡绍武与韩复榘进行磋商。这些人也都派代表来到顺德，密商攻打计划。不过石主张北打张学良，其他人多主张南攻刘峙，以故没有取得结果。

1931年5月，汪精卫、陈济棠等在广州组织国民政府，派李汉魂为代表来顺德对石友三进行联络，许以国府委员和第五集团军总司令，随后又汇款50万元。石虽接受汪、陈的任命与接济，但仍主张首先占领平津，把张学良驱逐出关，将晋、冀、鲁连成一片，然后麾兵南下。石的总参议程希贤、总参赞张化南竭力附和石的这个主张。石遂又派沈克到山西与晋军孙楚联系，并派人与韩复榘、孙殿英联系，韩、孙等都同意出兵。石的计划是请孙殿英部出天井关，占领黄河铁桥北岸，阻止刘峙队伍北上；请韩复榘部进占河北沧县，遥相呼应；请晋军出娘子关，从石家庄沿平汉线北上；石部集结顺德，首先进占石家庄，然后以一部协同晋军攻占北平，以一部直趋津浦线攻占天津。石因张学良派给他的秘书长张云责知道这个计划，恐其泄露，乃乘夜将其活埋。谋成待发之际，张学良的堂弟张学成自北平来到顺德，告石说，张学良患重伤寒病，已死协和医院，秘不发丧，并说东北军中只有于学忠部还能打几下，但他是杂牌，得不到支持，其他皆少爷兵，不堪一击，力劝石友三攻占北平。石友三闻之大喜，当即电调其北平办事处处长毕广垣回防询问真实情况。毕说，张学良住协和医院，病重拒不见客是实，但未闻其死。石友三冒昧攻张之举，石部将领亦有不同意这种冒险做法者，毕广垣便是其中之一，因对石说："我们历次表示服从东北，拥护中央，东北军亦待我们不薄。大丈夫立身处世，应以信义为重。且你联系的人虽多，而皆趋利避害之徒，战事一起，未必真能出兵。"劝石不要轻举妄动。石疑毕私通东北，有意卖己，便欲除之。当日深夜，石召毕入见，门外排着手枪队。见面后，石一言不发，即入内室。毕知其意，跟入内室，对石说："白日之议，出于一片忠诚，言或不当，意极纯正。你既决心打张，我无不从命。"言时声泪俱下。石的二姨太黄凤姿也从旁解劝说："七哥（毕广垣行七，石友三素以七哥称之）是咱们的老朋友，一向忠心办事，遇事应和七哥好好商量，不可闹意见。"经过毕的这番剖白，石虽打消杀毕之意，而首先打张之议遂决。

1931 年 7 月中旬，石友三在顺德集结部队，宣誓就任广州政府所委的第五集团军总司令职，把部队扩编为九个军：第一军军长孙光前，第二军军长米文和，第三军军长程希贤，第四军军长沈克，第五军军长张学成，第六军军长梁方起，第七军军长王心斋，第八军军长朱启明，第九军军长唐邦植。石的作战部署是，以孙光前为前敌总指挥，以米文和部为总预备队，沈克、程希贤部及总司令部居中，留孟昭进旅防守顺德。7 月 18 日早发出讨张通电，部队亦于当日全部出动，第一天即到达内丘县。内丘驻有东北军白凤翔骑兵旅，未抵抗即退至高邑县，稍有接触又往后退。石部第三天已进占石家庄。根据前约，晋军应与石军在石家庄会师，但石军到达石家庄后，却不见晋军踪影，乃派黄广源持函往见孙楚，孙楚支吾其词，心存观望，无意出兵。石大失所望，但通电已发，师行在途，势成骑虎，欲罢不能，只好单独北进，在保定、望都一线与东北军于学忠部相遇。石意在速战，遂于 7 月 27 日以强大兵力，采取纵深锥形战术实行中央突破，进攻驻防张秋镇的于部，将其击溃，并乘胜进至南大冉。此时东北军大批援军开到，双方即在南大冉展开激战。激战三昼夜，石部未得寸进。石乃令沈克率部由完县迂回侧击，亦未成功。石的北上部队即被阻于南大冉，南路方面援张之蒋军胡宗南部已进至顺德，并将孟昭进旅缴械，陈继承部已进至高邑。石部腹背受敌，势难再战，便决计退往山东德州依韩复榘。但令出仓促，且又值大雨，撤退开始，秩序已乱，加上越渡滹沱河时又遇山洪暴发，水深丈余，汽车军资全部遗弃，人马淹死很多。于是溃不成军，各部竟自奔逃。孙光前部逃至深泽县南小陈地区，被陈继承部截住缴械，孙被俘，枪决于顺德车站。米文和部至束鹿县辛集地区，被东北军截住缴械，米亦被俘。沈克部在唐县投降了东北军（后改暂一师）。石友三率残部7000余人向山东逃窜，途中至衡水县境又遭东北骑兵袭击，到德州时只剩4000余人。张学良命韩复榘负责收容，编为四个团，以唐邦植为旅长，归韩节制。石的数万之众至此完全瓦解冰消。

匿居天津与日帝勾结

1931年8月石友三部队溃散后，石即寄居济南韩复榘的省政府别院内，为时一年有余。石不甘寂寞，屡次向韩表示欲去天津与日本联系，以图再起。韩以"任何地方都没有济南保险"为词，阻其前往。久之，石疑韩有他意，乃密请他的参议陈敬斋（陈与日本人素有勾结，且与一个名叫小林的日本人结为兄弟，陈后为日伪河南省省长）赴济商议。陈为石荐来一个名叫凑开一的日本特务。石扮作日本人，由凑开一保护潜赴烟台乘船到了天津。石在天津日、英、法租界大买房产，共四所百余间，并又添盖新房100余间，出租赚钱。石在天津，日以烟酒嫖赌为生，并且勾结一些流氓、政客和失意军人，如天津大流氓刘髯公，曾任吴佩孚秘书长的白坚武，失意军人任应岐以及刘桂堂、刘锟等，都和石友三过从甚密。他们派人四处活动，组织土匪队伍，企图重新掌握军队。同时，石也与日本驻华特务头子土肥原取得联系。土肥原指派特务凑开一伙同石的团长罗自臣、张国乾等勾结土匪冯寿彭等在冀东玉田县一带活动，组织河北战区保安队骚扰华北，为日本侵略军开辟道路。

1935年，宋哲元当了冀察政务委员会委员长后，因石友三借日本人之势，在冀东捣乱，于己不利，便想收之以为己用，乃使天津市市长萧振瀛与石交涉，委石为冀北保安司令，石所收土匪队伍编为四个步兵团，驻防北平清河。

与八路军为敌

"七七事变"发生后，石部改编为一八一师。台儿庄战役后，石部留在沦陷区，活动于冀鲁边境。那时蒋介石的军队节节败退，冀鲁地方群众多自动组织起来，奋起抗战。石乘机收容裹胁了一些散兵游勇，势力大增，所部扩编为六十九军。1939 年，鹿钟麟任冀察战区司令长官兼河北省主席，石为副司令长官兼察哈尔省主席，不久又兼任三十九集团军司令。三十九集团军辖六十九军、新八军两个军。六十九军军长石友三自兼，辖三师一旅。新八军军长是高树勋，辖一师二旅。石友三总部驻河北南宫宋连寨，高树勋驻山东馆陶县大陈楼。

最初石友三因为人少势孤，基础不固，从自己的利害出发，和八路军冀南军区保持一定的联系。但是石友三本来是一个最不讲信义的反动军阀，哪里有真心与八路军合作抗日？同时蒋介石也不会听任石友三与八路军友好相处。所以不久蒋介石即电调政治部人员到重庆受训（他们因知蒋阴谋，未去重庆），另派臧伯风为六十九军政治部主任。臧到任后首先进行国民党党员登记，成立了反动的政治部。接着石友三也对八路军寻事挑衅，制造摩擦。石部在地方上横征暴敛，拉兵抢粮，人民不堪其苦，起而反抗。石以为是八路军从中鼓动所致，将八路军派往征收给养的士兵逮捕活埋，并不断偷袭八路军少量部队及政工人员。八路军冀南军区忍无可忍，为了惩戒石友三，决定在那年的阴历正月初一，乘其不备，给予打击。不料事为石友三所侦悉，即于除夕之夜率部南逃，欲到濮阳依靠濮阳专员丁树本。行至馆陶下坡寺，冀南军区司令员宋任穷率杨得志、杨勇、张维翰等部跟踪追来，将石部包围，激战四昼夜。

石以所部系自北南逃，估计北面八路军可能薄弱，乃尽力向北突围而出，至河北曲周县之马驹桥始折而南向，奔赴濮阳。

濮阳丁树本亦有十余团队伍，本身已有兵多粮少之苦，石部来此，丁既感难以供应，又怕八路军追至，引火烧身，向石详述困难，冀其他去。石亦自知无法长驻，乃移往山东曹县青堌集、崔坝一带。此地靠近陇海路，距归德只有60里，石料八路军不会逼近，可借以稍事喘息。日伪军认为石部对陇海路有威胁，一面派兵进驻刘口镇，一面派飞机进行轰炸。石感于在铁路北面随时都有覆灭之险，连电蒋介石请求越过铁路。蒋介石对石的行为早有认识，其所以允许石部存在，主要是石部远在敌后，鞭长莫及，并借以抵制八路军，所以复电严禁南开。石友三正在进退两难之际，而丁树本部被八路军解决的消息又复传来。石友三早与日军有勾结，乃派与伪军师长宋子贤有旧的参议黄广源持函往见宋子贤和张岚峰。经宋、张介绍，黄广源见到了日本驻伪军顾问松室孝良，松室孝良认为黄广源仅是一个闲散参议，代表不了石友三，坚持必须石友三的重要亲信人物前来，才能商洽一切。黄广源和张岚峰将此事联名写信告知了石友三，石即添派了他的弟弟石友信，同黄广源一起到开封会见了日本驻军司令官佐佐木，接受了所谓共同防共协定三条，大意是：一、互不侵犯；二、互通情报；三、互相协助。协定签字之后，日军因兵力单薄，无法控制沦陷区，指使石部进驻山东濮县及河南濮阳一带，石、日实行联防，对付八路军。

还在石友三与冀南人民部队表面友好之际，石部曾成立一个学生大队，以其亲随副官张鸿儒为大队长。这个学生大队因受当时政治部有些进步同志的影响，思想比较进步。后来这个大队不断扩大，先扩为教导团（石友信任团长），石与日本订立防共协定时又扩大为教导师（石友信任师长）。张鸿儒对石的投敌卖国行为极为愤恨，密谋率部投八路军。

此事为石友信侦悉，石友三即将张鸿儒枪决。

高树勋活埋石友三

石友三的三十九集团军，名义上辖有六十九军和新八军两军，实际归石掌握的只有一个六十九军，高树勋的新八军仅是遥受节制而已。石、高之间本来就不十分融洽。石友三被八路军包围于下坡寺之时，曾数电高树勋求援，高所派援兵被阻于途，未能到达。石认为高见危不救，对高大为不满。石与日军订成防共协定，遵照日军意旨将往山东濮县，从河南濮阳开拔之日，事前未和高树勋商量，估计高不肯与之采取一致行动，乃指使日军偷袭大陈楼，对高施加压力。高部被袭，伤亡很大。以后石之阴谋为高所闻，高对石亦衔恨甚深。不久（6月间），石、高两部皆派人到后方接运供给，石部无恙，而高部又遭日军截击，阵亡了一个旅长。高亦疑事出石谋，由此石、高矛盾日深。每逢总部开会，高即称病不来，而以参谋长或师长代理。石、高互不见面，整整半年之久。

石、高矛盾逐渐加深的同时，蒋介石和石友三之间以及石友三和他的部下之间的矛盾，也日渐严重。蒋介石为了控制石友三，早先曾经给他派来一个政治部主任臧伯风。石与日军订防共协定后，蒋又派来一个高参李子强作为石的常驻顾问，还派来一个参谋充当米文和师的参谋长。蒋介石派来这些人，石当然知其用意，因此，授意其总参议毕广垣（后改名泽宇）对臧、李等严密监视。但是，此时毕因为常常作为石友三的政治代表，与蒋介石方面接洽事项，早已为特务头子朱家骅所收买，秘密充任了蒋介石的反共调查专员。于是毕广垣即乘监视臧、李之便，反与臧、李合谋对付石友三。石友信进入部队不久即升为教导师长，石之部下多对此不满。毕广垣亦思压抑石友信以孤石友三之势，乃

将部下不满之情告知了石友三。石友信闻之，谓毕故进谗言，亦以毕有
与臧、李合谋之嫌告其兄。石友三以毕广垣与之共事多年，秘密尽知，
欲除之。毕久处宦途，饱有经验，窥知石的阴谋，乃与臧、李密谋外结
高树勋，寻机杀石以除后患。

此时石友三亦感觉到自己已处于众叛亲离之境，曾向孙良诚（时任
鲁西行营主任兼游击指挥）表示，需要在部下中设法消除隔阂，尤须与
高树勋言归于好。孙良诚认为自己是高树勋的老长官（高树勋当新兵
时，孙良诚是他的连长），便挺身而出担保，后即将石意转告高树勋。
高树勋亦表示彼此都是共患难多年的老弟兄，还有什么不可解除的意
见。因此，孙建议石友三最好先到高那里当面谈谈，石友三表示同意。

1940 年 12 月 1 日早晨，石、孙和黄广源等带骑兵一连偕往高的军
部所在地柳下屯。早 8 点到，高率旅长以上人员迎之入寨。正在会议室
谈笑风生之际，臧伯风亦跟踪而来，进门不入，径往会议室东跨院高太
太房中去了。不多一会儿，高太太的勤务兵进入会议室对高树勋说：
"太太有事请商。"高即一面吩咐赶快开饭，一面离室而去。高离开会议
室半点钟后，突有手枪兵四人进入会议室，将石友三腰间小手枪抓住，
把石架了出去。孙良诚见状，破口大骂，但高树勋避不与见。孙良诚无
计可施，只好单独走了。石友三当夜即被活埋。

石友三之死，是出于高、臧、李和毕广垣等人的密谋。那天石友三
到高树勋处去后，毕广垣立即对臧伯风说："时机到了，你赶快去吧，
高如不扣石杀石，咱们就要遭殃了，你要力促高按照预定计划办事。"

石友三被扣于柳下屯的第二天，石友信带兵两团由观城来濮县，商
议救石友三的办法。毕广垣以召集会议为名，在会场暗布黑枪手，将石
友信枪杀于会议室。

石友三死后，高、石两部高级将领共同商定电保孙良诚继石为六十

九军军长，蒋介石复电却发给了毕广垣。由此看来，扣石杀石之举，毕广垣出力最大，而主使人则是蒋介石。石友三的利欲熏心，贪暴无耻，忘恩负义，叛国投敌，固然死有余辜，但蒋介石排除异己的手段之阴险毒辣，于此亦可见一斑。

左右终究难逢源

——"定国军"军长刘国钧的为官生涯

———

汪烈九

    刘国钧其人名不见经传,但以其入军为官,历经了军阀混战、北伐战争、抗日战争,左右逢源,自有一番与他人不尽相同的经历。

    刘国钧本是湖北陆军旅长刘鼎甲之子,但他的处世之风却酷似他的亲伯父刘佐龙。刘佐龙在萧耀南督鄂时(1925年),曾任师长、军长、省保安司令,还一度兼任过湖北省省长。刘佐龙自壮年从军以至终年,善于自处和对外应付,湖北许多知名人士称之为"不倒翁"。他治军,士兵可以监督长官,下级可以监督上级,百姓可以监督军人……只凭一纸密报信或口诉,即派人密查,所以官兵不敢在外作恶欺民。刘国钧承伯父风范,亦不敢有丝毫马虎。如他任伪军军长驻防沙湖数年,既要向日军领取军饷,又要与属下师长"通融""合作",同时与国民党方面搭上关系,甚至还向新四军提供些许医药乃至武器,与老百姓也要"和睦相处"……各方斡旋,以图自存,颇下了番功夫。

留学日本识冈村

1914年春，刘佐龙在日租界住所里叫出儿子刘天雄、亲侄刘国钧（时年14岁）训话："当今天下，谁握军权者谁得天下！日本陆军为世界军人之楷模，其武士道精神尤佳，堪称日本军人之魂。我担任袁世凯交际大臣（实际上是汉口镇守使杜锡钧物色刘为招待袁世凯旋鄂代表之'招待员'），所结识的刘承恩、哈汉章、王水泉、舒清阿等无一不是日本士官生，就连日人在汉开设的几家大旅馆的老板也无一不是我的熟人。日本强盛，是我国的先师，故此派你俩赴日留学……"

刘国钧与刘天雄先到上海专攻日语3个月，而后乘日轮东渡日本留学。二人先读两年制中学，毕业后考入明治大学预科。1923年两弟兄双双大学毕业，升入明治政治经济研究生院。

当时，刘佐龙得知这两个"不肖男"逆其意而学，便大光其火，去信申斥："我们刘家对政治从不感兴趣。命尔等速速考入日本士官学校，否则，将断绝一切经济供给，悉由自便……"面对"最后通牒"，两弟兄无奈，只得转到"士官"的操场上去接受严格的军训。

那时官方对士官学校的教育抓得很紧，常派陆军省的官员到士官学校对学生训话，冈村宁次大佐即是其中之一。

刘国钧对冈村来军校的情景一直记忆犹新。有一天早上，士官生食堂里来了一个光头、高个、挺精神的军官，在校政主任的陪同下，无声无息地转动着双眼，巡视着正在就餐的每一个学生。第二天清早，这位军官又出现在操场上，背剪着手看学生列队。一连四天，这位神秘人物在校园内多次出现。一周以后，校政主任在全体学员例操后，突然宣布："今天，由帝国陆军省大佐冈村宁次先生训话。"神秘人物登上讲台，双目炯炯光焰直透人肺腑，人中上的一撮短须更增添其威严。只见他双臂直垂，两脚并拢，一动不动，面孔毫无表情，简直像个铸就了的凶神恶煞。士官生们无一不为那气势所震慑，操场上足有五分钟鸦雀无声。忽然，冈村唇动身不动地吼了起来，一阵嗷嗷乱叫，最后连下颏也淌出了汗水。学生们一个个惊恐万状，竟然不知其所云。冈村怒气冲冲，连说带挥手足有一刻多钟，最后来了一句："听懂了吧?"大家瞠目而视，谁也不吭一声。

校政主任见情形如此尴尬，慌忙出面圆场："先生是四国（日本地名）人，讲话不容易弄懂，但这个讲话是万万不可等闲视之的。我提议，让一个中国留学生使用日文、汉语两种语言，将冈村先生的重要讲话译出。"话音刚落，刘国钧热血上突，趁机显露，自我举荐。获准后，刘国钧卖力地把冈村的讲话大意翻译了一通，居然受到校政主任的微笑赞许。

散场后，刘国钧漫不经心地走着，忽然背后有一只大手搭上其肩头。原来是冈村大佐！不经刘国钧发话，冈村即开口道："你的，刘国钧，我记下了。你的前途的，大大地有！后会有期。"刘受宠若惊，诚惶诚恐地报以深深的鞠躬。

宦海浮沉七年间

刘国钧在日本士官学校读到第三年的春天，即 1928 年春。5 月 3 日，山东济南发生惨案。消息传到了日本，校方硬称日本干涉中国内政，打死中国人，强占山东省省会济南，是"完全出于良好的愿望，是为了保障中国的安全"。中国学生对此义愤填膺，决定举行罢课以示抗议。校方警告说："你们如果在大日本帝国本土上胡作非为，莫怪我们不客气！通通地将你们关进监狱！"时任军长的刘佐龙在国内得讯，当即来电："必须严守校规，不获士官文凭不得归。"然而，刘氏弟兄已然卷入抗议活动，尽管只需两三个月文凭即可到手，亦与其他中国同学一样，舍弃文凭，归国了。

当刘国钧二人踏上汉口日租界，走进刘家黑色大门，不待家佣报完："大少爷、二少爷（排行叫法）回国啦!"刘佐龙便一扣腰间皮带，从内厅冲出来大骂："刘家没有这样的猪狗，都给我滚，只要我活着，你们两个猪狗就别想进门!"刘国钧只好独自跑到南京，在国民政府军事委员会登记备案，以求他途。

不久，刘国钧应"中央军需学校"之聘，当了军事教官兼队长。后来，这位日本士官学校的高材生被冯玉祥的干将、南京政府军政部次长鹿钟麟看中，相约赴石家庄，找到第二集团军，被任命为少将参谋;而后刘又领冯玉祥之旨意，回湖北运动其伯父刘佐龙之旧部附冯，自己也当上冯属下的三十二军军长。不料，好景不长，张学良从关外发兵，张蒋合击，挫败了冯玉祥，并下令通缉冯及高级将领，刘国钧亦在其中。冯被迫携刘等转赴甘肃，因见刘年轻，上进心切，便特意给了他一大笔钱，令其再渡东瀛深造。

1931年，蒋、冯握手言欢，通缉令自然取消。刘国钧再返故土，找到了刘佐龙的旧部范伯衡，在南京陆军军官学校当上教官。为了安慰旧日上司的侄少爷，范伯衡对刘国钧说："钱任你花，官职暂屈就少将衔吧。"军校教官徒有空衔，当了一年，刘实在寂寞，于是范伯衡在得知刘的"苦恼"后，又介绍刘飞往重庆，找到"复兴社"的宣传处处长康泽。康泽给了刘以"四川省军事委员会委员"衔，交办暑期"军训班"，集训四川全省高中生，并嘱刘说："必须牢牢抓住四川学生。"

从1932年到1937年，刘国钧一会儿在重庆搞学生军训，一会儿又飞到江西星子县做"战地战术教官";还参加了以蒋介石为团长的"峨眉军官训练团"，出任少将连长，执教的军官无不是"将"字号。在野在朝，刘国钧已沉沉浮浮七载，总算"钻"到了"老板"康泽的圈子里，并因其顺从卖力受到康另眼相待。

武汉秘密见"老师"

1937年，国民党中央政治大学迁往贵州，蒋介石特意在武昌留下一部分人，开办"留日特别训练班"，男女学员千人，刘国钧又被派往任教。训练班的政治部主任是陈诚，周恩来、郭沫若亦来此作过报告。

训练班不到一年即结束，康泽任命刘国钧到自己控制的别动总队第二纵队当特别参谋长。康泽说："刘国钧是湖北佬，九头鸟嘛，以鄂治鄂。"刘往湖北岳口第二纵队金亦吾处任职，实为代行"钦差"之实。

金亦吾身为别动总队二纵队队长，虽率队驻防岳口，两眼却盯住沔阳——武汉的大门。值1938年秋，武汉沦陷，岳、沔已成游击区，金亦吾"请"刘国钧坐镇沔阳的仙桃镇，公馆设在仙桃正街"湖北银行"内。

1938年冬天，长时间的鹅毛大雪，几乎封江锁口。有一天，情报人员报告："汉江下游有7艘日本炮艇向仙桃方向驶来，看样子是来者不善。"刘国钧深知日本人的习性，尤其是其情报机关异常灵敏，所以起迎来敌，必须绝对谨慎。他暗暗布防，又到仙桃镇上一家大药材行聚众赌博，吆三喝五大赌一顿。时至夜半，刘假称"解手"，从药材行后门溜出，渡过汉水，来到堤岸下一所哨棚内，开始调兵遣将。

拂晓，7艘炮艇闯入刘部防线。哨所内一声令下，别动纵队布在汉水两岸的兵士枪炮齐鸣，以简单的武器竟击沉了日军的两艘前卫炮艇。余下5艘日艇掉头就跑，可惜，刘的部队没有舰艇追击，不然，那5艘炮艇同样逃不脱葬身水底的命运。

这场战斗由于刘国钧做得不声不响，绝对保密，日方情报机关失灵，吃了大亏。恩施等地的报纸借此把刘国钧吹成了"天兵神将"，称其打的是"立体战术"，云云。

战斗发生一周后，刘国钧的副官忽来报告："有客求见，声称非刘国钧不见。"刘国钧甚感奇怪，猜不透来者何人何干。为谨慎起见，他不要副官接待来者，亲自出后门驶前门，到公馆厅前探视不速之客。

刘见来人身着长袍、马褂，头戴瓜皮帽，架金丝眼镜，颇具书生气，便凑上前问："先生从哪儿来？"

对方先是一惊，随即镇定地反答为问："想来阁下定是打立体战的刘先生了？"

刘国钧："请问贵姓、大名？"

来人："刘。五百年前本一家啊！"

刘国钧："想是有重要话说？"

来人："那就请将军撤去左右。"

刘示意侍从为其"洗"身，除了发现相当数量的金钱而外，余无他物。

搜查毕，来人含笑说道："这该可以答应我的请求了。"

于是刘国钧挥退左右。

来人始小声说道："阁下可否记得冈村宁次先生？"

刘国钧半悉其来意了，忙应答："当然、当然。"

来人："先生十分想念你。你是士官生的佼佼者啊！是大大有用之才呀。先生十分器重你。"

刘国钧见对方如是说，正言道："是冈村派你来当'说客'的吗？"

那人见刘表情变化，脸色倏地转白，忙说："不是'说客'，纯属礼节性问候。"

刘国钧看来人面有畏色，急欲摸清对方底细，变颜又道："冈村宁次是我的老师，尊师重道是我们的民风，天地君亲师，要立奉神位的嘛。”

那人立即喜形于色，便捋着长袍说：“将军，请给我一把剪刀！”

刘国钧微微一笑：“这里只有刺刀！”

不想长褂先生“扑通”跪倒，不住地求饶：“别、别，别用刺刀呀！”

刘国钧好不生气地告诉对方：“这里是军事机关，只有刺刀，这是实话。剪刀，那只有找裁缝了。”刘随手取出战刀投掷于地，那人更不敢接，只指着长褂一角，战战兢兢地说：“在……这，在……这。”

刘国钧持刀对人，只听“嘶”的一声，长褂一角破裂了，一纸信笺显露出来。

那人立时捧信于手，慢慢起立，呈举于刘国钧：“这是冈村先生特致刘将军的。”

信是用熟练的日文写的：

……我居然盼到我的学生能跟老师打仗了。记得在东京时，我说过，先生一定要让学生才算先生。你们中国的老话“青，取之于蓝，而青于蓝”，过去我认定你不错，果真如我所料啊！我只希望我昔日的学生能来三元里（日本派遣军驻武汉司令部所在地）先生家里做客，叙师生之谊，这便是我一生最大的安慰了。我惦记你，我相信你也一样——记惦老师！

冈村宁次

读罢此信，刘国钧若有所思，许久不再言语，“聪明”的使者始终耐心等待，不再说多余的话，厅内出现长时间寂静。

临到副官来催开中饭，刘国钧才吐出话："你今天暂住旅社，今天不可能给予回答的，你就等信吧。你要注意，切莫与外人接触，我给你一张名片，必要时，拿出来可以抵挡一阵子。总之，等我的回信吧！"

送走来人，刘国钧左思右想拿不定主意，既要与冈村"叙师生之谊"，与日方搭上关系，又恐重庆方面得知后，自己吃家伙，只得给重庆康泽发报探口风：康老板，我们在鄂中一仗的消息谅早达座右。今冈村遣人要我赴汉会晤，想必有谋？对于使者是解往重庆还是就地枪决，请予裁定并示知。两日后，重庆复电：一、释放来使；二、去见冈村。康泽。

接电报后，刘国钧释放了使者，但对去武汉见冈村却颇费踌躇。正在游移不定之际，康泽二次来电："大胆践约，速如此行。"刘国钧正中下怀，疑虑顿消。

1939 年春节过后，刘国钧化装成商人，乘马搭船抵汉阳，住进了"太和医院"。奇怪的是，医生、护士均不问其姓名，只例行公事地为刘国钧测量体温，引这位新"患者"入病室———一间单独的房间。

刘国钧的家近在咫尺，但他不敢回去看望老母。夜半，医院院长郑湘廷入室，对刘国钧说："你很辛苦，什么都别说。休息休息。药，也就不必开了。"然后退出病室。二人彼此心照不宣。

两天后的早餐时间，一位着中山装的日本人到"太和"，见了刘国钧便行礼，十分谦卑地说："司令官要接见你。让我先来口头通知，具体时间容再告。"

晚间上灯时分，那个"中山装"来了，打了手势只吐一个"请"字，刘国钧便知，进入停在医院门前的小轿车。车在黑暗的街道几经穿行，许久才抵三元里。

在日军司令部，师生会面。当年的日军大佐如今已是中将司令官，威武严厉之风，比刘国钧的想象有过之而无不及，但对学生，还是以"礼"相待，用语客气，甚至连发音也有点中国化了。经过一阵寒暄，冈村宁次从一张堆满文件的半圆形办公桌上抽出一份印刷件递给刘国钧，说道："刘国钧应成立一支30万人的中国军队打中央军。你可以掌权，还可联合士官生刘天雄……文件上写得清楚，你现在着手抓军队、办学校，至于军械、军饷，概由大日本供应。"

刘国钧初料这顿酒不好喝，根本未能料到冈村非但没予责备，反而如此信赖自己，以及日本人有这么大的胃口，惊喜之后，又怕拿不准得罪重庆方面，忙答道："我带兵可以。搞军队一个巴掌拍不响，梅兰芳会唱戏，没有徐兰源拉琴就不行，帮手、搭档很重要啊。"

冈村严肃地说："你说，到哪里去找帮手？"

刘国钧说："我的搭档都在重庆，不去重庆我到哪里找得到？"

冈村浓眉一挑，头摇得如拨浪鼓，连连说道："你的，拿生命开玩笑！重庆说不定侦知你来武汉了，绝对的，去不得重庆。物色对象可在武汉。"

刘国钧竭力争辩："杂牌子，行伍出身的，很不好使用，高质的，须系科班，懂军事。老师想想，是科班的，有几个还留在武汉？你既然寄希望于学生，请老师允许学生把事情办得更好一些，为老师争光。"

冈村无可奈何地叹息了一声说："好吧，只得如此，但须把时间抓紧，往返重庆两个月足够了！"

于是，双方达成协议。

刘国钧在下榻处又住了两天，其后冈村派伍岛课长用小汽车送刘到接驾嘴，上了快艇，连夜到达汉水下游的汉川城。前面便是游击区了，日本快艇只好折转。

第二天，刘国钧乘民船回到岳口，纵队司令金亦吾见面便说："老天爷呀，康老板一天三次电报，催你赶快去陪都，可能有挺重要的事情，说不定让你当大元帅了！"催促其马上动身。刘接过电报，只见康泽的电文是："到宜昌候专机来接。"刘不敢耽搁，即日起程。

去宜昌，一路上都还平安，刘国钧颇感欣慰，自认为对武汉、重庆两方面都是应付裕如。

可是刘国钧一到宜昌，飞机场等候他的话是："飞机出故障，一刻难以修复。"刘国钧赴渝心切，也因冈村限期太紧，只好走水路。

刘国钧去轮船公司买了有舱位的船票，并备好了途中生活用品，正要回到旅社，一青年堵住进门路口，举手行了军礼，然后客气地说："严重主席有请刘参谋长，请随我来。"

刘国钧很是诧异，借口推诿："开船在即，容后再拜会严主席，烦转口信。"

青年微微一笑："严重主席要保证参谋长的安全，请别误会。"

刘国钧明知"有请"是假，要行"软禁"是实；转念一想也无所谓："脚踏两只船，跑的东南西北风，怕什么！总是有老板的嘛。"

刘国钧随青年来到一所没有门牌号码的高墙深院，果然哪有什么严重主席等候？不像住家处所，也非办公地方，除了几个像兵不是兵，像官不是官的便衣人员外，什么也没有。青年一点头，反身外出一把扣紧了大门。

刘国钧在这里受到优待，定时有人送来茶水饭菜，只是与外面隔断。过了两天，小老乡、军统湖北站站长朱若愚来探刘国钧，对他说："狭路相逢啊，他乡遇故知呀！"

刘国钧深知来者是戴笠的人，不能有丝毫马虎，硬着头皮说："你老兄，一家人不说两家话，何必转弯抹角，要审问就直截了当，痛痛快快！"

朱若愚忙说："不必说陌生话，终归是乡梓之情啊。我只能算请教。你好好地当着二纵的参谋长，又何必去武汉拜老师呢？"

刘国钧打着哈哈应对道："这话又如何能讲清楚！只需你举手之劳——拍个电报问一下康主任，什么疑难病症、顽症，不也就一治即愈了吗！"

朱若愚见刘国钧答话坦然，似真有点儿来头，便软了口语："公事先放一放。我们来叙旧好吗？谈私房。"

刘国钧见机抓紧不放："不必绕圈子。康老板要刘国钧下汉口，我不能往西走；康老板令刘国钧上重庆，我不敢向东走，端人的碗，服人管。若是康老板说，刘国钧不需在宜昌监禁，那么，还是请老同乡高抬贵手放行才好。"略停顿，刘国钧伸手拍了拍朱若愚的后腰板，笑着说："康老板说刘国钧是贼，你就抽出你的'手心雷'（近距离杀人小手枪），照准我的喉管赏一粒花生米不就了结？"

刘国钧软硬兼施一番话，朱若愚不敢等闲视之，只得说："一定遵嘱电请重庆，一俟复电后我即送行。在这之前，鸡汤管喝，鲇鱼管吃，待遇优厚，决不马虎。"很有点讨好的味道。

大约又"关"了几天，一日朱若愚喜笑颜开地赶来说："复电了，复电了！受屈了，受屈了。"说完忙派两个小特务送刘国钧上船。

船抵重庆朝天门码头，刘国钧只身登岸，康泽的秘书袁永复等一班人来接，一面问候、握手，一面嚷着要刘国钧拿出湖北特产来请客，竟似全然不知刘国钧在宜昌被军统关押了许多日子。

康泽安排刘国钧住两路口一家办事处，却又迟迟不召见刘。刘国钧只得耐下性子，整天和一些男男女女搓麻将、玩牌九，一晃就是半个月。

有一天，刘国钧正在玩牌，有个年轻人递上一张纸条："委员长请，康。"刘国钧立时推牌,兴奋异常,辞别牌友,上了专车。汽车沿着嘉陵江往北飞奔,走了许久,直到一座庙宇似的别墅前停下。这里有士兵把守,空旷、宁静,真是一个好住处。

康泽引刘国钧入别墅,见到了久已闻名的蒋介石。蒋用浙江话毫无表情地说了句:"辛苦了!把汉口的情况谈谈吧!"

刘国钧如前所述报告了情况。之间,蒋介石时有插话:"他(冈村宁次)该是中将了?"刘国钧答是,蒋介石点头后,刘国钧又把冈村宁次所写文本复述一遍,谈到要组织 30 万人打中央军,蒋介石笑了笑。当刘国钧说要在重庆拉一批军事骨干时,蒋介石神情又十分严肃起来,并且问:"还有什么要讲吗?"刘国钧说:"没有了,请委员长指示。"

蒋介石抬头望了望邻座的康泽,康泽迅即点头。蒋介石才说:"我说。"

刘国钧即刻掏出小本子准备记录,蒋介石马上制止:"只用心听,勿记。"他停了片刻,饮了一口水后才说:"一、不准从重庆带人走,如今青年人易变,谁又不是你的儿子;二、你不担负情报任务,按总队长部署的去做,这样安全;三、更不必与我联系,日本谍报机敏,对我说也等于在对日方说,有什么好?我始终信任你。"

康泽说:"我已经安排好,只派向石。向是京山人,跑你我之间,此人机敏,好吗?"

刘国钧感到总算没有白跑这趟,随即告辞。蒋介石送了几步又嘱咐:"千万谨慎、善处,不作无谓牺牲。"刘国钧满心高兴,连续三次给蒋行礼。在返回的车上,康泽又嘱咐:"过一二八师王劲哉辖区可千万注意啊,我们在那里丢了十多人!"

由重庆回到汉口,已是 1939 年初夏。

风雨沙湖定国军

刘国钧见到冈村宁次，备述重庆拉人不利情形。冈村说："获知你在宜昌被捕消息，真令我担忧。"陪坐的伍岛课长也说："你家里人也几乎吓死呐！"可见刘国钧的一举一动，双方都有了解。难怪刘国钧80余岁之时仍感叹地说："夹缝中的人实在难做，过日子令人提心吊胆。"

冈村不无责备地说："叫你不要去重庆嘛，白白地流失了那么长的时间！据我所知，汉口方面就有你所能用的人。"

刘国钧知道冈村意在让他搜罗国民党退出武汉时留下的残兵败将、土匪地痞——那帮上不了正席的"狗肉"！

"用什么名义拉队伍为好？"冈村见刘国钧沉思不语，连问了两遍。

刘国钧忙说："'华中剿匪军'怎么样？够气派吧？"冈村点头同意。伍岛插问："需要多少开办经费？"刘说："开始嘛，20万元。"伍岛马上抽笔开了支票。

从冈村办公室出来，早有专车等候，伍岛又为刘国钧派了"护卫"，并说可随护卫先领取步枪7000支，所需机关枪、钢炮将陆续下发。

"剿匪军司令部"初设在汉口四明街，虽然众多来人难得有刘国钧看上眼的，不过总算拉了一支队伍。在汉口住了两个月，司令部又迁到汉川城的游击区"门前"，刘国钧请叔伯兄长刘天雄担任司令官，自己捞了顶"参谋长"帽子。

1940年，日方在华北战场失利，土肥原下台，冈村奉命北调，在华中的日军也日夜由南运北，鄂中地区的作战形势有了很大程度的缓解。

刘国钧赶到武汉大智路车站为老师送行，师生相对长久无言。冈村终于打破沉默，开口道："实在不幸，我们师生刚刚聚首，正好携手合作干番事业，可是我又要离去。为了你的前途，你跟我去北方吧！"

刘国钧说："我是湖北佬，只在湖北有用，离开湖北就是光杆。"冈村点头默许。

随着冈村的北调，"华中剿匪军"迅即垮台。这时，从上海来了个熊剑东，此人在上海游击过日军，被俘虏后投到汪伪大特务李士群名下，曾组织过忠勇救国军，如今又跑到湖北，在日本人支持下组建了黄卫军。

伍岛与刘国钧疏远有日，忽然有一天跑到刘国钧家中，告诉刘国钧："黄卫军的，熊剑东的，需要你去当副军长行吗？"并抽出一柄短剑赠予："日本战剑是神圣的！你的得到是挺荣耀荣耀的！剑可刺人，也可自刺，不成功，便成仁。你的当副军长，是皇军的赐予，光耀光耀的。"刘国钧见"剿匪军"既垮，也乐得接任黄卫军副军长。

熊剑东为人十分贪婪，从日本人手中领到的全军饷金200万元，外加鸦片烟、食盐、配给布等，几乎全被他侵吞。熊还把日钞换成金条，并在上海构筑别墅公馆，反要属下的汪步青、李太平两个带数万人马到乡间放枪，搜括地皮以维持生活所需。于是，熊剑东与汪步青、李太平矛盾激化，而刘国钧名义上虽是黄卫军副军长，但长期幽居武汉，坐享清福，绝不参与其间的明争暗斗。

到了1940年上半年，沔阳、汉阳各地突然出现了许多标语："打倒熊剑东，扶持刘国钧！""熊剑东无耻，牲畜有脸！""中日提携，维护东亚和平！"等等。原来，这都是汪步青、李太平两个师长搞的。

日军警备司令部对此当然不能坐视，司令官石本增直到刘国钧家中，大叫："熊的，不能再当军长了，再干，熊回不了上海！本司令官不能让他再干了，由你继任！"刘国钧假意推辞了一番之后当然接受。于是，一场争夺军权的闹剧方被平息。

1940年5月，刘国钧走马上任，集中了直属大队和汪、李两师人马训话，沔阳、汉阳两县的士绅也到会祝贺。这些乡绅为了捧场，当场建议："黄卫军本意是保卫黄色人种，但上海的熊剑东未能做到；刘军长乃将门之后，绝不屈此臭名之下，我们两县代表望贵军能安邦定国，故特向军长提议易军名为'定国军'！"当场众人一阵掌声，于是拉起了定国军的大旗，刘国钧则斡旋于日军、向石（重庆）之间，两面讨好，虽应对自如，官位得保，但于国于民却犯下了罪行。

被捕·特赦·光明

1945年9月，日本宣布投降，武汉亦随之光复。刘国钧满以为这一下要受到蒋介石的嘉奖，谁知国民党汉口警备司令部司令阮齐却下令逮捕了刘国钧，其理由是，刘国钧当年出走重庆，《中央日报》刊登过通缉令。那不过是当时蒋介石曲线救国手段，烟幕弹一颗，如今却翻脸不认了。

有一天，刘国钧的妻子送牢饭时告诉他："康泽与蒋经国争夺三青团首席，蒋介石迫使康出国'游历'，你想康能保你吗？他是泥菩萨过江——自身不保啊！"刘国钧听罢，不禁在监狱中狂叫："康老板呀，你是委员长的嫡系儿子，可不是嫡亲儿子呀！"守兵大骂刘国钧"疯了！邪了"！并以开枪相胁。刘国钧的妻子见"中央"无人来保，也只好自家出了几根金条才把丈夫"保释"出狱。出狱后，刘国钧看清了仕途文章，便自顾自地做起买卖来了，直到全国解放。

中华人民共和国成立后，人民政府根据刘国钧在解放前的罪行判处其有期徒刑，而后特赦，安排他当了湖北省文史馆馆员。刘国钧激动地说："国民党捕我，向我要金条；共产党捕我，因为我助日无道；后又特赦我，给我以丰厚的生活待遇。孰是孰非，泾渭分明。"

1989年夏，刘国钧走完了他复杂的人生历程。

蒋光鼐的青少年时代

蒋庆瑜①

破落世家的"娘子暍"

富饶美丽的珠江三角洲上,坐落着一个小小的村落——东莞县新基村(今名三蒋村)。1888年阴历十一月十五日,我的父亲蒋光鼐(字憬然)就出生在那里。他的祖父蒋理祥,是咸丰年间的进士,被钦点为翰林;父亲蒋子敏,是光绪年间举人。当他出世的时候,村前还耸立着标志他祖父功名的大石牌坊,家里还摆着咸丰皇帝御赐的红瓷花盆,但令人奇怪的是这个书香世家却十分清贫。

1903年农历十月初一,祖母郑氏病危。临终时,她把父亲叫到床前,语重心长、充满抚爱地说:"阿憬,你爸爸读了一世书,也教了一世书,虽然满腹经纶,却无所作为,将来的世界是军人的世界。你还年轻,既然文字不足以救国,你就弃文从武,发奋做人吧!"

---

① 蒋庆瑜,系蒋光鼐将军之子。

十天之后，怀才不遇又秉性刚直的爷爷也在北京病逝，年仅 48 岁。

当时父亲刚满 15 岁。这个生长在破落书香世家、被称为"娘子腔"的文弱书生，顿失双亲，孤零零地被留在这混沌的人世，其悲痛和茫然可想而知。

投笔从戎

料理完双亲的丧事，家里已是一贫如洗。自幼的耳濡目染，使父亲对文章和书法都颇有功底。为了生活和继续学业，他以一份获得"贴堂"荣誉的试卷，在第二年（1904 年）进入了免费的东莞师范学堂。

1906 年，广州陆军小学第二期招生，父亲十分兴奋，他认为实现母亲遗愿的机会到了——弃文从武，发奋做人！他不顾竞争的激烈，满怀信心地报名应试。

当年 8 月，他和师范学堂的同窗好友李章达、张廷辅、袁煦圻等人一起考取了黄埔陆军小学，从东莞来到广州。

当时同盟会已经成立，邹鲁、姚雨平等都是同盟会在广州秘密机关的领导人。

1907 年，父亲和许多革命青年一样，毫不迟疑地剪掉了头上的辫子。入校第二年暑假，他曾回到故乡探望兄嫂，但是家乡父老兄弟见他没有拖着那条长长的辫子，都十分惊骇。有人摇头叹息："真可惜，爷爷是显赫一时的翰林，父亲也是大清举人，却出了这样一个不肖子孙！"一些同族的长辈们相约来到家里对他戟指斥骂："既读诗书，却目无纲纪，此乃不忠；撼逆朝廷，势必株连同族，此乃不孝；不忠不孝，宗族难容！"他们警告说，如果不留上辫子，而再敢回来，就打断他的腿！

然而，更令他们吃惊的，这位当年柔弱的"娘子腔"，居然不动声色，缓缓地说："故土养育之恩，我将没齿不忘。不过一定要我拖着辫子,我是再也不会回来了!"

"男儿大丈夫,四海为家。"他用这句话告别了兄嫂,然后走到父母墓前深深地鞠了一躬。他走了,直到清王朝覆灭之前,果真再也没有回到这片他至亲至爱的故土。

辛亥一兵

南京——古都金陵,20 世纪初,这里有一个培养新型职业军人的学校——第四陆军中学(全国另三个陆军中学分别在河北清河、西安、武昌),学制两年。1909 年父亲从广东陆军小学来到这里,度过了辛亥革命前的两个春秋。

虽然身在文化名城,他却无暇怀古,也很少去游览名胜。一来到陆军中学就投身于同盟会的秘密活动。他知道同盟会成立以来所发动过的一次次武装起义(1906 年在江西萍乡,1907 年在镇南关,1908 年在云南河口)都失败了。许多革命者,像徐锡麟、秋瑾等人都惨遭杀戮。这些都使他心里复仇的怒火燃烧得更加炽烈。除了在校内发展组织外,他们的活动目标是联络当地新军的力量,准备起义。

当时,父亲和一起由广东陆军小学来到陆军中学的陈铭枢来往密切,父亲比较内向,不喜欢出头露面;他的性格却相反,遇事总是雄心勃勃,也很受同学们的信任。陈铭枢入校不久就成为学校同盟会对外联络的负责人,因此消息十分灵通。1911 年 3 月的一个傍晚,陈铭枢悄悄对父亲说:"从广东赵百先(赵声)和其他人来信看,可能会有大的行动,我想回去看看。"父亲闻讯也十分兴奋,他说:"养兵千日,用兵一时,我们一起走!"陈铭枢说:"不妥,人走多了,就会引起注目,搞不好倒走漏风声了。如果有关方面同意,我再告诉你们采取行动。"十几天过去,当父亲还在焦急地等待消息的时候,却在 3 月 30 日的报纸上看到了前一天（3月29日）广州起义失败的消息，这使父亲大为震惊，也很为陈铭枢的安危担心。不料，当天晚上，陈铭枢就回到了学校。

不久，又传来了广州起义主要领导人之一赵声在香港病逝的消息，直到临终时他仍在感叹"出师未捷身先死，长使英雄泪满襟"。从黄埔陆军小学起大家对赵声就十分崇敬，特别是陈铭枢和他交情甚厚。陈铭枢十分沉痛地对父亲叙述了自己回广东的情形："他们坚决不让我参加行动，更不用说大家了。我在香港一见到赵百先，他就严肃地说：'你们军校学生是将来革命的种子，以后推翻清政府，掌握军队，全靠你们一批人了，怎好轻易牺牲呢……'他说起义成败未卜，让我赶快回来。不想他死时这么年轻！"

广州起义的失败促使黄兴决定把同盟会领导机关迁到上海，准备在长江中下游发动新的起义。

1911年10月10日，辛亥革命爆发了！武昌起义的消息传到南京第四陆军中学后，连续几天父亲都参加了同盟会的秘密会议，他们紧张地筹备着要与一营新军联合发动起义。

父亲当时已届毕业，经常使用武器进行演习和实弹射击，这些武器弹药都集中保管在礼堂后面的武器库。为了准备起义武器，他们日夜监视着。但十分不幸，学校当局畏于形势，早有防范。一天深夜，趁大家熟睡之时，突然把武器弹药全部运走了。这使大家十分沮丧，赤手空拳怎么起义呢？

父亲和四五十名同盟会会员秘密围聚在校园墙边的菜园里，一致认为即使在南京不能起义，也要以天下为己任，不能袖手旁观。他们决定：齐赴武昌，参加战斗！

当夜，陈铭枢未经请假越墙出走。校方为稳定人心，立即把他通报除名。学校督办召集全校学生训话时讥讽说："黎元洪乃放鸭子出身，难成大事，愿诸君自爱，切勿盲从！"另一方面又以军纪王法相威胁。但父亲看来，既然理想的曙光已在眼前，仕途利禄乃至艰难险阻，也就都不屑一顾了。

两天之后，他接到陈铭枢已从上海回到南京的消息。由于他无法回校，就约父亲和李章达等到车站边的小旅馆里开会。陈铭枢介绍了见到宋教仁，并从他那里拿到 500 元路费的经过。他很费一番口舌，才说服了负责南京事务的柏文蔚同意了大家到武昌参战的要求。这一消息使大家兴奋异常，当即决定分三批前往武昌。

1911 年农历八月二十四日，一艘外轮载着第一批南京陆军中学赴武昌参战的十几名同学，沿长江逆水而上。他们由陈铭枢率领，成员有蒋光鼐、李章达和江苏陆军小学的陈果夫等。他们血气方刚，为推翻大清帝国的统治，赤手空拳地踏上了征途。

当轮船在隆隆的炮声里靠岸的时候，汉口已被清军占领。他们迅速奔往江汉关乘轮渡到武昌都督府报到，被安置在都督府旁边的方言学校里，编为中央第二敢死队。他们当夜就领到了枪支弹药，并在第二天参加了汉口龙王庙登陆的战斗。战斗不顺利，队伍很快就退回武昌。不久，南京陆军第四中学的第二、第三批人员陆续到达，总共 100 多人。

10 月 3 日，黎元洪在武昌阅马厂筑坛拜黄兴为民军战时总司令。父亲说，这是他有生以来看到的最为壮观的场面，军校学生身着灰色军服，打着绑腿，头戴大檐帽；湘军则背着带刺刀的长枪和缠着红布的大刀，黑布缠头，连唱戏的演员也拿起了大刀长矛。起义者人人都沉浸在极度的亢奋之中。

黄兴对南京陆军第四中学 100 多名志愿投效者十分赏识，格外亲切，编为学生队，直属总司令部。

11 月 16 日夜，大雨滂沱，革命军发动了一次收复汉口的攻势。

这次战斗的经过，似乎令人难以相信。第一路成炳荣喝醉了酒把队伍带到洪山脚下，士兵在泥泞中行进累得筋疲力竭，只好在洪山脚下滞留；第二路杨选青置军令于不顾，大摆宴席娶亲，队伍根本没有行动；只有第三路按计划渡过了浮桥。由于其他两路没按命令行动，使敌军毫无牵制地全力扑向渡江部队。加上甘兴典的湘军不战而退，致使全线崩溃。等父亲跟着队伍退至浮桥时，浮桥已被挤断，许多士兵落入深秋的汉水里丧生。直到黄昏，他才登上最后一条接运的小船返回汉阳。

事后，杨选青被正法，成炳荣被撤职；甘兴典临阵逃脱，率部向湖南逃窜，黎元洪电请湖南都督谭延闿待部队到达后立予正法。这次进攻就这样悲惨地结束了。

经此一役，参战的军校学生思想上产生了强烈波动。鲜血和死亡使他们认识到：革命绝非仅仅是激动人心的口号，而是面对死神的严峻考验。有人动摇了，尤其看到不少湖北陆军第三中学的同学纷纷找关系在都督府当上了各部科员，这些自认为文武全才的年轻人，颇感屈才，不再想去冲锋陷阵了。黄兴虽曾亲自对学生军训话劝说，但许多人仍执意要回南京去。父亲心里也十分矛盾，看到自己梦寐以求、为之奋斗的神圣事业被许多人视同儿戏，心中颇为失望。但他明白，做事要善始善终，为人应只求尽责。于是，他和剩下的五十来人留下来抵抗，与冯国璋部隔水相对，夜间就露宿在冰冷的堤岸上。

11月25日，他们接到了开赴十里堡堵击的命令，当时敌军从汉水上游渡江发动进攻。驻守仙女山的湘军和驻守花园山、扁担山的鄂军已全部溃退。他们英勇苦战了两昼夜，终因兵力单薄，援兵不至，而无法支持。当他们撤回汉阳昭忠祠的时候，总指挥部已空无一人。他们匆忙赶到江边，随着正在退却的部队十分怅惘地向武昌转移。

回到武昌的第二天，父亲等奉命随都督府机关移驻青山。

不久清军完全占领了汉口、汉阳，并且开始纵火。四十几天艰苦的战斗，如梦般过去。

他虽已戎装五年，但这是第一次实战洗礼。作为志愿投效的普通一兵，他参加了武昌起义，虽然几次战斗都节节败退，但使他欣慰的是，武昌起义所点燃的革命烽火，使摇摇欲坠的大清帝国终归覆灭。

癸丑风云

1913 年宋教仁遇刺身亡，全国舆论哗然，也使刚刚改组的国民党人认清了袁世凯的反动面目。

当时，父亲正在保定陆军军官学校学习，生活也发生了一些变化。自从黄兴从武昌东去，留在青山脚下的学生军就再也无人问津。虽然他们曾满腔热情地参战，后来却不得不为前途担忧。当南京政府遣散军队的时候，幸好父亲接到保定陆军军官学校的入学通知。这时，一件终身大事使他思虑再三。

原来我爷爷在北京教书的时候，和同乡谭之斌过从密切，在他们知道自己的妻子都已有身孕时就约定：同生男，拜为兄弟；同生女，拜为姐妹；一男一女则结为夫妻。十分凑巧，与父亲同年出生的恰恰是个女儿，为这事两家都曾热热闹闹地庆贺过。因此何时完婚，以告慰双亲亡魂就成了父亲的一桩心事。父亲想到，自己已 23 岁，再不完婚就会有"不孝"之嫌。于是在赴保定报到之前，他回到了阔别五年的故乡，在兄嫂居住的祖屋里，十分简朴地和指腹为婚 24 年之久的谭妙南举行了婚礼。

6 月下旬，李烈钧准备在江西发难讨袁的消息传到保定陆军军官学校。这犹如一道无声的命令，父亲和季方、陆铸东、张廷辅、殷公武等 30 多名国民党人闻风而动，毅然离校，奔赴南昌参加起义。

李烈钧对军校生颇有好感。辛亥革命中李任江西都督府参谋长的时候就曾罗致一部分南京陆军第四中学的学生在其部下工作。其中李明扬就是当时的敢死队队长。如今正当用人之际，看到这一行人前来投效，自然十分高兴。

江南的 7 月，骄阳似火，父亲随李烈钧到达湖口，协助筹措起义。7 月 12 日，李烈钧通电讨袁，开始了轰轰烈烈的二次革命，父亲被任命为方声涛右翼军司令部少校参谋，当天就在八里坡与敌军遭遇激战。苦战十余日后湖口失守，他跟随司令部且战且退。旅长方声涛原想率部入闽，但福建都督孙道仁拒绝起义军入境，致使军队前无退路，后有追兵，部队无法掌握，官兵四处溃散。

为了躲过袁军的搜捕与盘查，父亲脱掉了军装，化装成当地老百姓，和张廷辅一起跟着几个散兵进入了福建树林密布的崇山峻岭。一路上他们风餐露宿，历尽了艰辛与危难。

几天之后他们遇上了一群土匪。不管他们怎样解释自己是反袁的起义军，土匪都不为之所动。土匪不仅把他们的枪支、钱物等洗劫一空，还把几个身强力壮的士兵扣留，强迫其入伙。父亲身材矮小，年轻时眉清目秀，又身着便装，土匪居然把他看作小孩，没有仔细搜查就放过了。

远离土匪之后，大家都有些垂头丧气，身无分文，寸步难行，大有"虎落平阳受犬欺"的愤愤之感。正在大家一筹莫展之际，父亲不紧不慢地从鞋子里拿出了几块银圆，微笑着举在手里。原来，一路上父亲十分警惕，和土匪刚一遭遇，他就迅速把身上的钱塞进了鞋子里。这些钱，对劫后余生的逃亡者来讲，真是一种极大的安慰。

经过长途跋涉，他们终于到了福州，然后乘船抵达上海。

癸丑（1913 年）年末，全国形势急转直下，南京的讨袁武装也已完全失败。各省在袁世凯的威胁利诱之下纷纷取消独立，捕杀国民党人。全国处于一片"白色恐怖"之中。父亲虽然躲过了袁军的追剿，闯过了野兽和土匪出没的坎坷路途，但当他不名一文、衣衫褴褛地来到繁华的上海时，却不能不痛苦地意识到，广袤的中华大地，已经没有他的立足之地了。

近代军阀盛世才的崛起与谢幕

———

周　锟

在近代中国的历史上，有一位人物，曾把自己的照片与斯大林、罗斯福、丘吉尔、毛泽东、蒋介石并列悬挂，称为"世界反法西斯阵线六大领袖"；曾把自己建立的政权与共产党、国民党并称为"中国三大政治集团"；曾从一介中级军官迅速攀升为独断专行的封疆大吏，变成近代中国数位风云人物争相拉拢的对象；曾从权力巅峰滑落到无人问津的谷底，从左右逢源、翻云覆雨沦至门可罗雀的窘境。这个人，就是曾经专制统治我国新疆地区 11 年之久、显赫一时的"新疆王"盛世才。

军官学生　上校参谋

盛世才，字晋庸，原名振甲，字德三。1895 年生于奉天开原（今属辽宁）的一个小地主家庭。1917 年毕业于上海吴淞中国公学政治经济科，随后赴云南讲武堂韶州分校第二期步兵科学习，毕业后转入东北讲武堂附设教导队军官班第一期深造，接着在第八混成旅旅长郭松龄部下任职，获得了郭松龄和张作霖的赏识。1923 年他由东北地方当局送往日本早稻田大学和陆军大学中国学生队第四期继续深造，后回国参加郭松龄的"倒张"运动。他在郭兵败身亡后逃回日本，并因此被东北当局取消公费资格，后借由冯玉祥、孙传芳等人的资助才得以毕业。1927 年毕业回国，参加北伐军，任国民革命军总司令部上校参谋，1928 年任行营参谋处第一科代理科长，后调任参谋本部第一厅第三科上校作战科长，1930 年经新疆驻南京办事处代表鲁效祖的介绍来到新疆。同样，他得到了时任新疆省主席金树仁的赏识，同年 10 月，被任命为新疆省边防督办公署上校参谋，继而又升为参谋处处长和参谋长、第一师师长。1932 年，盛世才调任东路"剿匪"总指挥部参谋长，未几升为督署中将参谋长兼东路"剿匪"总指挥。正是在这个把握军权的实力派位子上，他得到了成为新一代"新疆王"的契机。

野心天时　相得益彰

在前往新疆之前，盛世才曾经对他的朋友赵铁鸣说过这样一番话：

"此行乃系破釜沉舟之举，有进无退，吾必远到边区另创造一局面，将来或做一东亚红军总司令亦未可知。不然，我就找一老朽长官，假意殷勤，待其死后继承其权位。或深入该地蒙古部落，伪装蒙古血统，求拜蒙古王纳为义子，俟蒙古王死后，即以义子地位代统其众，天下事大有可为。"

显而易见，盛世才的选择是宁愿在边陲巧取豪夺、划地称王，而不甘于在中央坐一个上校科长的安稳位子。而他所寻求的途径，从一开始就包括了"假意殷勤老朽长官""伪装蒙古血统"这类的"偏锋"。可见其不愧为将"天下事大有可为"的野心与"不择手段"的阴谋良好结合的集合体。更关键的是，这种特质适逢千载难逢的良机。

1928 年 7 月 7 日，新疆发生"七七"政变，新疆省政府主席杨增新被交涉员樊耀南刺死，樊自任省长兼总司令。9 日，民政厅厅长金树仁捕樊，判樊死刑，金自任主席，开始统治新疆。天道循环，1933 年，他也遭遇了"四一二"政变的袭击。1933 年 4 月 12 日，新疆省府迪化（今乌鲁木齐）督署参谋处处长陈中、迪化县县长陶明樾、航空学校校长李笑天等人利用归化军发动军事政变。下午 1 时，200 余名归化军分别由巴品古特和安东诺夫率领，一部直奔督署，余部分头抢占各处城门，仅用 2 小时，即占领了城门和城内各要处。政变领导人随即利用东北军的力量，迅速平息了金树仁部的反抗，金树仁只得携家属仓皇出逃，后来遭到南京国民政府的逮捕审判。但是，政变发动者力量单薄，难以维持夺取的政权，于是身为主要领导人之一的李笑天亲自驾机飞往迪化南郊的乌拉拜，请时任"剿匪"总指挥率军驻扎在那里的盛世才出来主持大局，这样盛世才便轻易地登上了新疆临时边防督办的宝座。虽然当时教育厅厅长刘文龙被推举为新疆临时省主席，但实际权力却掌握在以盛世才为首的军阀手中。

清除异己　暗度陈仓

盛世才虽然被政变领导者推上了宝座，但当时他的有效控制区仅包括迪化及周围数县。更何况内部政变功臣们难以驾驭，外部占据北疆的马仲英（马步芳堂弟）和占据伊犁的张培元两股势力又蠢蠢欲动，同时，南京国民政府得知了政变的消息，也准备趁机改变新疆的半独立状态。因此，盛世才当时所面临的形势还是十分严峻的。

1933 年 4 月 28 日，蒋介石宣布参谋次长黄慕松为宣慰使前往新疆，于 6 月 10 日飞抵迪化。黄与政变领导人陶明樾早有联系，到达迪化后更是与陶明樾、陈中等人交往密切。尽管盛世才当时主要在前线指挥，但生性多疑的他早已有所警觉。

于是，盛世才决定先发制人。6 月下旬，他将马仲英部逐出奇台后，马上回到迪化，在督办公署召开紧急会议。李笑天、陶明樾、陈中在步入会场大门的时候，立即遭到逮捕并随即被押往东花园执行枪决。随后，盛世才才向其他与会者宣布三人的"谋叛"罪状，先斩后奏。黄慕松无计可施，只得于 7 月 21 日离开迪化回南京。

国民政府见一计不成，就实施二号方案：一方面承认现状，另一方面利用盛世才的主要实力派对手进行平衡牵制。8 月 1 日，南京国民政府行政院第 118 次会议正式任命刘文龙为新疆省政府主席，盛世才任边防督办，张培元兼伊犁屯垦使和陆军新编第八师师长，三人同为新疆省政府委员。8 月 15 日，南京又派出外交部部长兼司法行政部部长罗文干赴新疆出席三人的宣誓典礼。罗于 9 月 2 日飞抵迪化后，奔波于迪化、哈密、吐鲁番、伊犁和塔城之间，协调各方关系，督促盛世才同马仲英、张培元进行和谈。

盛世才并不打算让"三足鼎立"的局面形成。同样是 9 月份，他在迪化扣押了马仲英的谈判代表，向马仲英开战，使得罗文干的调停计划破产，只得于 10 月 13 日取道苏联回内地。然而，战事一开，凭借罗文干之前的调停，张培元随即与马仲英结盟，从东、西两个方向夹击盛世才。从兵力上来说，盛世才军除小部分驻外县据点外，主要驻在迪化，但也仅有 6000 人左右。其中占半数的东北军派系复杂、不易控制，1000 多名归化军低迷厌战，2000 多当地军队也多老弱病残。由于占领区不广，后备兵力和军粮也很匮乏。反观对手方面，马仲英军约有 1 万人，张培元军亦有 8000 人以上，且多年轻力壮，补给充足。盛世才面临着前所未有的威胁。

面临这种危险局面，盛世才一面做着逃跑的准备，一面把希望寄托于引入强援——他早已把目光投向强邻苏联。早在 5 月，盛世才就派外交署长陈德立到苏联驻迪化领事馆拜见总领事孜拉肯，表示愿意在此前金树仁政府同苏联签订的《新苏临时通商协定》基础上，进一步加强彼此之间的友好关系。9 月，战幕甫开之际，盛世才在家设宴款待孜拉肯等人，除赠送贵重礼物外，他还预先在书架上摆放《共产党宣言》《资本论》等马列主义书籍，并表示他早在学生时代就信仰马克思主义，认为中国只有走共产主义道路才有希望，甚至表示希望与苏联合作，在新疆建立苏维埃政权。10 月，盛世才又派出特使陈德立和姚雄赶赴莫斯科直接求援。但是，作为大国领导人，斯大林并没有轻易地相信盛世才这样的"地头蛇"，长时间对此未置可否，盛世才也只能对这生死攸关的援助望眼欲穿。11 月，苏联方面改派阿布列索夫为新任总领事，对盛世才做进一步考察。处于四面受敌中的盛世才故技重施，千方百计接近这位新领事，对他的意见更是言听计从，逐渐博得了苏联客人的好感。同时，莫斯科考虑到新疆地区对于苏联国家安全的重要意义，也不愿放弃主动上门的良机，天平开始向着盛世才期望的方向倾斜。

1933 年底，苏联终于决定向盛世才提供飞机、装甲车、机枪和弹药等军火援助，更重要的是，苏联红军将直接进入新疆帮助盛世才扭转乾坤。1934 年 1 月，苏军一部在中苏边境巴克图卡换上中国军服入境，对外宣称"阿尔泰军"，军中事务名为由盛世才任命的赵得寿总指挥负责，实际上军中大小事务完全由苏联指挥官自行其是。此时，马仲英和张培元还完全蒙在鼓里。马仲英围困迪化，深知盛世才守军的底细，感觉胜券在握，于是决定只围不攻，以保存实力，准备日后与张培元再争高下。张培元也自认无后顾之忧，从伊犁倾巢东进，直指迪化。不料，苏联红军的一个改装团，自称"塔尔巴哈台军"，自霍尔果斯乘汽车长驱直入，突然袭击张培元的后方大本营，少量的守军瞬时崩溃，苏军随即占领伊犁地区，切断了张培元军的后方补给，张部前线军队自行瓦解。
而在迪化周边、坐享东西夹击之势的马仲英军，反过来遭到盛世才军和
苏军的东西夹击，很快也步了张培元的后尘。结果，张培元在铁板沟留
下一封请盛世才代为照顾妻小、勿失"官家体面"的遗书，饮弹自尽；
马仲英抓住了苏联方面伸出的救命稻草，于 6 月间携带大量财物，经乌
鲁克恰提逃往苏联。至于苏联红军，在取得决定性胜利后，便主动退回
苏联境内。就这样，在苏联的强大外援下，盛世才在真正意义上控制了
新疆全境。同时，在迪化城内，1933 年 12 月，盛世才以刘文龙涉嫌谋
叛的罪名，将刘及其全家软禁，迫令刘辞职，并指定年迈多病的老官僚
朱瑞墀为省政府主席。次年 3 月，朱瑞墀病死。盛世才集军政大权于一
身，开始了他对新疆的独裁统治，成了名副其实的"新疆王"。

朝秦暮楚　图穷匕见

在接受了直接的军事援助之后，新疆与苏联建立了密切的关系，随
着苏联的援助物资源源不断地流入，苏联在新疆的影响力也逐渐地扩
大。而盛世才在这一时期的表现，也让他的共产主义盟友感到很满意。
在这种背景下，刚刚结束长征到达西北地区的中国共产党也很自然地与
新疆政府达成默契。1937 年 7 月全面抗战爆发后，新疆地区作为内陆基
地和国际交通线的战略意义日益凸显，这种默契也随之得到加强。

早在 1934 年，共产国际就指示中共中央提高对新疆工作的重视；
1935 年 8 月，苏联向新疆当局提供贷款 500 万金卢布；1936 年 4 月，盛
世才正式颁布实行"反帝、亲苏、民平、清廉、和平、建设"六大政
策，并编写《六大政策教程》，进行公开宣传；1936 年 6 月，中共中央
派遣政治局候补委员邓发作为中共中央到达陕北以后被派往共产国际的
第一位代表，途经新疆前往莫斯科，在乌鲁木齐与盛世才建立了联系；

1937 年 1 月，苏联再次向新疆提供贷款 250 万金卢布；1937 年 4 月，盛世才派出专人专车，从中苏边境将远从莫斯科而来的陈云、滕代远等 5 人接到乌鲁木齐，这 5 人的任务是赶赴接援正在努力向新疆方向移动的西路军；5 月 1 日，盛世才派出 1 个团的兵力和 40 辆汽车，满载军装和粮食，随陈云等人前往新疆东部门户星星峡，将历经磨难、仅存 400 余人的西路军接入新疆；10 月，盛世才与中共中央派出的八路军代表周小舟商谈在乌鲁木齐建立八路军办事处的事宜。

同年 11 月，盛世才更是做出了令人意想不到的表态。当时，王明和康生由莫斯科途经新疆返回延安，在乌鲁木齐受到了空前热烈的欢迎。会谈时，盛世才提出两个要求：其一，请中共中央派出更多的干部到新疆工作；其二，要求加入中国共产党。第一个要求王明一口应下，但是对于第二个要求，鉴于兹事体大，他不敢立即做出答复。消息传到延安并进行研究讨论后，中共中央做出了积极的回应：一方面，派出包括中华苏维埃工农民主政府国民经济部部长、毛泽东胞弟毛泽民在内的几十名干部到新疆工作；另一方面，1938 年 3 月，中共中央政治局委员任弼时前往莫斯科向共产国际汇报工作，途经新疆时，向盛世才表示中央政治局已经同意接收他入党，但是需要向共产国际请示。然而，请示的结果却出乎所有人的意料：共产国际否决了中国共产党接收盛世才入党的决议。8 月，盛世才应斯大林邀请访问莫斯科时加入苏联共产党。可见，在争夺新疆的战略角逐中，莫斯科把延安也当成了竞争对手。

随着形势的发展，苏新关系更加紧密。苏联不仅将大量援华抗日物资顺着 1937 年兴建的国际交通线输入中国，还向新疆派出大量专家、顾问和工作人员，建立情报机构，甚至直接驻军于哈密等要冲地带。盛世才方面，不仅放任苏联势力进入，而且于 1940 年 11 月 26 日秘密同苏方签订《新苏租借条约》，出让众多特权，同时还将锡、钨等战略资源提供给苏联。

然而，好景不长。1941 年 6 月 22 日苏德战争爆发，苏联形势危急。盛世才错误地估计了战争结局，认为苏联已不再可靠，于是他把身边的共产党"同志"作为祭品，来了一次裹挟着血雨腥风的大转变。

1942 年 3 月，盛世才同蒋介石特使、陕甘宁边区总司令朱绍良开始进行接触。3 月 19 日，他暗杀了曾在苏联陆军大学学习、主张亲苏、时任机械化旅旅长的四弟盛世骐，制造所谓"桃色政治事件"，同时罗织情节，将财政厅厅长臧谷峰、教育厅厅长李一欧等人牵扯进来，严刑逼供，伪造出一个"空前的带国际性的错综复杂的'四一二'阴谋暴动案"。他声称盛世骐被暗杀事件只是冰山一角，幕后是苏联领事馆暗中组织在新疆的共产党人，包括苏联专家和顾问、担任重要职务的中共党员，以及对盛世才不满的当地官员共 300 余位，他们准备在"四一二"革命纪念大会上阴谋暴动，主犯即苏联驻迪化总领事巴库林、新疆督办公署军事总顾问拉扶托、省财政与民政厅厅长毛泽民等人。盛世才以此为借口于 5 月 10 日写信给苏联外交部部长莫洛托夫，指控巴库林参与暗杀事件，并对苏联在新疆的特权表示不满；四五月间，他对新疆各地大量的行政和军事干部进行大肆清洗；9 月 5 日，盛世才通知苏联领事馆，令其撤走全部专家、顾问和驻军；9 月 17 日，他将中共在新疆的所有人员 160 多人全部逮捕，其中包括陈潭秋、毛泽民、林基路等高级干部。盛世才施以酷刑、逼迫陈潭秋等人变节不成，便于次年 9 月 27 日将众人秘密杀害。

凭借这份血腥的"厚礼"，盛世才与已迁都重庆的国民政府迅速靠拢。1942 年 4 月中旬，蒋介石派张元夫去迪化，向盛世才建议让中央军 3 个师开进新疆；7 月 7 日，盛世才致书蒋介石，表示"竭诚拥护钧座与中央之赤诚"；8 月 31 日，第一夫人宋美龄飞抵新疆，代表蒋介石对盛世才表示"中央坚决信任盛氏，将来新疆各项工作需要中央协助与否，全由盛氏决定"；盛世才组织盛大欢迎仪式，亲往机场迎接，并且表示："矢志拥护中央，尽忠党国，绝对服从领袖。"就这样，六大政策随即被取消，六星旗也改为青天白日旗。

盛世才的投机行为又一次取得良好效果，国民党中央对他的效忠表示满意，先后任命他担任第八战区副司令长官、国民党中央监察委员、国民党新疆省党部主任委员、中央军校第九分校主任、西北运输委员会副主任、新疆边防督办等职务。盛世才摇身一变，变成了国民党的高级党员干部，继续维持着"新疆王"的独裁统治。

故技重施　黔驴技穷

伴随着一张张委任状的颁发，国民党中央的势力迅速进入新疆，很快就取代了苏联的影响。但是，有了血染的前车之鉴，蒋介石并不像自己所表态的那样"坚决信任盛氏"。乌鲁木齐与重庆开始了新一轮的角力。

1943 年 4 月，第八战区司令长官朱绍良调六个未装备的新兵团，由陈俊率领入新，交由盛世才训练，实际意图是在盛军中投入六颗受中央控制的棋子。盛世才见招拆招，将新兵团化整为零，部分编入直属部队，部分予以淘汰，带兵的下级军官调到督办公署或其他军事机关做文职工作。

在这一事件中，盛世才实际上仍占据上风。他真正的威胁还是来源于内部——盛世才统治初期，尤其在新苏蜜月期，新疆社会经济得到了很大的发展，政治也趋于进步；但是他的倒行逆施、血腥屠杀和长期征战，已对社会造成了严重的破坏，苏联外贸中断也使经济遭到巨大的冲击，新疆各地反抗盛世才独裁统治的声音已经由弱变强。

1943 年 6 月，阿山乌斯满起兵反抗盛世才，哈萨克牧民击败阿山守军，北疆乱起。同时，因国民党轰炸黄河花园口，大量难民迁入新疆谋生。国民政府遂以帮助平叛和运输灾民为名，不断向新疆调兵。

9 月，胡宗南部十八混成旅两个团开进哈密。同年秋，第二十九集团军成立，李铁军为总司令，总部设武威，后移酒泉。所部两个团由哈密调驻奇台，改编为新四十八师。第四十五师改装成交通警察总队一总队，准备大量车辆，每车只乘一户难民，其余垦民由军人改扮，将武器弹药藏于车厢底部开进星星峡，分驻哈密、镇西、吐鲁番一带。次年初，又把二十九集团军总部从酒泉搬到哈密。3 月，北疆告急，朱绍良调四个师驻各重要据点，调河西的新四十六师充实哈密、镇西。四、五月间，先后有两个团前往阿山地区的乌伦古河和大布逊驻防，预备第七师的第十九、二十团进驻迪化老满城，第二十一团进驻伊犁。这样，至 1944 年 5 月，国民党军队已控制了天山一线和阿山的重要地区。

毫无疑问，盛世才已经感觉到迫在眉睫的危险，同时惊奇地发现苏联已经取得了对德作战的决定性胜利，国际声望如日中天。于是，他决定再次改换门庭，一面示好于莫斯科，一面又把刀口转向了国民党。

1944 年 8 月 11 日深夜，盛世才以召开紧急会议为名，由警务处将国民党新疆省党部委员兼书记长黄如今、建设厅厅长林继庸等 100 多人逮捕。继而故技重施，炮制出所谓"八——黄林案"，声称黄如今、林继庸等人阴谋暴动推翻盛世才政权。同时，他亲自发电报给斯大林，表示要"悔过自新"、请求再次参加苏联共产党，并将新疆划为苏联的一个加盟共和国。

可惜，阴谋不适合重复运用。莫斯科方面，斯大林当即拒绝了盛世才的请求，并将其电报转给蒋介石；重庆方面，一面纠集驻新部队，做出"勤王"之势，一面派朱绍良于 8 月 16 日飞抵乌鲁木齐，代表中央政府要求盛世才去重庆任农林部部长，朱自代省主席；新疆内部方面，伊犁、塔城、阿山三区反抗盛世才的起义正如火如荼。"新疆王"众叛亲离，终于被逼到绝境。

机关算尽　惨淡谢幕

1944 年 9 月 11 日，已无计可施的盛世才只得恋恋不舍地离开统治了 11 年零 5 个月的新疆，赴重庆就职。从此被迫淡出政治生涯。

1949 年后，盛世才随国民党到达台湾，曾一度经商，在台北投资开办士林西餐馆。晚年的盛世才主要从事著述，留下《牧边琐记》《新疆十年回忆录》等作品。1970 年 7 月 13 日，盛世才在台北病逝，享年 75 岁。此时，新疆早已成为中华人民共和国重要的民族自治区。

关于盛世才，原中共驻新疆代表邓发曾有这样的评价："盛世才，就其出身来说，是个野心军阀；就其思想来说，是个土皇帝；就其行为来说，是个狼种猪。""新疆王"纵然处心积虑，显赫一时，但终为历史的大浪淘尽。

图书在版编目（CIP）数据

民国军政逸闻／刘未鸣主编．——北京：中国文史
出版社，2018.11
　　（纵横精华．第二辑：历史的侧影）
　　ISBN 978 - 7 - 5205 - 0784 - 4

　　Ⅰ．①民…　Ⅱ．①刘…　Ⅲ．①中国历史—史料—民国
Ⅳ．①K258.06

　　中国版本图书馆 CIP 数据核字（2018）第 259493 号

责任编辑：金硕　胡福星

出版发行：中国文史出版社
社　　　址：北京市海淀区西八里庄 69 号院　　邮编：100142
电　　　话：010 - 81136606　81136602　81136603（发行部）
传　　　真：010 - 81136655
印　　　装：廊坊市海涛印刷有限公司
经　　　销：全国新华书店
开　　　本：787 × 1092　1/16
印　　　张：16
字　　　数：200 千字
版　　　次：2019 年 2 月北京第 1 版
印　　　次：2019 年 2 月第 2 次印刷
定　　　价：52.00 元